Colección Psicoanálisis y Psicoterapias

Editor-Propietario: Ricardo Vergara

Graciela Jaimsky
Compiladora

Modelo para armar:
La constitución del psiquismo, entre versiones freudianas y posfreudianas

Eduardo Mandet, Enrique Ascaso, Carlos Weisse
Mabel Rosemvald, Perla Frenkel, Graciela Cohan
Benjamín Uzorskis, Marité Cena, Alicia Levín
Judith Roitenberg, Constanza Duhalde
Verónica Ginocchio, Mabel Fuentes,
Pía Vernengo, Vanina Huerín
Nora Rabinovich

Ricardo Vergara
Ediciones

Jaimsky, Graciela
    Modelo para armar : la constitución del psiquismo, entre versiones freudianas y posfreudianas / Graciela Jaimsky. - 1a ed. - Ciudad Autónoma de Buenos Aires : RV Ediciones, 2020.
    220 p. ; 22 x 15 cm.

1. Psicoanálisis. 2. Interpretación Psicoanalítica.
  I. Título.
    CDD 150.195

Coordinación de Producción y Edición: Ricardo Vergara
Te: 156-231-2760
email: edicionesvergara@gmail.com
Facebook: Ricardo Vergara
Instagram: @vergara_ric
Colegiales, Ciudad de Buenos Aires

Diseño de tapa:
Luciana Belen Cisneros: lucianabelen@hotmail.com

Para comunicarse con la compiladora:
E-mail: grajaim@yahoo.com.ar

Indice

Agradecimientos

Por el valor de los encuentros...

*Por compartir conmigo
día a día lo importante,
porque su presencia, cercanía
y afecto cotidiano me hace bien,
porque el encuentro con
cada uno me con-mueve,
enriquece y fortalece.
Porque los amo profundamente.*

Con grata sorpresa, ya me hallo en la tarea de agradecer a quienes me han acompañado en los distintos momentos de elaboración de este libro.

Al tomar conciencia de ello, me siento conmovida, porque estoy concluyendo el objetivo que me propuse. También me siento festiva, porque –si le resto la exigencia superyoica - se ha logrado componer una melodía con diferentes voces reconocidas y muy queridas por mí.

Quiero subrayar que a pesar de la complejidad -de cumplimentar en tiempos de gran incertidumbre social- el proyecto propuesto, el vínculo con cada uno de los psicoanalistas invitados devino en un personal y afectuoso lazo que atesoro. Estos colegas son destacados psicoanalistas a quienes les agradezco profundamente el esfuerzo realizado, su compromiso, sostener la tarea y escribir textos cuyas actualizadas revisiones son un gran aporte para comprender la constitución psíquica.

Eduardo Mandet, Carlos Weisse, Mabel Rosenvald, Graciela Cohan, Benjamin Uzorskis, Perla Frenkel, Veronica Ginocchio, Marité Cena, Alicia Levin, Nora Rabinovich, Mabel Fuentes, Judith Roitenberg, Pia Vernengo, Vanina Huerin, Constanza Duhalde, fueron convocados por su amplia trayectoria académica, su activa participación en ámbitos institucionales, pero fundamentalmente por la generosidad y capacidad de trasmitir psicoanálisis. Fue un verdadero lujo poder compartir el espacio con ellos.

Mi formación/ transformación como analista, trascurre principalmente en la Asociación Escuela de Psicoterapia para Graduados. Un lugar donde habito cómoda y me nutro del intercambio con colegas, todo ello en un marco de libertad, donde convive una pluralidad de pensamientos. Fue en ese espacio donde el armado del seminario tuvo lugar, y fue germen para la elaboración del presente libro.

Dentro del ámbito institucional, los lazos con colegas son la cuarta pata necesaria para la formación de un analista. Pero cuando estos lazos generan hermandades que trascienden lo académico, avanzan hacia territorios afectivos. Estoy muy agradecida con la vida, por compartir una amistad de más de 25 años con Andrea Vizio, que comenzó y continúa luego de cursar juntas los seminarios curriculares. Ella se ha encargado con la rigurosidad conceptual que la caracteriza, de hacer la revisión de contenido de este libro.

En la misma Asociación, hace ya 10 años conformé un grupo de supervisión clínica, mi querido taller 2x1, con quienes –en co-vision- actualmente nos encontramos quincenalmente. Lo integran cálidas y estudiosas colegas, críticas del pensamiento dogmático. Entre ellas, le agradezco a Patricia Gurmindo haber leído mis textos, con gran dedicación.

En relación al despliegue de mis ideas sobre prosodia, quiero reconocer el empuje que el Dr. David Maldavsky me ha dado durante la carrera del Doctorado. Los encuentros con él, planteaban el desafío de orientar las preguntas con una lógica científica.

Participar del R.T.P (Research Training Programm) en mayo del 2019, fue una gran oportunidad para profundizar mi formación como investigadora en Psicoanálisis, y en particular para conectarme con la Dra. Marina Altmann, quien actualmente me asesora metodológicamente en un personalizado seguimiento de mi investigación.

Quiero destacar que para poder avanzar en un diálogo interdisciplinar, el encuentro con personas como el maestro Sebastián Barros (especialista en música) y la Lic. Elena Santos (fonoaudióloga) han permitido con su paciente trasmisión de conceptos -distintos a los míos- enriquecer mi campo disciplinar.

Quiero mencionar a mis padres, a quienes llevo en mi corazón, y les agradezco haberme brindado un oportuno ambiente de confianza y amor para que mis ideas encontrasen una base segura desde la cual despegar.

A Darío, Julián y Guido,

Por compartir conmigo día a día lo importante, porque su presencia, cercanía y afecto cotidiano me hace bien, porque el encuentro con cada uno me conmueve, enriquece y fortalece.
Porque los amo profundamente.

"Modelo para armar:
La constitución del psiquismo, entre
versiones freudianas y posfreudianas"

Graciela Jaimsky

Introducción

"(...) una transmisión lograda
ofrece a quien la recibe un espacio de libertad y
una base que le permite abandonar (el pasado)
para (mejor) reencontrarlo."
Hassoun, 1996

Inspirada en una entrevista a Cortázar, el título "Modelo para armar" pretende que el lector realice su "montaje personal", en una apropiación de los elementos esenciales que constituyen lo psíquico desde la perspectiva psicoanalítica. Volver a los fundamentos en una lectura crítica de los conceptos en uso, permite deslindar lo esencial. Ya que no se puede sostener la idea de proponer una única conceptualización que dé cuenta de toda problemática clínica.

Este libro constituye en versión escrita, un producto de los encuentros que año tras año mantuve en el Seminario "Estructuración del aparato psíquico" que dicto en la AEAPG en convenio con la UNlaM. Una de las aristas de la actividad docente es que permite revisar lo que ya se dijo, retornar a los fundamentos, cuestionarlo, conmover el pensamiento y estimular la exploración. Es notable el modo en que las propias reflexiones se ven considerablemente enriquecidas por las lecturas e intercambios que se mantiene con los colegas.

Freud señala que la aceptación de los procesos psíquicos inconscientes, el reconocimiento de la doctrina de la resistencia y de la represión, la consideración de la sexualidad y del complejo de Edipo son los contenidos principales del psicoanálisis y los fundamentos de su teoría.

¿Podemos a la luz de los vertiginosos cambios epocales quedarnos con esos elementos esenciales tal como los planteó?

Las teorías sobre la constitución psíquica son producto de un complejo interjuego entre lo social y lo singular. Hoy se asiste a importantes movimientos de pensamiento que nos compele a decantar de los conceptos freudianos y versiones posfreudianas, lo nuclear de sus atributos (circunstanciales socio.historicos). Se trata de generar re.inscripciones conceptuales que formen un cuerpo psicoanalítico suficientemente complejo y no se habiten como cuerpo extraño.

Es mi deseo trasmitir el estilo que sostengo en las clases, donde el encuentro con el otro conmueva los prejuicios y permita la apropiación y creación de genuino pensamiento psicoanalítico.

Ya P. Aulagnier plantea que que *"(...) en nuestra disciplina no es posible apropiarse de un concepto, sobre todo de un concepto clave, sin aceptar las consecuencias y con¬diciones previas que dependen de la teoría que lo ha forjado, de la que no es posible aislarlo"* (P. Aulagnier, 2001, p. 190). Y Silvia Bleichmar afirma: *Un pensamiento crítico es aquel que no da por supuesto que los enunciados que sostiene son últimos y verdaderos, sino que están constantemente abiertos a la posibilidad de ser revisados de acuerdo a los interrogantes que la práctica plantea. Interrogantes que surgen de los límites que tiene la teoría para dar cuenta de la realidad (...)".* (Bleichmar, 2020, p. 11).

Con este libro invito a transitar un camino, "semejante" al recorrido en los Seminarios, para encontrarnos con los conceptos que armaron los pioneros, encontrarnos con las rigurosas versiones de destacados colegas con quienes tuve y tengo el privilegio de intercambiar, y de este modo invitar a repensar modelos para mantener las teorías suficientemente vivas.

Como comprendió la Dra. Marité Cena al prologar Cuerpo y construcción psíquica, mi necesidad de escribir (este libro) se funda en el deseo de compartir la pasión-devoción por investigar esa misteriosa trama que se gesta en los orígenes de lo psíquico.

I- Sobre versiones freudianas:

Propongo recorrer las principales nociones que Freud concibe para la construcción de sus modelos. En cada capítulo primero presento las ideas fundamentales, entramando citas, argumentos y notas al margen, para finalmente exponer las versiones que hacen prestigiosos colegas, con los aciertos y cuestionamientos a dichas nociones a la luz de una necesaria revisión actual.

II- Sobre algunas versiones posfreudianas

Presento las contribuciones y modelos desarrollados por las principales escuelas posfreudianas. Los cambios después de Freud, se centran principalmente en cierta omisión del rol que cumple lo intersubjetivo en la constitución psíquica. Con el mismo estilo del apartado anterior, se ponen a trabajar las teorías de Klein, Lacan, Winnicott, Bowlby y perspectivas actuales del desarrollo en psicoanálisis.

III. Entre versiones y nociones: Un elogio a la prosodia

Me permito concluir con un movimiento de apertura a modelos psíquicos que hagan foco en los componentes prosódicos del habla. Las teorías en psicoanálisis muestran un marcado predominio del estudio de la dimensión verbal del habla. Sostengo y comparto mi interés por profundizar sobre este flujo de movimiento sonoro medido, cuyos elementos se producen con cierto ordenamiento y serían útiles para la creación de modelos sobre la expresión de los estados afectivos.

En sintonía con el pensamiento de Marilú Pelento y para introducirnos en el escrito del Dr. Mandet, considero que nos corresponde a nosotros los psicoanalistas, estudiosos de lo pulsional y sus efectos, poner nuestro esfuerzo para que en el campo de fuerzas intra e intersubjetivo se den "procesos a favor de la construcción del sujeto y no de su deshumanización o no humanización." (Puget, Braun, Cena; 2018, p.109).

El exceso libidinal en los tiempos de la subjetivación. Una adolescente tratada por Sigmund Freud

Eduardo Mandet

> *Prohibido prohibir.*
> *La libertad comienza*
> *por una prohibición*
> Sorbonne-Mayo Francés

Construcción de la subjetividad

El título de este trabajo alude, en tanto se refiere a familias violentas, a la ruptura de los límites ilusorios de la representación de familia y de sus efectos sobre los hijos. Comencemos por desmenuzar algunos conceptos que componen la noción de familia.

La familia es el espacio en que el humano se posiciona respecto del sexo y las formas inconscientes de elección de objeto. La podemos pensar a través de un entramado de representaciones, de normas, de modos de satisfacción pulsional, singulares y no coincidentes. Al mismo tiempo y en concordancia con ella, la cultura ofrece modelos inconscientes de procesar el espacio familiar y de organizar representaciones significativas en vías a la producción de un particular sujeto histórico.

Será en el ámbito familiar que el adolescente comenzará a reconocer los límites de la condición humana, en tanto buscará establecer una ubicación diferente en la cadena generacional, con la consecuente pérdida de la omnipotencia de los otros significativos de la infancia. Estoy haciendo referencia al desasimiento de las figuras parentales, que podrá dar lugar o no, a su término, a un *"grandioso significado" (Pág. 244), al que hace alusión Freud en "La psicología del colegial"* (1914).

Podríamos hablar en este punto de una violencia inevitable que el adolescente ejercería sobre estas figuras significativas, en su afán de separarse de ellas, desidealización mediante, utilizando los puntos de anclaje y referencia de su infancia. Corte que implicará el despliegue del denominado por D. Winnicot: *"el asesinato del padre" (1972-Pág.186), simbólico en el mejor de los casos.*

Freud no efectúa un análisis exhaustivo del término violencia, siendo uno de los escasos textos en donde lo aborda: *¿Por qué la guerra? de 1932*, en el que responde a una correspondencia recibida de Einstein. Ya en el comienzo del escrito y en referencia al nexo establecido entre la violencia y el derecho expresa que si bien ambos términos se manifiestan ante nosotros como opuestos, en su origen cierto camino llevó de la violencia al derecho (Pág.188). Momento entonces en el que este último devino en el *poder de una comunidad (Pág.189)*, con una particularidad básica: la instalación de lazos afectivos entre sus miembros, dando origen a la familia, *célula germinal de la cultura (1930-Pág.110)*. Para Freud el derecho es indispensable para el surgimiento de la cultura, pero no es suficiente ya que se encuentra en sus fundamentos la violencia, que en tanto tal no puede ser erradicada.

De todas maneras es importante analizar la manera en que la cultura y sus integrantes se enfrentan a esta dificultad y a tal efecto Freud nos propone una posible solución. Esta opción es de características pacíficas y ligada a la renuncia pulsional, o sea, en consecuencia, enlazada a desplazamientos de metas pulsionales, a procesos identificatorios basados en lazos afectivos, al desarrollo intelectual como intento de dominio de lo pulsional y por último al proceso sublimatorio en su raíz pulsional.

Como podemos observar, Freud en esta ambiciosa propuesta abre a dos posibles cuestiones a ser tratadas y trabajadas conjuntamente: una basada en el plano simbólico, es decir en el trabajo del juego de las representaciones y otra más ligada al plano pulsional.

También P. Aulagnier (1975) nos habla de una violencia primaria, constitutiva y necesaria para que el humano entre al campo del discurso, articulado a la operación de la ley de la prohibición del incesto implícita en el mismo. En esta dirección, si hablamos del adolescente, la mencionada articulación se renovará con las temáticas de la reinstalación de la prohibición del incesto, la revisión retroactiva de la función de corte paterna, el proceso de sexuación, la diferencia de sexos y el nuevo encadenamiento generacional. En otras palabras, podríamos también decir, que en la adolescencia se resitúa la violencia primaria propia del ser humano y su correlato, la ley.

Partiendo de estas operaciones que organizan la constitución subjetiva humana, se produce algo que sale de los límites de un orden, de lo ordinario, de lo lícito: un exceso, algo que sobrepasa una situación o la capacidad emocional de una persona, acciones que desbordan; aquello que P. Aulagnier designaba como violencia secundaria, aludiendo, entre otras cuestiones, a la posible mutilación del pensamiento del niño o del adolescente.

El resultado de estos excesos pulsionales podría dar lugar, en situaciones extremas, al desconocimiento del otro como diferente, hasta su uso como objeto, ignorando desde la realidad concreta de su existencia hasta sus más mínimas motivaciones.

Es decir, la construcción de la subjetividad humana puede establecer en su camino puntos o momentos de oposición, de intensa contrariedad con la realidad, momentos que podemos conceptualizar como un malestar en la cultura que, en oportunidades, se podría expresar en un más allá del principio del placer.

El acto de violencia

> *La inclinación agresiva*
> *es una disposición pulsional*
> *autónoma, originaria del*
> *ser humano...sostengo que*
> *la cultura encuentra en ella*
> *su obstáculo más poderoso.*
> S. Freud (1930)

Cuando la familia deja de ser un ámbito de amparo y contención de los hijos, de los ideales que se donan y transmiten, de la ley que normativiza e impide gozar del otro impunemente, se van estableciendo experiencias frustrantes, presencias intrusivas, o de rechazo y coerción hacia los hijos, indiferencia afectiva entre los padres, resentimiento, rencor...; en otros términos, comienza a manifestarse un exceso libidinal cercano en oportunidades a la perversión. El acto de violencia desconoce toda forma de dialéctica humana y atraviesa las fronteras de lo siniestro, en tanto lo ominoso suele conjugarse con lo familiar. De esta manera la violencia no solo perturba los roles y funciones, sino que sub-vierte las diferencias.

A continuación nos internaremos en una viñeta clínica del caso de la familia de una adolescente, que *Freud relata a Fliess en una carta del 22 de diciembre de 1897.* Es significativo que en conexión con el comentario final de Freud en esta carta, acerca de la censura rusa en la frontera, en las ediciones de las editoriales Biblioteca Nueva y Amorrortu de las obras completas de Freud, se haya omitido este caso clínico: la descripción de un incesto padre-hija. De esta manera, nos encontramos en el texto de estas ediciones, con la indicación de puntos suspensivos que señalan la existencia de un trozo del escrito no incluido. La versión completa aparece finalmente en el texto: *Sigmund Freud-Cartas a Wilhelm Fliess (1994).* Esta mutilación se debió probablemente a la censura de sus herederos, en un intento quizás, por evitar una supuesta interpretación inadecuada.

J. Masson(1985) tuvo acceso a ella, queda encandilado por la pregnancia de la escena real, escribiendo como respuesta su libro *"Asalto a la verdad"* en el que acusa a Freud de no poder seguir reconociendo el valor concreto de los hechos traumáticos y de refugiarse en el mundo de las fantasías de los pacientes, por temor a los ataques de sus detractores.

Sin embargo, en esta carta más que adherirse a los hechos como sostiene Masson, Freud nos muestra el valor de las representaciones palabra y *la peregrinación en su significación* (Freud-1914-Pág.313) que realizan, además de ejemplificar de modo ejemplar el mecanismo temporal del a posteriori, realizado desde el momento de la adolescencia.

Tengamos en cuenta también que por esa época Freud atendía pacientes en un dispensario, con una clientela alejada de la burguesía que observaría luego en su consultorio de la calle Bergasse.

En el inicio de la mencionada carta Freud señala el caso de una muchacha que aprende costura y se ve asaltada por una representación obsesiva: *No, no debes alejarte, todavía no has terminado, todavía tienes que hacer más, aprender todo lo posible* (Pág. 313). Luego, nos indica que aprender más en su juventud se conecta con el recuerdo de hacer más en la bacinilla en su temprana infancia, es decir, se ha producido un *significado traslativo* (Pág. 314).

El padre de esta adolescente es definido por Freud como un hombre golpeador que necesitaba producir heridas sangrantes en su mujer por una necesidad erótico-pulsional. Cuando la protagonista contaba dos años es violada por su padre, y al tiempo que la desflora violentamente le contagia una gonorrea, *"de suerte que en aquel momento enfermó con riesgo de muerte a causa de la hemorragia y la vaginitis"* (Ibíd-Pág. 314).

La niña escucha y presencia además una pelea de sus padres en una oscura habitación. La madre acusa a su marido de ser un miserable criminal mientras se desgarra la ropa y con el rostro desfigurado por la furia, tuerce sus pies, se cubre los genitales con una mano, y con la otra, al modo de una garra, araña el vacío. Finalmente termina en un rincón con expresión de desesperación y llora.

Freud señala que de estos recuerdos de la paciente se desprende que el padre obligaba a la esposa a tener un *coitus per anum*, y que en el ataque histérico de la madre se puede entrever, la escenificación condensada de los distintos momentos del ataque sexual perpetrado por el padre, en el que la forzaba a torcer los pies, doblar las piernas, mientras le arrancaba la ropa que ella desesperadamente trataba de retener.

Finalmente relata otro recuerdo más temprano de la paciente, a sus 6 o 7 meses, en que observa a su madre desangrada debido a una herida causada por el padre. A continuación la ubica en sus 16 años, viendo a su madre con una hemorragia de útero producida por un carcinoma. Un año después de este episodio, a sus 17 años, luego de oír hablar de una operación de hemorroides que funcionará como falso enlace, se desencadena su neurosis.

El tiempo conjetural de la adolescencia

Fuera de cada percepción (actual o conjetural) no existe el espíritu; tampoco el tiempo existirá fuera de cada instante presente.
J.L.Borges-Nueva refutación del tiempo
Otras Inquisiciones

Como venimos de corroborar a través del juego de los recuerdos de la paciente adolescente de Freud, será hacia los finales de su adolescencia, cuando resignificará tempranos recuerdos infantiles, que al construir una huella del pasado al modo de una nueva trama, adquirirán una eficacia psíquica de la que carecían hasta ese momento.

De esta manera, dicha construcción será a título de una posible ficción conjetural, que se situará allí donde se ubicaría la falta de inscripción como causa perdida, inaprensible. En otras palabras, se funda un pasado que no es lo que fue y que se expresará desde el despliegue temporal del futuro anterior (J. Lacan-1953). Escuchemos al respecto, un posible diálogo interior de esta joven: *...han bastado una palabras para despertar a esa niña sometida y maltratada por papá, que habré sido en aquellos años...para lo que ahora me está sucediendo, a mis diecisiete años...escasos de valor y de medios...*

Este interjuego de escenas y recuerdos nos ha permitido alejarnos de la idea propuesta por J. Masson y temida por quienes censuraron las cartas, ya que desvirtúa la idea del peso del suceso del acto de seducción como determinante exclusivo de la neurosis, poniendo por el contrario el acento en el destiempo que nos habla del juego de los recuerdos, en los procesos del discurrir de la memoria.

El lazo de filiación se inscribe en esta vertiente histórica y supone un acto sin garantías (Rassial, J.J.). Lazo que se renueva en la adolescencia, momento en que se abandonan las ilusiones del padre ideal, las ilusiones de la infancia de que el conocimiento que buscamos ya está presente en el Otro (Zizek, S.-1991-Pág. 248). Tiempo entonces de verificación de la filiación significante, que como tal renueva un vacío en una época de la vida *a construirse.*

Decimos entonces que si bien desde el campo social se abren expectativas sobre los jóvenes y se intenta acercarlos al *mercado de turno,* en tanto psicoanalistas no podemos dejar de tomar en cuenta el trabajo individual que cada adolescente realiza en el complejo tiempo de subjetivación del acontecimiento puberal.

Borramiento de la alteridad

> *Bajo circunstancias propicias, cuando están ausentes las fuerzas anímicas contrarias que suelen inhibirla, se exterioriza también espontáneamente, desenmascara a los seres humanos como bestias salvajes que ni siquiera respetan a los miembros de su propia especie.*
> S. Freud (1930)

La imposibilidad de acceder a la construcción de la alteridad y la diferencia ocupa el centro de la conflictiva que caracteriza a la realización del acto incestuoso. Trataré a continuación de desplegar este enunciado.

Como ya fue desarrollado en un punto anterior, los lugares que se ocupan en la organización familiar, son posibilitados por funciones simbólicas, o sea hablamos de juegos de representaciones que establecen un orden familiar simbólico: función materna y paterna que interactúan en la cadena generacional en articulación con la transgeneracional, dando lugar a posibles filiaciones cuyas raíces abrevan en la alteridad y la transmisión. Por el contrario, en el acto incestuoso los lugares no se respetan, se ocupan indistintamente, y por ende las mencionadas cadenas se quiebran y las diferencias sexuales se desdibujan.

En la niña, luego adolescente, que nos propone Freud, se ve impedida la construcción de su propia subjetividad, en tanto no hay reconocimiento de la falta, de la incompletud, entorpeciendo la libre circulación del deseo. Este último es entonces aplastado por el no reconocimiento de la prohibición del incesto, inoperante para poner algún límite a la corriente pulsional y al empuje omnipotente de un padre que ensaya alcanzar una supuesta completud narcisista.

Estamos aquí frente a un padre que pretende ubicarse

como dueño del cuerpo de su hija, al tiempo que enlaza el significante paterno que lo representa a un discurso perverso. De esta manera pone en acción una búsqueda de satisfacción pulsional autoerótica, conectada a una manifestación inercial de la pulsión. Decimos entonces, el otro es sometido a ser el instrumento a la medida de su accionar.

Podemos además observar como la paciente, violada en su primera infancia, queda degradada a la categoría de objeto, resto anal-excrementicio que se manifiesta en las persecutorias fantasías obsesivas descriptas por Freud en la mencionada carta. Una niña atacada tan tempranamente queda arrasada psíquicamente, en un vacío representacional, inmóvil, detenida.

Familia y transmisión filiatoria

> *Aún antes, en su prehistoria antropoide, el hombre había cobrado el hábito de formar familias: es probable que los miembros de la familia fueran sus primeros auxiliares.*
> S. Freud-El malestar en la cultura-1930

Esta temprana viñeta freudiana nos ha mostrado como una adolescente construye a posteriori como causa patológica eficiente, recuerdos de un cuerpo infantil que fue violentado y atacado por cargas energéticas desubjetivizantes, además de poner en acción movimientos pulsionales sin demanda ni deseo.

A modo de cierre y en articulación con el párrafo anterior, diré que la institución familiar que nos inclinamos a pensar desde un orden natural, se muestra sin embargo bajo formas inesperadas, como una conjunción de voluntades, consentimientos e intercambios entre sus integrantes, sujetos a su vez a entramados de representaciones de articulaciones originales.

Como en este caso de Freud que acabamos de examinar, la familia que pretende posibilitar el incesto trastoca las secuencias edípicas en las que juegan sus protagonistas. Ambos padres reniegan de cualquier manifestación de la falta y la terceridad, dando lugar a que la dimensión concomitante de la alteridad se ignore.

Por último, en tanto la representación de la mujer-esposa es humillada y rebajada bajo el accionar incestuoso del padre, en el que se renueva su sexualidad infantil pregenital, estaría también incluido el incesto de éste último con su propia madre. Tengamos aquí en cuenta que para Freud las corrientes pulsionales primigenias nos orientan indefectiblemente hacia el cuerpo materno, siendo la ley de la prohibición del incesto, sostenida y enunciada por la función paterna que nos humaniza. Dicha función nos introduce en el mundo cultural y nos separa, no sin añoranza, de aquello que paradójicamente nos deshumanizaría para sumergirnos en la devastación producida por la supresión de la transmisión filiatoria.

En el mejor de los casos la familia se constituye en el amor y el deseo de sus protagonistas, de un hombre que ubica a su mujer como determinante de su deseo, al tiempo que separa a sus hijos del goce materno; y de una mujer que se ofrece a ser el objeto de su deseo y juega el par madre/mujer. Esta forma de amor permite la entrada del tercero, es fecunda, se abre a lo nuevo y podrá dar lugar a reescribir los lazos maritales y filiatorios.

Siguiendo estas ideas, si los padres se ubican en el campo del deseo y de un amor alejado de contiendas narcisistas, con donación de ideales posibles, podríamos en tal caso referirnos a un adolescente que se posicionaría en la cadena generacional, con recursos para asumir la transmisión de una deuda simbólica y ser sujeto de una historia y de un proyecto identificatorio.

Bibliografía

-Aulagnier, P. *–La violencia de la interpretación* (1975)-Edit. Amorrotu-Bs.As.- 1978.

-Borges, J.L. *–Otras inquisiciones* – Emecé -2005.

-Freud, S. – *Cartas a Wilhelm Fliess* (1887-1904)-Edit. Amorrortu-Bs.As.-1994.

-La psicología del colegial (1914)-OC-Tomo XII-Edit. Amorrortu.

-Pulsiones y destinos de pulsión (1915)-TomoXIV-Edit. Amorrortu.

-El malestar en la cultura (1930)-Tomo XXI-Edit. Amorrortu.

-¿Porqué la guerra? (1933) – Tomo XXII-Edit. Amorrortu.

-Glocer, L. (Comp.) *–Los laberintos de la violencia*-Edit. Lugar-APAEdit.-Bs.As.- 2008.

-Lacan, J. – *Los escritos técnicos de Freud* (1953-54) – Seminario I-Edit. Paidós- 1981.

-Mandet, E. - *Estrategias temporales en la adolescencia de André Gide* - Rev. *Asociación Escuela Argentina de Psicoterapia para Graduados*-N 32-2009.

- *El tiempo conjetural de la adolescencia*-Rev.Asociación Psicoanalítica Argentina-Tomo LXVI-N° 2-Junio 2009.

-Mandet, E. y otros – *Mesa Redonda: Pensando la clínica y la psicopatología* actuales- Rev. Asociación Escuela Argentina de Psicoterapia para Graduados-N° 22-1996.

-Masson, J.M. – *El asalto a la verdad*-Edit. Seix Barral-España-1985.

-Milmaniene, J. – *La función paterna hoy*-Imago Agenda –N°97-Marzo 2006.

-Rassial, J.J. – *El pasaje adolescente* – Ed. Del Serbal – 1999.

-Romano, E. – *Paidofilia. Violencia hacia las niñas. De la idolatría al desecho*- Los laberintos de la violencia-Edit. Lugar-APA Edit.-Bs.As.-2008.

-Winnicott, D. – *Realidad y juego* – Edit. Granica- Bs.As. – 1972.

-Zizek, S. – *Porque no saben lo que hacen* (1991)- Edit. Paidós 1998.

Dr. Eduardo Mandet

Dr. en Psicología (UBA), Psicoanalista. Coordinador de la Maestría en Psicoanálisis, Universidad Nacional de La Matanza en convenio con la Asociación Escuela Argentina de
Psicoterapia para Graduados. Docente Titular de los Posgrados en Psicoanálisis, UNLaM/AEAPG.
Profesor Consulto Asociado de la Facultad de Psicología - UBA .
Asesor y Profesor de la Especialización de Niños y Adolescentes de la Facultad de Psicología (UBA)
Autor y co-autor de importantes obras psicoanalíticas (en español y francés).
Mail: eduardomandet@fibertel.com.ar

PARTE 1

La constitución psíquica:
versiones freudianas

Capítulo 1
Noción de aparato psíquico

Graciela Jaimsky

Cada capítulo propone un tratamiento profundo de un concepto freudiano, conociendo de antemano la imposibilidad de agotarlo. En este caso, se trabaja la noción *aparato psíquico* y los modelos que Freud formalizó a lo largo de su obra. También se presentan algunas de las motivaciones que promovieron la modificación del armado de lo psíquico y por último, ciertas notas que surgen al margen del concepto trabajado e invitan a reflexión.

Introducción

> *Suponemos que la vida anímica es la función de un aparato al que atribuimos ser extenso en el espacio y estar compuesto por varias piezas.*
> S. Freud Esquema de Psicoanálisis (1940)

Freud construyó un edificio teórico con el objetivo de comprender el sufrimiento psíquico y de este modo poder asistirlo. Tuvo la grandeza de ir modificando sus ideas en tanto las mismas limitaban los abordajes clínicos. Argumentó que la mente es incognoscible y sólo es posible describirla con modelos abstractos como el de *aparato psíquico.*

Es de suponer que Freud hubiera suscripto, a Meynert (1881) cuando afirma que todo lo que hay en el mundo no es más que apariencia y que la apariencia no es igual a la esencia de las cosas. Así entonces, el modelo no es el territorio sino un esquema del mismo que sirve de guía, un

esquema abstracto que representa una realidad compleja, para bordearla y comprenderla. También podría pensarse como una guía de inspiración para crear o recrear.

Si se detienen en el epígrafe inicial (un extracto del Esquema de 1938), podrán observar que siendo un escrito
tardío, sigue usando una noción que alude a un diseño
más ligado al enfoque de las ciencias naturales. Comencemos entonces, poniendo en cuestión la misma noción
usada por Freud: ¿qué es un aparato?

En el Diccionario de la Real Academia Española, la definición de aparato es la siguiente:

(Del lat. apparātus).

1. m. Conjunto organizado de piezas que cumple una
función determinada.

2. m. Prevención o reunión de personas o cosas prepa-
radas para algún fin.

3. m. Pompa, ostentación.

4. m. Circunstancia o señal que precede o acompaña
a algo.

5. m. Conjunto de quienes dirigen una organización
política o sindical.

6. m. Biol. Conjunto de órganos que en los seres vivos
desempeña una misma función. Aparato reproductor, cir-
culatorio, digestivo.

7. m. Dep. En gimnasia, cada uno de los instrumentos
que se utilizan para realizar ejercicios.

8. m. Med. Artificio que se aplica al cuerpo humano
con el fin de corregir una imperfección.

9. m. Méx. quinqué.

Podemos destacar que las distintas acepciones incluyen la idea de un engranaje, como elementos que se en-
samblan, grupo de piezas que cumplen una o varias funciones.

Nasio (1999) plantea que el funcionamiento de lo psíquico sostiene un *esquema lógico esencial*, que Freud

va transformando desde el *Proyecto de una psicología para neurólogos* de 1895 hasta su última obra Esquema de psicoanálisis (1938). En *"El placer de leer a Freud"* plantea que su construcción es una versión corregida del clásico modelo conceptual del arco reflejo. *Un modelo que continúa siendo un paradigma fundamental de la neurología moderna.* (Nasio, 1999, pág. 21).

Los dos modelos

Con el fin de sistematizar dentro de la historia del corpus freudiano y considerando que el aparato psíquico tiene para Freud el valor de ficción, se destacan dos modelos principales para comprender el funcionamiento psíquico.

a) La selección de estos modelos freudianos se basa en que ambos presentan como condición: suponer una diferenciación del aparato psíquico en un número de espacios con funciones distintas y ordenadas de cierta manera.

b) ambos son condensados en representaciones graficas en textos como *Interpretación de los sueños* (1900) para el primero, y en el *Yo y el Ello* (1923) para el segundo.

Primer modelo. De las ideas neurofisiológicas al modelo espacial del aparato psíquico

A mí me ha sido dada
la tarea de esbozar
el primer mapa de ella
Carta 83 escrita a Fliess

¿Qué esquema psíquico construyó Freud en sus comienzos?

Los antecedentes del modelo explícito presentado en el séptimo capítulo de *La interpretación de los sueños* (1900), se pueden rastrear en textos como Proyecto de psicología para neurólogos y en el intercambio epistolar con Fliess.

De acuerdo a Jones (1979) la primitiva aspiración de pasar directamente del cerebro a la psique alcanzó su punto culminante en 1895. Freud escribe al respecto:

Una tarde, durante la semana pasada, cuando me hallaba en lo más arduo de mi trabajo, y atormentado por la dosis precisa de dolor que parece constituir el estado más propicio para el funcionamiento de mi cerebro, se levantaron repentinamente las barreras, fue quitado el velo delante de mí y tuve una clara visión que abarcaba desde los detalles de las neurosis hasta las condiciones que hacen posible la conciencia. Todo parecía perfectamente entrelazado, veía ante mí un conjunto que marchaba bien y sentía la impresión de que la cosa se había trasformado realmente en un mecanismo, que pronto comenzaría a marchar por sí mismo. Los tres sistemas de neuronas, la cantidad en sus estados libre y ligada , los procesos primario y secundario, la tendencia principal y la tendencia de compromiso del sistema nervioso, las dos leyes biológicas de la atención y la defensa, los indicios de calidad, realidad y pensamiento, la posición (especial) del grupo psicosexual, el elemento sexual de la represión y finalmente las condiciones necesarias de la consciencia como función de percepción: todo esto era perfectamente claro y siéndolo aun... Naturalmente no sé cómo me contengo de tanto placer.

Si bien, pocos días después de expresar estas ideas, Freud le manifiesta a Fliess su disconformidad y lo considera un borrador inicial, es indudablemente un importante esquema general en el que presenta los elementos esenciales para establecer un modelo de aparato psíquico.

La fundamentación teórica de este modelo le dio sustento a la clínica que Freud desarrolla en *Estudios sobre la histeria* (1893-1895), una cartografía psíquica con raigambre anatómico.-histológico.

Al comienzo de su obra sus razonamientos se apoyan en términos como neuronas" y cantidad de excitación, haciendo cierto paralelismo psico-físico. Hace referencia a una cantidad de energía que el aparato no tolera y toda una compleja defensa que la red neuronal debe desarrollar para no quedar librado a su merced.

En este aspecto, el funcionamiento del psiquismo se sostiene en una hipótesis económica[1] y todo el mecanismo de trabajo del aparato psíquico puede caracterizarse como un interjuego de cargas, descargas, contracargas y sobrecargas (Nasio, 1999).

Los principios económicos - energéticos sobre los que trabaja el modelo son:

a)   Principio de inercia[2]: por el que la neurona tiende a eliminar toda la cantidad que contiene. Una tendencia del aparato a la reducción a cero- excitación.

b)   Principio de constancia: aquí el sistema intenta mantener la excitación en el nivel más bajo. Este principio seria el fundamento económico del principio de placer. Según Freud, la evolución de los procesos psíquicos será función de este último principio. Haciendo contrapunto al principio del placer, plantea un principio de realidad. (El cual corresponde a la satisfacción de las necesidades vitales. y se opone en este sentido al otro ligado a las experiencias de satisfacción psíquica).

De modo sintético, el Proyecto plantea como elementos que construyen su modelo psíquico: a) una cantidad o

---

[1]   La cual se mantiene en la obra freudiana si bien con la complejizacion de su teoría desarrolla una metapsicología que incluyen un punto de vista dinámico y estructural.

[2]   Sobre este concepto, invito al lector a leer las revisiones y desarrollos de Dr.R. Rodulfo (2008, cap. 9) poniendo en cuestionamiento la búsqueda de quietud absoluta del aparato, principio que luego figura como pulsión de muerte. Su visión es que este principio impregna el psiquismo de un carácter reactivo y regresivo (Pág. 159).

monto de excitación que está sujeta a las leyes generales del movimiento (el principio de inercia que busca desembarazarse de toda cantidad y el principio de constancia que busca mantener constante el monto de excitación) y

b) el material psíquico: las neuronas (que luego denominará representaciones) sobre las cuales Freud construye su primer modelo psíquico. Este material psíquico (neuronas/ representaciones) las describe en clases de acuerdo a su permeabilidad: unas fácilmente permeables (fi) y otras menos permeables (psi). Permeabilidad que dependía de la cantidad. Así, la cuestión comienza a tomar complejidad y el problema de la conciencia compelerá a Freud a señalar un tercer tipo de neuronas (omega) que cualifican el proceso.

Así describe al Yo (igual a la conciencia; en estos primeros tiempos del pensamiento freudiano) como una organización de neuronas cargadas con una constante de energía y una comunicación libre entre ellas. Al tener la capacidad de inhibir las excitaciones aferentes, distingue un proceso primario "inhibido" y uno secundario "inhibidor".

Podemos observar que el Proyecto para neurólogos, delinea un esquema de aparato psíquico y su funcionamiento general. Pero recién será en el séptimo capítulo de Interpretación de los sueños donde expone claramente su primera teoría del funcionamiento de la psique.

En comparación con el modelo del Proyecto, ya la terminología fisiológica es modificada y presenta con claridad su concepción de la existencia de una psique inconsciente y su teoría de la libido.

Formalización del modelo

El libro de Interpretación de los sueños es cuatro años posterior al Proyecto. Freud ya había distinguido entre procesos psíquicos primarios y secundarios. Y considera que los procesos primarios (con los mecanismos de condensación y desplazamiento) dominan la escena onírica (dada la inmovilidad muscular y el relativo reposo del Yo).

Constituye ya en esta época una revolución teórico- clínica su planteo de considerar que la sexualidad infantil es un elemento fundamental para la constitución psíquica. EL descubrimiento de la sexualidad infantil y la lucha entre la moción que presiona y la represión que resiste, permitió comprender con otros elementos, los modos de producción de los síntomas, actos fallidos, sueños, etc.

Freud destaco en su escrito sobre los sueños, el lugar que ocupa el concepto de inconciente reprimido y el funcionamiento de los procesos inconcientes en general. Es entonces en *Tres ensayos de teoría sexual* donde se ocupa del contenido de lo inconciente reprimido y la sexualidad infantil.

Entonces, como elementos sobresalientes de este primer modelo, propongo destacar:
- **una concepción de lo inconciente**[3]
- **una teoría sobre la sexualidad humana**[4]

Estos serán elementos fundamentales del funcionamiento del aparato psíquico freudiano que serán trabajados a lo largo de su obra, con agregados y modificaciones, pero siempre siendo pilares de su conceptualización.

Ya que desde los inicios el concepto represión fue esencial a la teoría del funcionamiento del inconciente y su teoría de la defensa. Freud plantea que la teoría de la represión es el pilar sobre el cual descansa el edificio del psicoanálisis. Lo inconsciente, desde un punto de vista descriptivo se presenta mediante manifestaciones que desbordan la intención conciente (como en los sueños, olvidos, actos fallidos, etc).

En este modelo y hasta 1920, la sexualidad será uno

---

[3]   Se remite al capítulo 3 para la profundización de este concepto.

[4]   Se remite al capítulo 2 donde se ahonda en particular.

de los dos polos instintivos (autoconservacion vs sexuales). Así, la defensa se manifiesta por la oposición del Yo, que ejerce como censura de lo sexual, haciendo todos los esfuerzos por impedir la producción de displacer. La búsqueda de placer será el motor del aparato psíquico.

Esquemáticamente:

> a) El sistema inconciente: se considera esencialmente constituido por las denominadas representaciones-cosa, considerándolo lo reprimido propiamente dicho. Entre estas representaciones la energía fluye libremente siguiendo las leyes de la asociación, buscando las identidades de percepción y utilizando condensaciones y desplazamientos.

> b) El sistema conciente -preconciente, es un sistema escindido de lo inconciente por la represión. Se lo asocia al Yo. Este está compuesto principalmente por representaciones palabra, las que entre otras funciones tienen la de representar a las representaciones cosa ante la conciencia, con fuerte investidura y débil desplazamiento, características del proceso secundario y de la actividad del pensamiento.

Esta diferenciación en subestructuras ayuda a concebir las transformaciones de la energía (del estado libre al de ligada) y el juego de las catexis. Freud asigna un orden prefijado a los lugares psíquicos que tienen distintas tareas. Debiendo las excitaciones seguir un curso prefijado por el lugar que ocupan los diversos sistemas.

Argumentos a favor y críticas a este modelo:

Muchos intérpretes de la teoría freudiana (Salcedo Serna, 2010) han asegurado que los mecanismos psicológicos enunciados por S. Freud en esta primera conceptualización, muestran un modo de funcionamiento similar al de una *máquina*. Representando una visión mecanicista del psiquismo, desprovisto aun de la comprensión dinámica y estructural que desplegará Freud con posterioridad. Señalan que la referencia a un *aparato psíquico* sería un indicador de esta visión. Sin embargo, es relevante tomar en cuenta que por un lado, la noción de aparato sigue apareciendo en textos tardíos y que los elementos elaborados en este primer modelo fueron puntapié para sus desarrollos posteriores.

Diversas nociones propuestas por Freud, como "apremio de la vida", la doctrina de los *períodos* y la bisexualidad, hasta la misma "pulsión de vida" que surge hacia el final de la obra, dan lugar a posibles encuentros y divergencias de dialogo entre campos del saber, como por ejemplo la biología. Se trata de una perspectiva interdisciplinaria que Freud explícitamente plantea en Los intereses del psicoanálisis, una contribución del psicoanálisis a la biología, la cual considera que no ha sido aun suficientemente explotada. (Laplanche, 1973, p. 13)

Segundo Modelo. Del giro teórico de 1920 al armado de un modelo estructural

A partir de 1920 encontramos en Freud una importante revisión de la instancia yoica, hecho que lo empujó a examinar el primer modelo tópico. La existencia de resistencias y mecanismos de defensa inconscientes reafirmaba su hipótesis de la no coincidencia entre lo inconsciente y lo reprimido.

¿Qué motivó el giro teórico freudiano?

- Desde un aspecto clínico: el giro surge de su intento por comprender los fenómenos repetitivos en la clínica que iban más allá del principio del placer y las resistencias inconsciente a la curación. Es en Introducción al Narcisismo (1914), donde Freud plantea y reúne elementos de observación clínica, que producen un verdadero cuestionamiento a la teoría o modelo psíquico que ya había elaborado en su conjunto. De acuerdo a Laplanche (1992) la tesis del narcisismo condensa 3 ideas principales[5]: a) El narcisismo es una catectizacion libidinal de uno mismo, un amor a si mismo, b) esta catectizacion libidinal pasa necesariamente por una libidinacion del Yo, c) esta catectizacion libidinal del yo es inseparable de la constitución misma del Yo humano.

- Desde un aspecto social: Green (1994) afirma: Tengo la convicción profunda de que los efectos diferidos de esta experiencia explican, mejor que cualquier otro factor, lo que podría denominar la segunda revolución psicoanalítica de Freud de la década de 1920 (...) La experiencia de la guerra genera cambios en la teorización, fuentes no racionales llevan al hombre a sostener el malestar. De esta época surgen textos freudianos como su *Metapsicología*, las *Conferencias de introducción al psicoanálisis* y *El hombre de los lobos, "Más allá del principio del placer*, entre otros. (pag.12)[6].

Así, este giro puede ser sintetizado en una triple afirmación: la compulsión a la repetición, la duplicidad del Yo por ser éste en gran parte inconsciente y las pulsiones de destrucción.

Como consecuencia teórica Freud presenta formalmente la segunda tópica en El yo y el ello (1923). El inconsciente -poblado de representaciones, en el 1er modelo- cede su lugar al Ello, - como reservorio energético que contendrá a las Pulsiones de Vida y de Muerte-. Esta modificación produce que ambas fuerzas pulsionales queden

---

[5]　　　Se remite a Laplanche en *Narcisismo de vida y muerte*. (1992)-, cap. 4. Amorrortu editores. para una lectura minuciosa al respecto.

[6]　　　Green, A. (1994) *La nueva clínica psicoanalítica y la teoría de Freud*. *Aspectos fundamentales de la locura privada*, Amorrortu editores: Buenos Aires.

incluidas en lo psíquico, sin por ello perder su origen en lo somático, ya que el Ello queda abierto a sus influencias (Freud, 1932, XXII, p. 73).

En el Esquema de Psicoanálisis (1940) es donde Freud presenta la última exposición sobre los modelos psíquicos. Allí retiene las distinciones entre los procesos consientes, preconscientes e inconscientes como "cualidades" y continúa considerando las relaciones entre dichos procesos desde el punto de vista tópico.

La relevancia de este planteo es la necesidad de admitir que en el individuo no existe desde el principio una unidad comparable al yo, éste debe pasar por un proceso de desarrollo. Es bastante ilustrativo la imagen del protozoo que emite pseudópodos. Ya que describe un balance energético entre el yo y los objetos, el cual mientras uno se enriquece el otro se empobrece; y no puede invertir más allá de sus reservas.

Ahora bien, volvamos a la idea inicial de presentar los elementos y funcionamiento principal de este segundo modelo freudiano de estructuración psíquica.

¿Cómo diagrama Freud su nuevo esquema?

Difícil es en apretada síntesis presentar la densa elaboración teórica de Freud. Su segundo modelo de psiquismo, es expuesto en el Yo y el Ello (1923), un modelo constituido por tres instancias que se desarrollan progresivamente.

Mientras en el primer modelo, el psiquismo buscaba la descarga, basado en un fundamento energético; el segundo modelo involucra un psiquismo heterogéneo en el cual convergen biología y cultura. El referente del funcionamiento psíquico ya no es la conciencia, surge una nueva dualidad. La primera la matriz de polaridades contradictorias se fundamenta en una concepción biológica y se encuentra en una lucha instintiva: autoconservacion vs sexualidad. Presenta cierta tensión por resolver el conflicto. Con esta nueva tópica, la matriz del funcionamiento psíquico pasa a ser la pulsión, con una dualidad en la que Eros, busca conglomeración y Thanathos tiende a evitar esos lazos.

Este nuevo *mapa* para comprender lo psíquico refiere a un sistema que evoluciona en una progresión complejizante. La temporalidad en juego en las hipótesis psicoanalíticas es más lógica que cronológica, lo que refiere la necesidad de que para que se desarrolle un proceso debió desplegarse otro con anterioridad.

Freud ([1938]1940) lo define así en la segunda teoría pulsional:

Tras larga vacilación, nos hemos resuelto a aceptar sólo dos pulsiones básicas: Eros y pulsión de destrucción. (La oposición entre pulsión de conservación de sí mismo y de conservación de la especie, así como la otra entre amor yoico y amor de objeto, se sitúan en el interior de Eros). La meta de la primera es producir unidades cada vez más grandes y. asi conservarlas, o sea una ligazón; la meta de la otras e, al contrario, disolver nexos y., asi destruir las cosas del mundo. Respecto de la pulsión de destrucción, podemos pensar que aparece como su meta última trasportar lo vivo al estado inorgánico; por eso también la llamamos pulsión de muerte. (Freud, 1938, Pág. 146)

Describamos brevemente cada una de las estructuras que se desarrollan en sucesiva progresión:

> - Ello: Se trata de la sede de las pulsiones, de donde proviene la energía psíquica. Dice: *el Ello .. en su extremo está abierto hacia lo somático, ahí acoge dentro de sí las necesidades pulsionales que en él hallan su expresión psíquica.* (Nuevas conf. 1932 tomo 22, pag 68).. El Ello es inconsciente, pero no es lo único inconsciente; partes de los siguientes desarrollos en instancias también lo son. En él, se en-

cuentran todas las pulsiones provenientes del cuerpo, con sus representaciones- cosa, además de lo heredado filogenéticamente. Las representaciones-cosa reprimidas son solamente una parte del ello. En esta estructura hay representaciones con mayor o menor grado de investidura que están vinculadas entre sí por enlaces de contigüidad, analogía (o semejanza) u oposición. La energía se desplaza libremente entre ellas. Mociones opuestas coexisten junto a las otras sin cancelarse entre sí ni debilitarse, produciendo condensaciones. En el Ello no hay negación, ni noción de espacio ni tiempo. No conoce valoraciones, ni el bien ni el mal, ni moral alguna.

¿No les parece interesante que el Ello, el núcleo más conectado con lo corporal, sea experimentado por la persona como aquello más ajeno a sí mismo?

- **Yo** una parte de esta estructura es de funcionamiento inconsciente. Se forma en la periferia del Ello, en el contacto con la realidad. Es producto principalmente de las identificaciones con atributos de los objetos. En este modelo, toma relevancia la identificación como constituyente central del psiquismo, lugar que hasta ahora era de la representación. El yo, es sede principal de las representaciones-palabra y del proceso secundario. El pensamiento es un tanteo de la realidad mediante las representaciones, se rige por el principio de realidad. El Yo tiene por función hallar síntesis entre amos opuestos a los que sirve de modo permanente: las pulsiones, el superyó y la realidad. De acuerdo a sus recursos defensivos sentirá diferentes tipos de angustia. El yo tendría tres servidumbres y estaría amenazado por esos tres peligros: la libido del ello, el rigor del superyó, y el mundo exterior. El yo buscaría todo el tiempo con sus mecanismos de defensa y de adaptación compromisos entre esas tres exigencias y sería la verdadera residencia de las tres clases de angustias correspondientes.

- **Superyó** . Siguiendo esta idea de construcción progresiva del aparato, otra parte del Yo se escinde, lo observa, enfrenta y critica de acuerdo a las expectativas que pretende el ideal. Esta tercera instancia (Superyó ideal del yo) tiene un triple origen. Es la experiencia heredada de la especie que se repite de alguna manera en la experiencia individual. Pero además de lo heredado, el superyó ideal-del yo, resulta de la trasformación en el adulto, del narcisismo infantil. Por último, el superyó es el heredero del complejo de Edipo, constituye la conciencia moral. Valls (2012) afirma que el superyó esta hecho de aspiraciones y prohibiciones. Esta nueva estructura fue dedicada a que se cumplan los requisitos que son indicios de la cultura: la represión del incesto y el parricidio. Esta estructura tiene entonces una parte consiente, una preconsciente y una inconsciente. Se sugiere que de esta estructura surgen los sueños punitivos y el sentimiento inconsciente de culpa.

De modo esquemático, Freud (1924a) considera que la organización del psiquismo con predominio de neurosis es el resultado de un conflicto entre el yo y el ello, y en cambio, la organización a predominio de psicosis es el desenlace entre el yo y el mundo exterior.

Notas al margen

Freud señaló en su carta a Einstein que no hay tema más fértil, misterioso y digno de cualquier esfuerzo del intelecto humano que la vida psíquica.

Acuerdo en cuidar conceptos que sostienen el edificio psicoanalítico y seguir en diálogo interno al psicoanálisis y externo a él, para acordar en *qué decimos cuando decimos*. La rica polisemia del lenguaje abre a interpretaciones que, cuando no son precisas en su trasmisión, favorecen una Babel que solemos habitar en muchos espacios académicos.

El problema psique-cerebro

El problema mente-cerebro plantea la controversia de que las experiencias subjetivas desafían ser examinadas científicamente. Cuando nos referimos a lo específicamente humano, es preciso reconocer que nos encontramos ante un terreno rodeado de enigmas.

Algunas afirmaciones vertidas en El Proyecto de Psicología para neurólogos así como el libro sobre La afasia, -que utilizan cierto paralelismo psicofísico-, suelen ser citadas en el intercambio interdisciplinario y re-trabajado en la actualidad en particular, con los desarrollos neurocientíficos[7].

Existen argumentos a favor y en contra de pensar junto a la neurociencia. Sus lenguajes se sustentan en muy diferentes paradigmas (ver en Weisse, 2020, p. 29). También es diverso el cuerpo del que se ocupan: uno el cuerpo físico, en especial el cerebro y los procesos orgánicos y fisiológicos del sistema nervioso, mientras que el otro se ocupa del cuerpo erógeno, apoyado en su objeto que, en tanto perdido, queda representado por un discurso, produciendo un relato con el cual trabaja el psicoanalista. (ver en LLoves, 2020,p. 70). Sin embargo, la convicción de que existen muchos temas de interés común (J.R.Aguilar, 2019; Solms, 2018) intentan comprender las emociones dentro del mismo sistema nervioso. Los avances en los métodos neuropsicologicos han permitido que se reconozca la validez científica de la concepción freudiana de los sueños, a favor del psicoanálisis (Solms, 2013). Además, estos investigadores presentan elementos en neurobiología en relación a la existencia de lo que se denomina empuje o impulso (drive) (Paanksepp, 1998) y su rol en la vida mental de lo pensado, promoviendo en sus ponencias que los psicoanalistas nos embarquemos

---

[7]   Al respecto se recomiendan las lecturas del Dr. Solms, sobre neuropsicología (cuyas referencias se encuentran en la Bibliografía General).

en investigaciones que testeen su utilidad clínica. Cito a Solms: *invito a los lectores a confrontar las innovaciones teóricas que he introducido aquí con los datos de su experiencia psicoanalítica* (Solms, 2017, p.42).

En este sentido, considero estimulante continuar trabajando una distancia interdisciplinar adecuada y para ello es importante conmover nuestro pensamiento, remover prejuicios y hacer fundamentadas afirmaciones.

El problema del dualismo

En general, en la obra freudiana se puede observar que dentro del campo psicoanalítico, las concepciones sobre la constitución psíquica se dividen entre modelos intrapsiquicos (que ponen mayor énfasis en lo constitucional, y factores endógenos al aparato) de modelos intersubjetivos (en los que la participación del otro humano es fundamental). Un desafío en el equilibrio del trabajo clínico es mediar entre la hipótesis central de la pulsión, los modos de iluminar el mundo interior, sus proyecciones, fantasías, conflictivas; y la hipótesis de la perspectiva inaugurada por la relación de objeto, en la cual los procesos anímicos tendrán que tramitar tanto las exigencias pulsionales propias como las de su interlocutor.

También en cada concepción del armado se presenta un modo de pensar basado en una lógica oposicional. Léase: Sexualidad/ autoconservación; Eros/ Tanatos; intrapsiquico/ intersubjetivo.

Dice Green: *( ) el eje de la cura apunta a iluminar lo intrapsiquico, el mundo interior del analizante, pero todos también tendrán que admitir que es la trasferencia la que fuerza ( ) al analista a entrar en el juego, metido como está en el proceso psicoanalítico por las proyecciones de que es objeto ( ) Estas dos dimensiones, en lugar de articularse, pueden volverse objeto de una lucha por la supremacía ( )*(Green, 2010, p. 32).

Cuestión que de acuerdo con posturas de Rodulfo (2012) limita la libertad. Este autor estimula a pensar modelos relacionados a las artes (como el lenguaje musical) como método para evitar encerronas conceptuales.

A continuación, el Lic. Enrique Ascaso, pone a trabajar las nociones de pulsión y defensa ya presentes en el armado del primer modelo psíquico, cuando Freud escribe *Proyecto para neurólogos*.

Pulsión y Defensa. Conceptos fundamentales para el desarrollo simbólico y la constitución del sujeto

Lic. Enrique O. Ascaso

La primera cuestión que nos podemos plantear es si tiene sentido para pensar, tanto la estructuración del psiquismo (constitución del aparato psíquico) como los desarrollos teóricos que nos posibiliten aproximarnos a la clínica contemporánea, comenzar considerando los escritos freudianos del período denominado prepsicoanalítico, que va desde 1890 a 1897.

El primer motivo que justifica la revisión de este período es que fue el tiempo en que deslindó las Neurosis de Angustia de la Neurastenia y estas Neurosis, que denominó Actuales, de las Psiconeurosis. Presentaciones clínicas que luego dejó de estudiar y que en gran medida son los debates actuales respecto a los llamados casos fronterizos o de borde, que presentan desafíos para su abordaje clínicos y su conceptualización.

Para Freud, prestar atención a la concepción cuantitativa (monto de afecto, investidura) y a la teoría de las inscripciones psíquicas, teoría de la representación, le resultó útil para poder explicar de forma comprensible y consistente la influencia anímica, sobre el cuerpo, las exteriorizaciones corporales que promueven los afectos y el valor de la palabra.

En el artículo "Tratamiento psíquico, tratamiento del alma" (1890), se pregunta, ¿porque las palabras son buenos medios para provocar alteraciones anímicas? Para ello hace todo un recorrido que pasa por distintas ma-

nifestaciones vinculares, sugestión, hipnosis, curas mila-
grosas, el poder de la fe, el entusiasmo de las multitudes,
donde las mociones anímicas pueden elevarse hasta lo
desmesurado en virtud del efecto de masas. "Las palabras, son los principales mediadores del influjo que un
hombre pretende ejercer sobre los otros".

Poco tiempo después (1891), escribió un artículo sobre
La Afasia. Al interesarse sobre los trastornos del lenguaje,
desarrolla el aparato del lenguaje equipado para la asociación.

Propone pensar las perturbaciones del lenguaje en relación a factores funcionales (asociaciones) y no tanto de
localizaciones (anatómicas) y sugiere utilizar el término
asimbólico para los casos en que se encuentra perturbada la relación entre la palabra y la idea del objeto y no
para la relación entre el objeto y su idea. Entendemos que
le da primacía a la representación de palabra y la representación del objeto y no a la adecuación de la representación del objeto con la cosa. El aparato del lenguaje sería
el antecedente del Aparato Psíquico.

En la Comunicación preliminar (1892) encontramos
las bases de lo que desarrollará en el Proyecto respecto
a la tesis de la constancia de la suma de excitación y la
teoría del recuerdo. Aquí, sólo se aplican para explicar
las manifestaciones clínicas en las que ciertos contenidos
psíquicos, ciertos complejos de representación, se encuentran privados de su tramitación psíquica, provocando la escisión de la conciencia. A su vez, manifiesta que
deviene *trauma psíquico* cualquier impresión cuyo trámi-
te, por trabajo de pensar asociativo o por reacción motriz,
depare dificultades, siendo las vivencias aptas para producir el efecto de un trauma, aquellas que desencadenan
sentimientos de terror, mortificación o desengaño.

Esta diferenciación de los modos de tramitación de la
suma de excitación, le será de utilidad para separar las
Psiconeurosis (perturbaciones en la tramitación psíquica,

conflicto intrapsíquico) de las Neurosis Actuales (perturbaciones en los procesos de descarga motriz, abstinencia sexual, eyaculación precoz, masturbación compulsiva, etc.)

En la comunicación sobre *"Las Neuropsicosis de defensa* (1894), como su título lo indica, desarrolla la importancia de los mecanismos de defensa, sosteniendo que las *variedades de las defensas* frente al vivenciar traumático resultan *determinantes en las formas de enfermar*.

No sólo importa el suceso traumático sino, fundamentalmente, el modo de respuesta ante dicho suceso.

A partir de la representación auxiliar que dice: "En las funciones psíquicas cabe distinguir algo (monto de afecto, suma de excitación) que tiene todas las propiedades de una cantidad – aunque no poseamos medio alguno para medirla -, algo que es susceptible de aumento, disminución, desplazamiento y descarga, y se difunde por las huellas mnémicas de las representaciones como lo haría una carga eléctrica por la superficie de los cuerpos." Manifiesta que los destinos del afecto o suma de excitación depende de las defensas que se ponga en juego.

En el caso de la histeria, en función del mecanismo de la conversión, el afecto adherido a la representación reprimida se traspone a aquella inervación motriz o sensorial que mantenga nexo con la vivencia traumática, convirtiéndose así en un símbolo mnémico.

En las representaciones obsesivas y fobias, ese afecto permanece en el ámbito psíquico adhiriéndose a otras representaciones, en sí no inconciliables.

A su vez, destaca que es "la vida sexual la que conlleva las más abundantes ocasiones para la emergencia de representaciones inconciliables".

Para las psicosis (confusión alucinatoria) describe una defensa, mucho más enérgica, donde el yo desestima – Verwerfen – (traducido al castellano como Repudio y en la teoría lacaniana como Forclusión) el yo se arranca de la representación insoportable junto a un fragmento de la realidad objetiva.

Con estos antecedentes, Freud acomete el trabajo de diferenciar cierto tipo de manifestaciones clínicas ante las cuales el método y la teoría que estaba construyendo resultaban insuficiente. En 1984 escribe "Sobre la justificación de separar de la neurastenia un determinado síndrome en calidad de neurosis de angustia".

En ese artículo podemos observar la descripción minuciosa que hace del cuadro clínico de las neurosis de angustia que aún hoy tiene vigencia y que comprende los siguientes síntomas:

1. Irritabilidad general acrecentada; que muchas veces se acompaña de hipersensibilidad a los ruidos y a menudo es causa de insomnio.

2. Expectativa angustiada; suele ser el síntoma nuclear de la neurosis de angustia que se distingue de la concepción pesimista de las cosas más o menos común porque se presenta con la fuerza de una compulsión. Esta expectativa puede dirigirse a la preocupación por la salud de seres queridos o a la propia, como en la hipocondría o presentarse en relación a la conciencia moral.

3. Ataque de angustia; es la manifestación que con mayor frecuencia acompaña la urgencia subjetiva. Puede consistir en un sentimiento de angustia de características insoportables que se presenta solo o asociado a perturbaciones de un o varias funciones corporales.

4. Equivalentes corporales de la angustia; son las perturbaciones corporales que se presentan en muchas oportunidades sin registro subjetivo de la angustia:

a) de la actividad cardíaca; palpitaciones, arritmia, taquicardia persistente, pseudoangina - pectoris.

b) de la respiración; disnea nerviosa o ataques semejantes al asma.

c) de la alimentación, bulimia o anorexia.

d) digestivas, las diarreas que sobrevienen como ataques.

5. Terror nocturno de los adultos; por lo común acompañado de angustia, disnea, sudor, etc.

6. Ataque de vértigo; acompañado de sensaciones de que el piso oscila, resulta imposible mantenerse en pie, las piernas pesan como plomo, tiemblan o se doblan las rodillas. Vértigo a la altura que se presenta con frecuencia asociado en las neurosis obsesivas.

7. Desmayos.

8. cierto tipo de fobias, que se distinguen de las fobias neuróticas como por ej. La agorafobia.

Es importante destacar que, a esta altura de su desarrollo teórico, estas manifestaciones de la angustia no provenían de una representación reprimida y por lo tanto no admitían ninguna derivación psíquica. No remiten a un conflicto intrapsíquico ni a la historia del sujeto. Se trataba de una acumulación de "excitación de origen somático y de naturaleza sexual", en principio motivada por una práctica sexual actual inadecuada (masturbación compulsiva, coitos interruptus, etc.).

Con estas consideraciones intentaba explicar, porque no eran pasibles de ser tratadas por medio de la técnica psicoterapéutica y proponía en su lugar una re-educación, es decir, psicoprofilaxis.

Si bien hoy estas explicaciones nos parecen limitadas e inconsistentes, nos deja algunos elementos de los cuales partir para construir una teoría que de una mejor explicación al fenómeno. El mismo Freud, 30 años después, retoma esta problemática cuando ya había efectuado la revisión teórica pulsional y tópica (Pulsión de Muerte, Ello-Yo y Superyo, masoquismo primario, angustia automática) y manifestaba que, si bien no le satisfacía la explicación dada, las observaciones clínicas seguían siendo válidas, al igual que las dificultades para su abordaje terapéutico.

Algo que menciona hacia el final del artículo que estamos trabajando, me parece de suma importancia, en estas sintomatologías, en vez de un procesamiento psíquico interviene una desviación de la excitación hacia lo somático, lo cual, a mi entender significa que se trata de una insuficiencia psíquica, a consecuencia de lo cual se producen unos procesos somáticos anormales.

Es decir, no se trata de procesos somáticos anormales que generan insuficiencia psíquica, sino que la insuficiencia psíquica desencadena procesos somáticos anormales. La psique deviene insuficiente para dominar la *"excitación sexual somática"*. Esta limitación para tramitar dicha exigencia se desvía a lo somático cayendo en el estado de angustia y sus manifestaciones corporales.

La construcción del Aparato Psíquico

Con estas preocupaciones clínicas como telón de fondo, comienza a construir el edificio teórico que irá desarrollando a lo largo de toda su obra.

El "Proyecto de psicología" (1895), más allá del intento de hallar un sustrato anatómico de las funciones psíquicas, lo que fue abandonado rápidamente, es el primer trabajo sistematizado donde fija los fundamentos que permitirán pensar el psicoanálisis como un modo de producción de conocimiento y que posibilitan establecer su objeto de estudio.

Se pregunta cómo opera la psique, qué es lo que lo pone en movimiento y cuáles son las leyes que rigen ese proceso. Aquí observamos la filiación de Freud con la episteme de su tiempo, pero que desemboca en la fundación del psicoanálisis con todas las transiciones y rupturas con el pensamiento de su época.

Intenta amalgamar, la concepción energética y la inscripción psíquica de las vivencias, eso que en la clínica observa como representaciones hiperintensas.

Con la construcción del concepto de Pulsión establece un nudo entre fuerza y representación, dos elementos heterogéneos condenados a vivir juntos. De este modo, la metapsicología posibilita la constitución misma del objeto de estudio.

En nuestra lectura, insistimos en plantear, que Freud, en el momento en que redacta este escrito, construye los elementos básicos de su reflexión teórica posterior (Inconsciente, Pulsión, defensa, represión, sexualidad, teoría de la representación, teoría del sueño, etc.) que le permiten sentar las bases para efectuar el salto de la anatomía a la tópica.

En principio, nos propone un psiquismo que se va a desarrollar sobre la base del arco reflejo: ingresa cantidad, se procesa y se descarga. Cantidad, exigencia de trabajo que proviene del cuerpo y del mundo exterior. La cantidad del estímulo excita la tendencia de descarga del sistema nervioso, se traspone en una excitación motriz proporcional, que ejercen su acción mediante desprendimiento o «desligazón". En la medida que se va complejizando el funcionamiento psíquico, se efectuará por trasferencia de investidura de representación a representación.

Manifiesta que es función del aparato psíquico transformar cantidad en cualidad, apelando al concepto de período, que incorpora de la física, para explicar este proceso. A partir de la descripción de la vivencia de satisfacción, "vivencia de dolor", y sus "restos", la diferencia entre pensar reproductor y juicio, el aparato va a transformar cantidad en cualidad a través de la intervención de mecanismos defensivos que instrumenta el Yo en su función inhibitoria, que define como "defensa primaria o represión (esfuerzo de suplantación y desalojo) y al incorporar la representación palabra, que depende del código lingüístico.

Va describiendo como en este modelo del arco reflejo se interpone un funcionamiento psíquico que lo modifica en su funcionamiento. Para lo cual, dicho sistema psíquico tiene que constituirse y complejizarse para después procesar e intervenir en los destinos del Afecto y la Representación.

Esquema del funcionamiento de los principios generales

1) PRINCIPIO DE INERCIA NEURONAL NIRVANA	2) PRINCIPIO DE CONSTANCIA
Estímulo — Mundo exterrno y cuerpo	Mundo externo y cuerpo
	Barreras de contacto - resistencia Acúmulo de cantidad
a) Función primaria: Descarga	b) Función secundaria: fuga de exitación Evitación
	Vivencia de sa satisfacción Vivencia de dolor
Acción inespecífica	Pulsión oral Trauma
	Compulsión de repetición Deseo Afecto
	Yo
Desprendimiento de cantidad psíquica Angustia (automática)	Retiene cantidad, experiencia, memoria Constancia - Angustia señal
	Alucinación Defensa primaria Represión
	Acción específica Transferencia cantidad Desprendimiento de cantidad psíquica entre representaciones
Desligadura	Ligadura

A partir de los Principios Generales del sistema nervioso y de dos ideas rectoras a) concebir lo que diferencia la actividad del reposo como una cantidad sometida a la ley general del movimiento y b) suponer como partículas materiales las neuronas (representaciones), Freud construye una hipótesis: el Aparato Psíquico, y va a explicar, cómo se constituye, desarrolla y procesan los diversos tipos de estimulaciones que ponen a dicho aparato a trabajar.

El Yo será el resultado de representaciones investidas (cargadas de cantidad) en estado ligado, que en contacto con el mundo exterior, Otro, aprende:

a) Inhibir la Descarga motriz y el Deseo más allá de cierta medida.

b) Tiene como función evitar el displacer y atender a los signos de cualidad objetiva que posibilitan discriminar el recuerdo (alucinación y/o pensamiento) de la percepción real objetiva, el estímulo interno del estímulo externo.

c) Incorpora el código lingüístico.

Con posterioridad el Principio de Nirvana será el modo de funcionamiento de la Pulsión de muerte y el Principio de Constancia atribuido a la Pulsión de Vida.

Vamos a polemizar con Strachey, quien en su introducción manifiesta que Freud no tiene un concepto de pulsión, "todo el acento está colocado en el efecto del ambiente sobre el organismo y en la reacción de este frente a él. Cierto es que, además de los estímulos externos, se mencionan las excitaciones endógenas, pero apenas se examina su naturaleza. Las «pulsiones» son entidades vagamente columbradas, a las que ni siquiera se ha dado nombre todavía." y vamos a destacar, que es el momento que comienza a construir la teoría pulsional, a través de la descripción de la vivencia de satisfacción que es la primera oportunidad en que describe el montaje de la pulsión oral.

La construcción del concepto de Pulsión, la introducción del Yo, el lugar fundacional otorgado al Otro primordial y las funciones defensivas atraviesan todo el artículo.

La cantidad que viene del mundo exterior o la cantidad que viene del cuerpo, se va a almacenar en Psi, va a quedar cantidad psíquica, ahí recién el psiquismo incorpora cantidad y la retiene, se genera la impulsión.

Efectos del encuentro con el Otro (primordial) y del lenguaje en la estructuración del sujeto. Vivencia de satisfacción y Vivencia de dolor

En el estado de urgencia provocado por el hambre se produce "El llenado de las neuronas del núcleo (registro en Psi de las excitaciones que provienen del cuerpo), tendrá por consecuencia un afán de descarga, un esfuerzo {Drang}." Dicho esfuerzo se intenta aligerar mediante el camino motor, el bebé tiene hambre y succiona, se desencadena el reflejo de succión. Pero esa descarga motriz no alcanza, no se alimenta y no calma la necesidad.

"De acuerdo con la experiencia, la vía que a raíz de ello primero se recorre es la que lleva a la alteración interior (expresión de las emociones (afecto, angustia), berreo, inervación vascular. Ahora bien, como se expuso al comienzo, ninguna de estas descargas tiene como resultado un aligeramiento, pues la recepción de estímulo endógeno continúa y se restablece la tensión Psi. Aquí una cancelación de estímulo sólo es posible mediante una intervención que elimine por un tiempo en el interior del cuerpo el desprendimiento de cantidad psíquica, y ella exige una alteración en el mundo exterior (provisión de alimento) que, como acción específica, sólo se puede producir por caminos definidos y realizados por un individuo experimentado". Así "el inicial desvalimiento del ser humano es la fuente primordial de todos los motivos morales".

Es decir, una alteración interior es una acción inespecífica, y debe haber una acción que sea específica, tiene que producir una modificación desde el mundo exterior; está diciendo que el ser humano es desarraigado instintivamente y no sabe valerse por sí mismo, tiene la necesidad del otro y ese otro está desde el vamos, y es el que va a libidinizar y culturalizar. Desde el inicio lo toma como objeto de su deseo y su cariño. Lo va marcando desde que nace con interpretaciones. Es lo que hace un adulto con un bebe, interpretar lo que le pasa, marcar con sus propias marcas al sujeto en constitución.

Freud dice, cuando se produce la vivencia de satisfacción, "tres cosas acontecen dentro del sistema Psi: 1) es operada una descarga duradera, y así se pone término al esfuerzo que había producido displacer; 2) se genera la investidura de una neurona (o de varias), que corresponden a la percepción de un objeto, y 3) a otros lugares llegan las noticias de descarga del movimiento reflejo desencadenado, inherente a la acción específica. Entre estas investiduras y las neuronas del núcleo se forma entonces una facilitación."

Acá tenemos tres elementos de los cuatro que Freud menciona en 'pulsiones y destinos de pulsión': Empuje (drang), objeto y meta (fin). En este escrito falta la fuente, que será desarrollado como zona erógena en Tres Ensayos para una teoría sexual (1905). Sería: 'drang' el esfuerzo, boca-fuente, pecho-objeto, succión-meta (que es la descarga motriz).

Por simultaneidad se produce el montaje pulsional, entonces cuando aparece el estado de urgencia se liga por asociación con la fuente-boca, con el objeto-pecho y con la succión-meta. Por simultaneidad se ligan los distintos elementos y la pulsión sería la inscripción del complejo representacional de estos, y no sólo la exigencia que viene del cuerpo. Se constituye como un empuje psíquico que tiene su fuente en una zona del cuerpo cuyo fin es poner término a la tensión creada, por medio de un objeto.

Similar descripción realizar sobre la vivencia de do-

lor donde se produce la inscripción psíquica de tres elementos: "el dolor produce en Psi un gran acrecentamiento
del nivel que es sentido como displacer, una inclinación
a la descarga y una facilitación entre esta y una imagenrecuerdo del objeto excitador de dolor". "Los restos de
las dos variedades de vivencia que hemos tratado son los
afectos y los estados de deseo". Ambos estados "… dejan
como secuela unos motivos compulsivos".

A partir de aquí se ha planteado un problema que llevó
a interpretar de diferentes maneras a la Pulsión. En Tres
ensayos de teoría sexual (1905) la definió como "la agencia representante psíquica de una fuente de estímulos intrasomática en continuo fluir [...] uno de los conceptos
del deslinde de lo anímico respecto de lo corporal". Aquí
parece poner el acento que la Pulsión es la inscripción
psíquica. Pero cuando en Pulsiones y destinos de pulsión
(1915) entiende a la agencia representante de pulsión
como "una representación o grupo de representaciones
investidas desde la pulsión con un determinado monto de
energía psíquica (libido, interés)". Puede llevar a interpretar como no-psíquica en sí misma.

Mi propuesta es adherir a la interpretación de la Pulsión como la "fijación" del representante en el espacio de
la representación, de ese extranjero interior, Ello, que
produce motivos compulsivos y exige un trabajo de elaboración al sujeto.

Y ese trabajo de elaboración, que implicará procesos
de duelos, inscripciones de las pérdidas y faltas, determinará los diversos destinos pulsionales en función de las
defensas operantes y a su vez, devendrá en distintos tipos de retornos y manifestaciones clínicas. Como plantea
Freud, habrá que perseguir los distintos de los diferentes
componentes que integran la agencia representante de
la pulsión. El drang, empuje, representante de la carga
energética, del monto de afecto, que podrá ser zofocado,
trasladado o transformado (angustia). De la representa-

ción de objeto, que podrá ser sustituido. Del fin o meta, que podrá ser inhibido o sustituido.

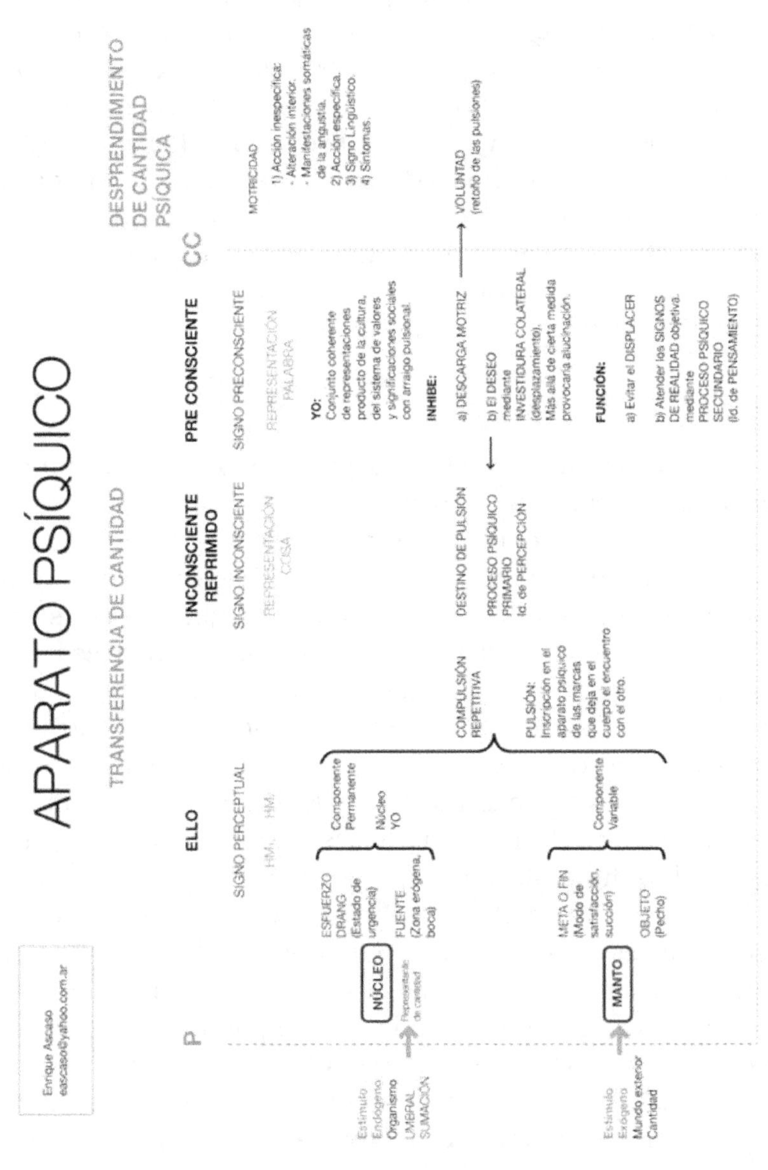

A continuación, propongo un gráfico (ver página 59) sobre la base del que Freud desarrolla en la Carta 52 y el llamado peine invertido de la interpretación de los sueños, donde incluyo la inscripción pulsional que ayuda a representarse lo que él describe sobre la representación psíquica de la pulsión (agencia representante en el espacio de la representación). Pero aquí es necesario diferenciar el concepto de huellas, que Freud lo ubica en el Signo Perceptual, insusceptible de conciencia y asociado por simultaneidad y que experimentan una fijación, de las Representaciones Cosa, que también son inconscientes pero asociados por relaciones de semejanza u otras, es decir que arman cadena de sustituciones.

Perturbaciones del proceso de simbolización de la falta

El proceso para constituirse en sujeto implica una serie de instancias que van desde la discriminación yo no yo, esa diferenciación entre uno mismo y el otro, en la medida en que, quien ocupe el lugar del Otro primordial ponga en juego su deseo más allá del sujeto en constitución, (dinámica edípica) lo que impulsa a atravesar diversos momentos de renuncia pulsional y a su vez a procesar la incompletud del Otro (Castración) y registrar la imposibilidad del goce absoluto. Podemos pensar, juntos con Freud, que la castración es la teoría sexual infantil mediante la cual se intenta presentificar, en el registro corporal, la imposibilidad de ese goce absoluto.

Este arduo transitar, implica un trabajo de duelo, en la medida que las defensas instrumentadas así lo posibiliten. La pulsión, esa primitiva huella que impulsa al trabajo psíquico, irá a la búsqueda de objetos sustitutivos en la medida que haya resignado el objeto y fin originarios.

En "Pulsiones y destinos de pulsión" (1915), distingue 4 destinos de pulsión en función de la variedad de la defensa operante, trastorno hacia lo contrario, vuelta hacia la propia persona, represión y sublimación.

Desde la teoría inspirada en los desarrollos de Lacan se ha insistido en asociar las distintas estrategias defensivas a las estructuras clínica, Neurosis, Psicosis, Perversión. A las defensas mencionadas por Freud, en sus primeros escrítos, Represión (Verdrangung) mecanismo específico de la neurosis y Repudio (Verwerfung) mecanismo que opera en la psicosis, describirá a partir de "El fetichismo", (1927) la Renegación o desmentida (Verleugnung) como mecanismo específico de la perversión.

En el caso del repudio, al no admitir esa representación intolerable, de la Falta en el Otro (castración), es una estrategia mucho más enérgica para asegurarse de no saber nada. Exclusión radical de algo que nunca fue admitido. Rechaza la representación y el contenido afectivo. Como no ha tenido acceso a lo simbólico reaparece en lo real, en forma de alucinación o percepción delirante.

La neurosis, es la evidencia que la represión no logró sofocar el monto de afecto de la pulsión y la representación reprimida continúa estableciendo redes asociativas con otras representaciones, tejiendo relaciones en el inconsciente y logra acceder a la conciencia a través de los síntomas, y distintas formaciones del inconsciente, que operan como símbolos mnémicos.

Mientras que la represión, logra sustituir una representación por medio de una metáfora transfiriéndole la investidura, en la Renegación o desmentida, la investidura de la representación de la Falta (castración) se desplaza a otra parte del cuerpo o un objeto (fetiche) para poder sostener la creencia en el Falo materno, (Otro completo). La escisión del yo, consecuencia de la renegación o desmentida, inhabilita la vigencia del conflicto intrapsíquico (entre instancias).

Pero es de destacar, como lo vienen desarrollando distintos autores contemporáneos, que también es observable esta ausencia de conflicto motivado por fallas en el trabajo de simbolización, en los trastornos del carácter, en ciertas perturbaciones del narcisismo no psicóticas, pasajes al acto, afecciones psicosomáticas, etc. De igual modo, podríamos incluir las Neurosis actuales descriptas por Freud. Todas manifestaciones clínicas que desbordan las estructuras clínicas.

Lic. Enrique O. Ascaso

Profesor Titular e integrante del Consejo Académico de la Maestría en Psicoanálisis UNLAM-AEAPG. Ex Secretario de los Posgrados en Psicoanálisis de la UNLAM-AEAPG. Ex presidente de la AEAPG y de la FLAPPSIP.
Mail: eascaso@yahoo.com.ar

CAPÍTULO 2

Noción de sexualidad, el Ello,   las pulsiones y el desarrollo de la libido

Graciela Jaimsky

Presentación

En el capítulo anterior se puso a trabajar la noción de aparato psíquico en Freud. En éste se pretende ahondar en la sexualidad dentro del corpus psicoanalítico, rastrear de modo sintético este descubrimiento, describir los 2 modelos pulsionales y nuevamente concluir con algunas reflexiones actuales sobre la temática.

> *¿De qué modo el placer sentido despierta*
> *la necesidad de un placer mayor?*
> *He aquí justamente el problema.*
> (Freud, en Tres ensayos, 1905)

El contenido de la noción de lo sexual no es fácil de definir, como ya señalara Freud. El descubrimiento de la sexualidad infantil, a través de la reconstrucción de los recuerdos sumergidos por la amnesia infantil y por la observación directa de niños pequeños, fue un hito revolucionario para comprender la constitución psíquica. Se trata de una serie de excitaciones y actividades presentes desde la infancia que procuran placer, independientemente de la función biológica. Freud describe la sexualidad infantil como perversa quitándole a este concepto su connotación psicopatológica y propone para ella un desarrollo en fases. Entonces, ¿de qué se trata la sexualidad en psicoanálisis?

Para empezar es necesario diferenciar este concepto psicoanalítico de su concepción popular.

El Diccionario de la Real Academia Española la define como:

1. f. Conjunto de condiciones anatómicas y fisiológicas que caracterizan a cada sexo-

2. f. Apetito sexual, propensión al placer carnal.

Estas definiciones hacen hincapié en un cuerpo centrado en lo anatómico, omitiendo los modos en que el erotismo y el placer que involucra al cuerpo, participan en la constitución y funcionamiento del psiquismo.

De acuerdo al planteo que hace en el capítulo III del Esquema (1938), Freud afirma que la vida sexual: 1) comienza enseguida después del nacimiento con nítidas exteriorizaciones, 2) distingue de modo tajante lo sexual de lo genital y 3) la vida sexual incluye la función de una ganancia de placer a partir de zonas del cuerpo.

Sin embargo un texto de referencia fundamental para tratar este tema es Una teoría sexual (1905). Con este artículo provocó un revuelo científico en lo que atañe a la constitución psíquica del ser humano. Allí plantea que desde la temprana infancia las excitaciones a las que es conmovido el incipiente psiquismo producen un vivenciar, que no puede reducirse a la satisfacción o no de las necesidades fisiológicas del organismo. Estas primeras experiencias de placer y dolor, inscribirán modos posteriores de buscar satisfacción, relacionados a un plus (de excitación), producto del vivenciar que acompañó los primeros encuentros.

Me resultó interesante que desde sus primeros escritos sobre La afasia (1893) y las parálisis histéricas, Freud ya señala que la perturbación no se halla en el cuerpo anatómico sino en las *vías asociadas*, en el entramado representacional. Así, pensar en el cuerpo, los límites y las relaciones que cuerpo y psiquismo guardan entre sí, es un desafío que con los conceptos de cuerpo erógeno, pulsión, libido y deseo Freud pone a trabajar la cuestión.

1er Modelo pulsional: auto conservación-sexualidad

Comencemos con uno de los pasajes de los "Tres ensayos…":

Es claro, además, que la acción del niño chupeteador se rige por la búsqueda de un placer ya vivenciado, y ahora recordado- Así, en el caso más simple, la satisfacción se obtiene mamando rítmicamente[1] un sector de la piel o de la mucosa. Es fácil colegir también las ocasiones que brindaron al niño las primeras experiencias de ese placer que ahora aspira renovar. Su primera actividad, la más importante para su vida, el mamar del pecho materno (o de sus subrogados), no pudo menos que familiarizarlo con ese placer. Diríamos que los labios del niño se comportaron como una zona erógena, y la estimulación por el cálido aflujo de leche fue la causa de la sensación placentera. Al comienzo, claro está, la satisfacción de la zona erógena se asoció con la satisfacción de la necesidad de alimentarse. EL quehacer sexual se apuntala primero en una de las funciones que sirven a la conservación de la vida, y solo más tarde se independiza de ella. Quien vea a un niño saciado adormecerse en el pecho materno, con sus mejillas sonrosadas y una sonrisa beatica, no podrá menos que decirse que este cuadro sigue siendo decisivo también para la expresión de la satisfacción sexual en la vida posterior. La necesidad de repetir la satisfacción sexual se divorcia entonces de la necesidad de buscar alimento, un divorcio que se vuelve inevitable cuando aparecen los dientes y la alimentación ya no se cumple más exclusivamente mamando sino también masticando.

---

[1]   El tema del ritmo se destaca en negrita para señalar los tempranos artículos en los que la prosodia aparece como relevante para la constitución psíquica.

En esta temprana cita aparecen delineados los elementos que definirán la sexualidad humana: zona erógena, autoerotismo y apuntalamiento. Si la meta autoconservativa es ingerir leche, la meta sexual será la incorporación.

Observamos así que la necesidad de repetir la experiencia que proporciona la satisfacción, se separa de la necesidad de obtener alimento. El chupeteo suele ser el modelo ilustrativo de la manifestación de la pulsión sexual en la infancia. A su vez, es necesario que este *quehacer sexual* se apuntale, se apoye, en las funciones que sirven para que el niño conserve su vida, motivo por el cual al comienzo (pulsiones de autoconservacion y sexuales) funcionan juntas. Pero, -y esto es lo novedoso- luego las pulsiones que se dirigen a la obtención de placer sexual se separan y adquieren autonomía.

En estos tiempos teóricos del desarrollo psicosexual (1905), aun Freud aún no concibe una organización de la libido, si bien ya describe las actividades orales o anales como actividades sexuales precoces. Sera recién en un artículo de 1913 *La predisposición a la neurosis obsesiva*, donde introduce el concepto de organización pre-genital: aquella unificación de las pulsiones se encuentra en el predominio de una actividad sexual ligada a una zona erógena determinada. Entonces describe primero la etapa anal, luego la oral, y finalmente en 1923 describe la etapa fálica, en su artículo "la organización genital infantil".

Nuevamente[2] se puede notar que la vida psíquica la concibe en un dualismo pulsional. Este hace referencia a la tensión que se establece entre las pulsiones yoicas o de auto-conservación y las pulsiones sexuales. Lo esquematizamos así: 1) Pulsiones yoicas o de auto conservación (cuyo prototipo es el hambre), son aquellas que apuntan a la conservación de la vida del individuo, a la conservación de su integridad. 2) Pulsiones sexuales (cuyo prototipo es

---

[2]   El problema del dualismo fue presentado en el capítulo 1.

el amor), son las pulsiones que van más allá de la conservación, su fin es la obtención de placer.

De este modo, el principio de placer-displacer muestra que el objetivo fundamental del psiquismo es la reducción de las tensiones.

Un párrafo más sobre la constitución psicosexual elaborada en 1905. El modelo de los estadios libidinales señala la manera en que la representación se entrama al cuerpo. Así en cada fase libidinal se desarrollarán los denominados lenguajes del erotismo, al modo oral, anal, fálico-uretral que definirán características particulares de relación con los objetos. Se trata de un modelo en el que el cuerpo inscribe formas de organización de las representaciones, que se verán expresadas en los discursos. Esto es importante porque no sólo se trata de un modelo teórico sobre el desarrollo psicosexual, sino un modo útil para pensar e intervenir en la práctica clínica (Maldavsky, 1999).

Si ya desde los inicios conceptuales, Freud señala que la sexualidad era "rechazada" "desalojada" de la conciencia, constituyendo lo inconsciente reprimido, ¿cómo soslayar en este capítulo su teoría sobre la represión?

Freud otorgó a sus Tres ensayos junto a *La interpretación de los sueños*" el lugar de piedra angular sobre la que fue construido el edificio psicoanalítico. Tal es la importancia que les otorgó, que ambas obras tuvieron agregados a lo largo de su vida de modo de mantenerlas al día.

En cuanto al término represión fundamentalmente es en el texto de 1915 donde lo profundiza y expresa que su esencia consiste básicamente en el hecho de separar y mantener a distancia de lo consciente. (Laplanche y Pontalis, 1996, pág. 377). Por lo tanto, es importante tener en cuenta que se trata no sólo de un mecanismo de defensa sino de un destino de pulsión susceptible de ser usado como defensa.

De todos modos, comprenderán que con los prestigiosos psicoanalistas que se han dedicado a abordar la teoría psicosexual, (como las obras de Lacan, Laplanche, Green, Aulagnier, entre otros) mi intención se limita a hacer una referencia que permita poner estas nociones a reflexión. Aclarado esto, señalemos que con la introducción del Narcisismo y la consecuente sexualización del yo, Freud planteará un segundo dualismo pulsional.

Segundo modelo pulsional: pulsión de vida-pulsión de muerte.

Más allá del principio de placer (Freud, 1920) marca un giro en la conceptualización freudiana y da cuenta de los fenómenos clínicos que le impiden seguir sosteniendo el principio de evitación del displacer y la búsqueda de la homeostasis como rectores del decurso psíquico. Los sueños de despertar por irrupción de un peligro exterior, *los sueños de angustia* y la angustia automática manifiestan esa ruptura.

La nueva propuesta implica un reordenamiento de las pulsiones con relación a los postulados freudianos previos a 1920, manteniendo siempre una concepción dualista. Aquí se sostiene que en determinadas circunstancias, lo que se tendía a repetir no eran experiencias de placer. Por ello Freud plantea un estado más primitivo, un "más allá que insiste con situaciones de naturaleza traumática, consistente en un trauma infantil, no evocable.

La hipotética pulsión de muerte es representada en la clínica por la compulsión a la repetición, y luego aparece en fecundos desarrollos sobre el sadismo, masoquismo y la postulación de un masoquismo primario (1924).

Esta segunda teoría plantea dos pulsiones básicas: Eros (que tiende a unir y producir unidades cada vez más grandes) y Thanatos (que tiende a disolver nexos).

La intrincación de las pulsiones de vida y muerte queda

claramente expuesta cuando por ejemplo en su Presentación autobiográfica dice: "La acción conjugada y contraria de Eros y pulsión de muerte nos da, a nuestro juicio, el cuadro de la vida" (Freud, 1925, [1924]). Ilustra lo dicho con las funciones biológicas, como por ejemplo el acto de comer y el acto sexual. Dice: *el acto de comer es una destrucción del objeto con la meta ultima de la incorporación; el acto sexual, una agresión con el propósito de la unión más íntima* (Freud, 1938, p. 147).

Pero ¿qué es la pulsión?

Acordamos que se trata de un concepto pilar de la teoría freudiana.

"Desde la perspectiva psicoanalítica, pensar acerca de la vida supone una reflexión sobre la pulsión, en tanto ella es su motor. Desde este abordaje podemos pensar que la vida narra el viaje de la pulsión, desde su emergencia al bordear el agujero que deja el objeto de la necesidad, radicalmente perdido. En el pasaje por las fases oral, anal y fálica arranca los rasgos con los que construirá un objeto, siempre parcial" (Frenkel, Mandet, Vaqué, 2003, p. 112).

Hay estímulos que provienen del exterior y otros del interior del propio organismo. Las pulsiones refieren a estímulos que provienen del interior e implican una exigencia de trabajo para la mente, frente a su aparición no es posible recurrir al mecanismo de la huida, exigen movimientos más complejos. La pulsión se define como un concepto límite entre lo somático y lo psíquico, la libido pertenece exclusivamente al terreno psíquico De manera sucinta, la libido significa la fuerza (cuantitativamente variable y mensurable) de las pulsiones sexuales (Freud, 1924, pág. 215).

Estas definiciones freudianas concluyen que son las pulsiones, y no los estímulos exteriores, los genuinos motores del progreso en la constitución psíquica.

Otra frecuente definición de pulsión es que se trata de un concepto fronterizo entre lo anímico y lo somático, un representante psíquico de los estímulos que provienen del interior del cuerpo y alcanzan el alma, como una medida de la exigencia de trabajo que es impuesta a lo anímico a consecuencia de su trabazón con lo corporal.

Esto marca el movimiento que los estímulos internos desencadenan, un proceso dinámico consistente en un empuje (carga energética, factor de motilidad) que hace tender al organismo hacia un fin. Una pulsión tiene su fuente en una excitación corporal (estado de tensión); su fin es suprimir el estado de tensión (Laplanche y Pontalis, 1996, p. 324)

Una sintética y clásica descripción del desarrollo psico-sexual

Seguramente el más innovador de sus ensayos es "La sexualidad infantil", donde amplía su idea hacía ya mucho tiempo en gestación, de que la sexualidad no surge con la pubertad, sino que se manifiesta desde la infancia.

Al respecto, enuncia en la cuarta de sus *Cinco conferencias sobre psicoanálisis* (1910 [1909], p. 38):

No, señores míos; ciertamente no ocurre que la pulsión sexual descienda sobre los niños en la pubertad como, según el Evangelio, el Demonio lo hace sobre las marranas. El niño tiene sus pulsiones y quehaceres sexuales desde el comienzo mismo, los trae consigo al mundo, y desde ahí, a través de un significativo desarrollo, rico en etapas, surge la llamada sexualidad normal del adulto.

Para aclarar los cuatro términos *que se usan en conexión con el concepto* (Freud, 1915, p. 117) se señalan: el esfuerzo, la meta, el objeto y la fuente.

a) el esfuerzo de una pulsión es la cantidad de fuerza de trabajo motor que la misma reclama. b) la meta es la satisfacción a la que se llega únicamente por la cancelación del estímulo pulsional, que, a pesar de ser, al final, siempre la misma, los modos de acceso a ella son variables. Por ende, hay una serie de metas intermediarias que pueden acoplarse entre sí o alternarse, y pulsiones de meta inhibida, en procesos en que se recorre parte del camino hacia la satisfacción, pero luego se desvían o inhiben.

c) el objeto de la pulsión es el medio por el que se alcanza la meta; se caracteriza como contingente, pues puede provenir tanto del exterior como del cuerpo propio. Es así que la pulsión puede cambiar de vía innúmeras veces en el curso vital, e incluso un único objeto puede servir para satisfacer diversas pulsiones. También en relación al objeto, puede producirse una fijación de la pulsión cuando ésta se enlaza profundamente con él.

d) Por último, la fuente es aquel proceso somático, interior a un órgano o a una parte del cuerpo, cuyo estímulo es representado en la vida anímica por la pulsión (Freud 1915, p. 118).

Las fases del desarrollo psicosexual

La teoría de la libido puede ser pensada como un mito sobre los orígenes del psiquismo.

En los comienzos del desarrollo psicosexual, hay ciertas regiones del cuerpo que tienen mayor intercambio con el ambiente y parecen predestinadas a ser asiento de excitaciones.

La primera fase - llamada oral - tiene sus orígenes en el período de lactancia. En ese inicio, la zona erógena rectora son los labios, que, en el acto de mamar, son estimulados por el pasaje de la leche, lo que genera una sensación de placer en el niño. La satisfacción sexual está, en sus inicios, ligada a la nutrición. Dado que las pulsiones sexuales se apuntalan en las de autoconservación, el objeto que sacia la necesidad de alimento del sujeto es el mismo que el de la actividad sexual (Freud, 1905).

Esta experiencia del lactante es llamada por Freud (1900, p. 557) vivencia de satisfacción. Su imagen adquiere (...) un valor electivo en la constitución del deseo del sujeto y puede ser evocada en ausencia del objeto real (satisfacción alucinatoria del deseo) (Laplanche y Pontalis, 1996, p. 133) El acto de mamar se torna un paradigma para toda relación de amor, el modelo inalcanzado de toda satisfacción sexual posterior (Freud, 1917 [1916-17], p. 287) al que la fantasía suele remitir en situaciones de urgencia. El primer objeto de la pulsión sexual es el pecho materno. Y la meta consiste en la incorporación del objeto, el paradigma de lo que más tarde, en calidad de identificación, desempeñará un papel psíquico tan importante(Freud, 1905, p. 180).

El encuentro con ese primer objeto, -pecho- se abandona en el acto del chupeteo, ya que tras la experiencia de satisfacción, comienza a suscitarse una necesidad de volver a sentir el placer que la misma le ha generado. El chupeteo consiste en un contacto de succión con la boca (los labios [zona erógena rectora en la fase oral]), repetido rítmicamente, que no tiene por fin la nutrición (p. 163) y se encuentra al servicio de una ganancia de placer sexual, que primero se vivencia a partir de la recepción de la leche materna y, a continuación, se separa de esa condición. Es, con dicho acto, que la pulsión sexual se convierte en autoerótica (Freud, 1917 [1916-17]).

Con el autoerotismo, se abandona al objeto en concomitancia con un vuelco hacia uno mismo y hacia la fantasía(Laplanche, 1980, p. 131). Las prácticas sexuales infantiles son, por lo tanto, acompañadas de una actividad cuyas fantasías pueden ser conscientes como inconscientes.

La segunda fase –anal, se caracteriza por las experiencias corporales y relacionales vinculadas con la defecación, el valor simbólico de las heces dadas o rehusadas y guardadas para sí mismo, el aprendizaje de la higiene y, a partir de estos, la conflictualidad ordenadora de la relación de objeto sadomasoquista y de la triple oposición: actividad / pasividad; dominación sumisión; retención / expulsión (Brusset, 1994).

El niño pasa a recibir placer por medio de las funciones excretoras: la micción y la defecación. No siente ningún tipo de asco hacia sus heces; por el contrario, las vislumbra como partes de su propio cuerpo de las que le cuesta desprenderse. Asimismo, la utiliza como un regalo a sus seres queridos. Por otra parte, la micción es vivida, también, por el niño como placentera. A lo largo de este período, el sujeto se enfrenta por vez primera a las amenazas del exterior, dado que éste adquiere un carácter inhibidor, adverso a sus anhelos de placer. Lo mismo le lleva a entrever las futuras pugnas internas y externas que sobrevendrán más adelante (Freud, 1917 [1916-17]). Por ende, en esta etapa, el individuo debe, por primera vez, renunciar a ciertos mandatos sociales a cambio de su placer (Freud, 1917 [1916-17], p. 287).

La tercera fase es llamada fálica. Los órganos que despiertan particular atención son los genitales masculinos. En este período, comienza la investigación sexual infantil. En un primer momento, el niño no distingue con claridad la diferencia anatómica entre los sexos, por lo cual el varón suele atribuir tanto al hombre como a la mujer la presencia de un pene (Freud, 1917 [1916-17]).

Ante la constatación de la diferencia anatómica entre los sexos, el niño siente una angustia frente a la amenaza de ser castrado, mientras que la niña presenta un deseo de tener aquello que no posee, que le fue quitado (Nasio, 1996). Ese último fenómeno es llamado por Freud (1933 [1932]) envidia del pene.

En la fase fálica ocurre, por otro lado, un fenómeno descrito por Freud (1924, p. 181) como central del período sexual de la primera infancia: el complejo de Edipo cuyo desenlace tendrá repercusiones en la constitución de la femineidad o masculinidad[3]. De acuerdo a su teoría la angustia de castración será causa de entrada en el Edipo femenino, y opuestamente en el var´n, aparece como la consecuencia del deseo incestuoso y por lo tanto causa del renunciamiento a este.

Freud en un complemento de 1923 a los Tres ensayos, deja planteado como interrogante si se divide la fase genital en dos (antes y después del periodo de latencia) o se incluye en la fase fálica, dentro del periodo pregenital.

El período de latencia deviene una interrupción del desarrollo libidinal. Gran parte de las mociones sexuales propias de la sexualidad del infante son sofocadas por represión. La denominada amnesia infantil se trata de un olvido por parte del sujeto de sus primeros años de vida. Dice Freud (1917 [1916-17], p. 297): "En todo psicoanálisis se plantea la tarea de recobrar en el recuerdo ese período olvidado de la vida [la infancia]; no podemos dejar de sospechar que los comienzos de vida sexual contenidos en él proporcionaron el motivo de ese olvido, que, por tanto, sería un resultado de la represión. Los mecanismos de defensa que hacen posible dicha amnesia, es decir, el sofocamiento de las mociones sexuales infantiles, son dos: la sublimación, proceso por el cual las fuerzas pulsionales son desviadas de sus metas y conducidas hacia otros fines, asociados, frecuentemente, a logros culturales; y la formación reactiva, que posibilita el surgimiento de los diques anímicos (vergüenza, asco y moral), fuerzas contrarias a las mociones perversas infantiles" (Freud, 1905). El período se presenta como un "entretiempo" de una sexualidad (la infantil) y la denomi-

---

[3] Se remite al capítulo sobre Complejo de Edipo.

nada adulta, es decir, entre los dos grandes momentos del desarrollo libidinal, que, más adelante, conformarán lo que se conoce como la corriente tierna y la sensual dirigidas al objeto a partir de la pubertad.

Es interesante el planteo de Sequeira[4] , que más que un compás de espera, caracteriza la latencia como un periodo de trabajo y producción psíquica. El autor señala que se trata de un un campo psicodinámico con características propias y diferenciales en la cual los fenómenos pulsionales y estructurales se presentan con una expresión fenoménica específica, ateniéndose a una problemática diferente a la etapa que la precede y articulándola con la adolescencia.

La organización genital (puberal/ adulta). Esta fase refiere a la unificación y jerarquización de las pulsiones parciales bajo el primado genital. Este modo de sexualidad implica superar la disposición perversa polimorfa de la infancia. Es además el momento en el que se elabora la representación de la complementariedad de dos sexos diferentes y con ello, de la bisexualidad psíquica. Laplanche, en su diccionario, destacó la oposición entre la lógica fálica de un sexo único que confiere toda su magnitud a la angustia de castración, y la lógica genital de la complementariedad en la diferencia.

Es de notar que en la obra de Freud se hace mayor referencia al periodo de la pubertad, con cierta omisión del trabajo propio de la adolescencia.

Los desarrollos de la teoría psicosexual estuvieron sometidas a diversas reformulaciones y cuestionamientos. La inclusión de Abraham en el recorrido elaborado por Freud, fue un jalón entre la versión freudiana y de la escuela inglesa. Su teoría mantiene una concepción evolutiva lineal en la sucesión de organizaciones comandadas por la zona erógena, pre-genitales, destacando al comple-

---

[4]　　　Sequeira, S. (2020) En comunicación personal.

jo de Edipo como nuclear de las psiconeurosis. Tomando como modelo el artículo Duelo y melancolía, afirma que mientras el melancólico abandona el objeto, el neurótico obsesivo lo conserva. Se puede observar que usa procesos orgánicos de excreción y alimentación como modelos para el registro inconsciente de la pérdida e introyección del objeto (Arbiser, S. 2010).

Esta conceptualización aporta fundamento a los efectos constitutivos de las fijaciones de cada etapa, al modo en que las experiencias de placer y displacer dejan marcas en los diversos registros fundamentales de la vida psíquica. Así, las nociones fundamentales de intemporalidad del inconsciente y de compulsión de repetición darían cuenta del hecho que experiencias del pasado retornan sin que el sujeto lo sepa, y que la cura analítica se vuelve posible, trasferencia mediante, mediante la modificación de aquellas inscripciones que definieron lo infantil.

Como indica Roudinesco, el psicoanálisis debe evolucionar al ritmo que lo hace el mundo. No obstante, para comprender dicha evolución, así como los postulados post-freudianos, es necesario conocer los orígenes del Psicoanálisis, esto es, la obra de Freud con sus diversas reformulaciones en el contexto en que surgió (Uzorskis, 2018).

Notas al margen

El problema del afecto

De todos modos todavía queda por saber cómo una imagen sonora puede traducir un acto del alma. (Friedrich Nietzsche. El libro del filósofo. Retórica y lenguaje)

Como afirma Green (1990) es difícil hablar de algo que por su esencia es sólo parcialmente comunicable, como los afectos. El afecto es un desafío para el pensamiento.

Entonces, ¿cómo traducir un acto del alma? Cuando Freud plantea la partición entre la representación y el afecto, (lo cual le permite fundamentar las diferentes psiconeurosis) acarrea en su obra la cuestión de oscilar en torno a qué se reprime. A su primera teoría basada en el desarrollo de la libido, le sucede otra en la cual sintoniza afecto con angustia[5].

La teoría del psiquismo resalta principalmente las representaciones y dedica un lugar menos explorado a los afectos. Desde 1923 los nexos del afecto con el cuerpo hacen que se vuelque más hacia el lado biológico en sus expresiones. La segunda tópica pone el acento en las mociones pulsionales, concediéndole a los afectos el estatuto inconsciente.

En este sentido, Green (1990) distingue afecto de deseo. Mientras el afecto se manifiesta por desprendimiento repentino., el deseo es producto de sumación.

"Es evidente que tomar el lenguaje como marco de referencia para lo inconsciente nos obliga a reflexionar sobre la situación en que así quedan las palabras, tendrían que comunicar una experiencia que por definición es imposible de traducir en palabras ( ) En resumen, la referencia al lenguaje implica un cuerpo homogéneo que va de los fonemas a las oraciones. En cambio, lo inconsciente se halla constituido por elementos heterogéneos: representaciones de cosa y afectos constituye su núcleo. Como dice Freud (1913, p.177): Lo inconsciente habla más de un dialecto (Green, 1990, p. 180).

¿Cómo desentrañar esos dialectos? ¿Es posible pensar una conceptualización que descentralice concebir un psiquismo primordialmente dedicado a defenderse de la angustia?

Siguiendo planteos de Rodulfo (2012. Cap. 10) la noción de pulsión tiene un anclaje en el cuerpo. En consonancia con su interés por la música, este autor conecta la

---

[5] Se remite al artículo del Dr. Weisse. " *"Consideraciones alrededor de la angustia."*

cualificación de la cantidad a un ritmo, una distribución de intensidades. Afirma: "la pulsación del ritmo pone en marcha el aparato". Invitando a incluir, de este modo la notación musical en el lenguaje expresivo del sujeto. Por otro lado, en su art. "Donde la pulsión era el jugar debe advenir, (Rodulfo, 2008) señala que si lo sexual va sin juego estaremos en el territorio de lo traumático, del abuso y la sexualidad tomará un significado excitado y compulsivo. Afirmación que invita a pensar las relaciones entre sexualidad y juego, temática que Winnicott bordea, sin usar la metapsicología freudiana.

El problema de la Seducción

Si nos remitimos al Diccionario de Laplanche y Pontalis, la teoría de la seducción se define como una escena real o fantasmatica, en la cual el sujeto (generalmente un niño) sufre pasivamente, por parte de otro (casi siempre un adulto), insinuaciones o maniobras sexuales". Esta teoría elaborada por Freud (entre 1895 y 1897) y abandonada después, atribuía un papel determinante en la etiología de las psiconeurosis al recuerdo de escenas reales de seducción.

En la carta a Fliess de 1897, explica los motivos por los cuales decide abandonar la teoría de la seducción. Dice: Es necesario que te confíe inmediatamente el gran secreto que se me ha revelado lentamente durante estos últimos meses. Ya no creo más en mi neurótica.

Freud con este giro, plantea la relevancia de las fantasías en la construcción de síntomas. Así, la seducción no sería esencialmente un hecho real, localizable en la historia del sujeto, sino un dato estructural, cuya transposición histórica sólo podría realizarse en forma de un mito.

Ahora bien, si para la mayoría de los historiadores y estudiosos del psicoanálisis ese abandono o renuncia por Freud de su teoría de la seducción traumática fue lo que abrió el camino a fecundos descubrimientos (como los de la sexualidad infantil, y el complejo de Edipo) para J. Laplanche (1986) con ese abandono se produjo una auténtica escotomización, que él retoma y da figurabilidad con su teoría de la seducción generalizada, con la idea de que la sexualidad es introducida por el otro adulto, en acciones concretas. Entones, la relación entre trauma y fantasía, son variables psíquicas que no deberían contraponerse[6].

Por último, personalmente una revisión de la teoría de la seducción, desde la perspectiva intersubjetiva la puse a trabajar en el libro Cuerpo y construcción psíquica. La seducción primaria en la relación madre-bebe. Investigar conceptualmente la seducción primaria – en tanto función maternante creadora del cuerpo erógeno del bebé-, me permitió comprender la importancia de profundizar sobre los detalles de ese temprano contacto, que inscribe marcas fundantes para la salud del niño y su madre.

Con el entramando de teorías, planteé que la madre presenta un cuerpo que a la vez que nutre, seduce. Y en una vuelta conceptual al pensamiento Winnicott, elaboré el concepto madre suficientemente libidinal[7].

Disminuir la tensión psíquica ahorrando el gasto de afectos penosos, es un trabajo necesario. Concluyo invitándolos a continuar con el artículo del Dr. Carlos Weisse que pone a trabajar la teoría de la angustia en Freud.

---

[6]   Este tema es notablemente trabajado en el libro de Benjamín Uzorskis (2018).

[7]   Podrán en el último capítulo *"Un modelo preliminar sobre la distancia afectiva. La prosodia del habla materna en la relación temprana*, encontrar el modo en que me propongo continuar estudiando esta función maternante.

Consideraciones alrededor de la angustia

Carlos Weisse

Durante mucho tiempo **la angustia** ha sido sinónimo de trastorno mental, las descripciones fenoménicas se refieren a trastornos Psíquicos (miedo, preocupación excesiva, temor anticipado) y corporales (sofocación, palpitaciones, tensión muscular, vértigo, sudor, temblor, opresión torácica etc.). Hay estados de angustia generalizados en los que hay una angustia flotante casi continua y episodios intermitentes de angustia aguda que conforman los "ataques de pánico".

La angustia consiste en un afecto displacentero de variable intensidad que se manifiesta en lugar de un sentimiento inconsciente en un sujeto a la espera de algo que no puede nombrar. Está provocada por un aumento de la excitación que tendería a aliviarse a través de una acción de descarga.

Fue señalada por Freud ya desde sus primeros escritos como la causa de los trastornos neuróticos en estrecha relación con la sexualidad, pues surge de la transformación de tensión acumulada, esta tensión puede ser de naturaleza psíquica o física, en una primera instancia se plantea que es una conversión de angustia lo que produce la histeria y la neurosis de angustia. En la histeria, una excitación psíquica toma un mal camino y conduce a reacciones somáticas mientras que en la neurosis de angustia una tensión física no puede descargarse psíquicamente.

En realidad hay acuerdo entre los autores en señalar en Freud dos teorías de la angustia: en la primera un exceso de energía acumulada se transforma automáticamente en angustia, poniendo énfasis en su aspecto fundamentalmente económico, en la segunda, en cambio, consiste en una señal que le indica al yo la inminencia de un peligro dándole así un carácter eminentemente dinámico.

Freud desarrolló estas dos teorías de la angustia durante su obra, entre 1884 y 1925 sostuvo que la angustia neurótica es la transformación directa de la libido sexual que no fue adecuadamente descargada. En 1926 cambia su teoría sosteniendo que la angustia es la reacción a una situación traumática, una experiencia de desamparo ante una acumulación de excitación que no se puede descargar. Este trauma es experimentado frente a situaciones de peligro: nacimiento, perdida de la madre como objeto, perdida de su amor y fantasías de castración.

Freud distingue una angustia "automática" que surge como respuesta a una situación traumática y una "angustia señal "reproducida activamente por el yo para alertar sobre una posible situación de peligro.

En la segunda teoría se localiza al yo como única sede de la angustia y por lo tanto Freud se aleja de la concepción que la relaciona con la descarga directa de una cantidad de energía acumulada.

En la conferencia sobre "La angustia y vida pulsional" Freud plantea que a cada período del desarrollo le corresponde una angustia propia: el peligro de desvalimiento psíquico coincide con el primer despertar del yo, el peligro de perder el objeto o el amor de éste corresponde a la primera infancia y su concomitante falta de independencia, el peligro de castración corresponde a la fase fálica, y, finalmente, la angustia frente al superyó coincide con el período de latencia. La angustia parece basarse en situaciones prototípicas cuya reactivación de orden traumático indicaría una insuficiencia de elaboración psíquica.

En esa misma conferencia de 1932 Freud resume su teoría distinguiendo tres formas del afecto de angustia según se dirijan respectivamente al mundo exterior, a la que denomina *angustia real, al ello angustia neurótica o al superyó angustia de conciencia.*

En el plano fenomenológico esas tres formas corresponden a las experiencias vividas por los individuos, según logren o no dominar la angustia en el marco de una graduación del afecto que va desde el simple malestar hasta el ataque de pánico. De todas maneras la angustia constituye una reacción al peligro experimentado por un sujeto, que sin embargo no puede aprehenderlo con precisión o explicarlo claramente. A diferencia del miedo que posee un objeto bien definido y del terror que deriva del efecto de sorpresa en un sujeto no preparado para la irrupción de un acontecimiento particular.

La angustia sería característica de un estado de espera relativo a un peligro no identificado con claridad, de tal manera que aun faltando el reconocimiento del peligro la angustia manifestaría su proximidad, impidiendo que el sujeto se entregue a un estado de pánico desordenado: "Hay en la angustia algo que protege contra el terror y por lo tanto también contra la neurosis de terror" "Se puede decir que el hombre se defiende del terror con la angustia" dirá Freud. Más tarde habría que decir que el hombre se defiende del Terror con la angustia señal, en tanto la angustia automática, la angustia traumática es el terror mismo.

En la experiencia clínica se observan estados de angustia insoportables que condenan al sujeto a una inhibición total marcada con el sentimiento de un pánico intenso. Al tratar la angustia real ante el mundo exterior Freud compara dicha reacción invalidante con la reactivación de un trauma que actualiza totalmente su carga afectiva y que repite entonces todo el impacto del terror. Sin posibilidad de fuga o elaboración psíquica, el sujeto se encuentra frente al surgimiento de una angustia excesiva. Esta falta de apronte angustiado, de señal anticipatoria es la misma que le faltó en la situación traumática original caracterizada por el efecto sorpresa dejando al sujeto estupefacto. Es por ese motivo que ya en 1895 Freud le asigna al ataque de angustia la significación de un síntoma histérico en tanto resurgimiento de un incidente traumático pasado al cual el sujeto ya no tiene acceso, pues no dispone del recuerdo consciente. Dicho incidente sólo se manifiesta por estas crisis de angustia imposible de prever y de dominar. Así la angustia compartiría la definición general de los afectos que atestiguan la reviviscencia de ciertos acontecimientos significativos vividos por el sujeto y depositados en su inconsciente.

Freud plantea que la angustia es un estado afectivo de importancia para la especie y de transmisión hereditaria en tanto residuo de acontecimientos importantes filogenéticamente. Este estado es por lo tanto comparable con el acceso de histeria individualmente adquirido. Dicho estado afectivo que implica la angustia consiste en la combinación de determinadas sensaciones de la serie placer-displacer con sus descargas correspondientes y su percepción presenta un patrón hereditario de la especie.

El creador del psicoanálisis cita a Otto Rank quien plantea al nacimiento como el trauma por excelencia de la reacción de angustia. En él cree reconocer las manifestaciones fisiológicas de este acontecimiento: la irritación consecutiva a la interrupción del circuito sanguíneo, la impresión de ahogo, la sensación de frío, etc.

El maestro reconoce verdadera a la concepción de Rank como modelo de la primera situación de peligro pero cuestiona la inferencia de que un individuo será normal o neurótico sólo en función de la intensidad de dicho trauma. Si en cambio toma en cuenta el valor paradigmático atribuido a la primera separación de la madre, destinada a repetirse en cada ocasión en que la ausencia del objeto tenga que encontrar en el sujeto una resolución psíquica. En esto consistirá la problemática neurótica, en el temor a perder el objeto materno o el objeto de amor en un sujeto expuesto a esos momentos cruciales que implican la ausencia, la obsesión, la castración o la idea de la muerte.

Como la experiencia de que la intervención de un objeto externo puede poner fin a una situación peligrosa evocada por el nacimiento, el contenido del peligro se desplaza de la situación económica a lo que es su condición determinante. La pérdida del objeto. De esta manera el objeto que falta se desplazará sucesivamente a aquellos lugares de la castración y de la muerte entendidos como los momentos de organización de la estructura psíquica, cuyo modelo fue inscripto en la experiencia del nacimiento.

Desde esta vertiente Freud sigue la evolución de la manifestación de la angustia desde la fase de desamparo del pequeño en la cual la separación perpetúa el primer trauma del nacimiento, hasta la fase fálica en la cual el órgano genital retoma ese mismo terror bajo la figura de la castración, para concluir en el tormento de la exclusión de la horda, en la cual el superyó parental reviste la indeterminación del destino.

Descripción del término angustia en la 1° Tópica freudiana.

El problema del origen de la angustia y de sus relaciones con la excitación sexual y la libido preocupó a Freud desde 1893, como pone de manifiesto en su correspondencia a Fliess. Este problema fue correlativo con preocupaciones de índole nosográfico cuando separa un conjunto de neurosis bajo el nombre de *neurosis actuales de las psiconeurosis de defensa*. Plantea así que el origen de las neurosis actuales no debe buscarse en los conflictos infantiles sino en el presente, pues sus síntomas no constituyen una expresión simbólica y sobre determinada, sino que resultan directamente de la falta o inadecuación de la satisfacción sexual. Estas neurosis actuales primeramente descriptas por Freud fueron la neurosis de angustia y la neurastenia a las que luego añadió la hipocondría.

La diferenciación entre neurosis actuales y psiconeurosis es etiológico y patogenético, la causa es sexual en ambos tipos, pero en el caso de las neurosis actuales debe buscarse en desórdenes de la vida sexual actual y no en acontecimientos importantes de la vida pasada. La palabra actual debe interpretarse en el sentido de tiempo actual. Por otra parte la etiología es somática y no psíquica: la fuente de excitación, el factor desencadenante se halla en la esfera somática mientras que en la histeria y la neurosis obsesiva se encuentra en la esfera psíquica. El factor primordial en la neurosis de angustia sería la falta de descarga de la excitación sexual y en la neurastenia un alivio inadecuado de ésta (masturbación).

El mecanismo de los síntomas sería somático (transformación directa de excitación en angustia) y no simbólico, en la medida que la condensación y el desplazamiento no intervienen, como sí lo hacen en los síntomas psiconeuróticos. Es entonces alrededor de las neurosis actuales y sobre todo de la neurosis de angustia que podemos desarrollar sobre todo el concepto freudiano de angustia en su primera teoría tópica, así su expresión clínica se traduce en diferentes formas de angustia: angustia crónica, expectación ansiosa susceptible de ligarse a cualquier contenido representativo capaz de ofrecerle un soporte, ataques de angustia pura o estados de pánico acompañado o reemplazado por diversos síntomas somáticos (vértigo, disnea, trastornos cardíacos, sudoración , etc.).

Freud relaciona la neurosis de angustia con etiologías específicas cuyos factores más corrientes son:

    1)   acumulación de tensión sexual.

    2)   ausencia o insuficiencia de elaboración psíquica de la excitación sexual somática, la cual no puede transformarse en "libido psíquica" y por tan-

to se deriva directamente hacia el plano somático en forma de angustia.

Es interesante discriminar cuidadosamente la neurosis de angustia en cuanto mecanismo, en la medida en que ambas interesan al cuerpo, pero en la histeria es una excitación psíquica la que toma una falsa vía exclusivamente hacia lo somático, mientras que en la neurosis de angustia se trata de una tensión física que no puede pasar a lo psíquico y permanece en el plano somático. Ambos procesos sin embargo se asocian frecuentemente en lo que se denominan factores actuales desencadenantes de las psiconeurosis.

Es así que en la neurosis de angustia aparece la primera concepción de Freud acerca de la angustia como un mecanismo actual, somático, de importancia fundamentalmente económica cuya conversión es directa. Desde este punto de vista exclusivamente económico esta teoría sigue siendo válida, incluso aunque el origen del afecto se vea remitido a un pasado por siempre inaccesible, y aunque el interés de este estado se encuentre desde entonces trasladado a su función de señal, más apta para definir la naturaleza de la angustia y revelar su origen.

El síntoma neurótico por su función de ligadura de la excitación libidinal tiende a neutralizar la expresión de angustia al recubrir tanto la representación del peligro pulsional como al quantum de energía que tiende a ligar. Es decir que la formación de síntomas y la producción de angustia son fenómenos que se pueden reemplazar mutuamente y suplirse uno al otro. Al respecto dice Freud : "En verdad, parece que el desarrollo de la angustia ha precedido a la formación del síntoma, como si los síntomas hubieran sido creados para impedir el estallido del estado de angustia" de lo que se deriva la hipótesis que dará lugar a la segunda teoría de la angustia, a saber que:

"no es la represión lo que provoca la angustia, sino la angustia, que es primera, la que provoca la represión".

Cuando esta angustia de castración se despersonaliza, es decir cuando se desplaza la potencia de las imágenes primitivamente ligada a las figuras parentales sobre la instancia superyoica interiorizada, desplazamiento que se lleva a cabo a continuación del período de latencia, se realiza el pasaje de la angustia de castración a la angustia de conciencia detrás de la cual se perfila la idea de la muerte, cuando la fatalidad del destino reemplaza a la crueldad del superyó. Es decir que la angustia de muerte es la última forma que toma la angustia cuando el superyó es proyectado en los poderes del destino.

De modo que la angustia, debida a la pérdida del amor parental, posteriormente desplazada sobre la autoridad, incita al individuo a renunciar a satisfacer sus pulsiones. Se transformará en última instancia en angustia que, debida a la omnipotencia del superyó, incita al individuo a castigarse a sí mismo, en la medida en que no puede ocultar a esta instancia, una vez interiorizada, la persistencia de sus deseos en adelante prohibidos.

Freud estudió el origen del sentimiento de culpa en los últimos capítulos del "Malestar en la cultura", sentimiento que para aplacarse exige que el sujeto sufra un castigo tanto más grande cuanto más grande es la agresividad. Esta situación, sin cesar y alimentada por la represión excesiva de las pulsiones, es retomada por el superyó que, debido a este hecho, se torna peligrosamente cruel. Entrevemos entonces la paradoja insoportable de la moral, que hace que el dominio de lo pulsional, en lugar de resolver la angustia moral o el sentimiento de culpa, por el contrario, los acentúe de una manera tal, que el individuo para tratar de responder a ello, sólo puede castigarse cada vez con mayor violencia.

Detrás de las conductas de fracaso y de los comportamientos autodestructivos, se perfila la figura de la muerte como último recurso que cierra la interrogación, sin cesar relanzada por el sujeto, hacia lo que se le presenta como repetición de una fatalidad desdichada. La comparación que realiza Freud en "El yo y el ello", entre la neurosis obsesiva y la melancolía, ilustra bien esta concepción que lleva al neurótico a demandar al psicoanalista que lo libere de su sentimiento de culpa, mientras que el melancólico lo explica exclusivamente por el destino. Y si la angustia de castración se convierte en angustia de conciencia, una vez que la marca de las autoridades parentales es interiorizada en el superyó. La angustia de muerte resultará de la acentuación económica de esta relación instaurada entre el yo y el superyó, cuando el yo se aparta en exceso de su investidura libidinal en beneficio de un superyó desde entonces omnipotente.

"Mi opinión es que la angustia de muerte se desarrolla entre el yo y el superyó" concluye Freud en "El yo y el ello". "El superyó subroga la función protectora y salvadora que antes tenía el padre y luego se encarnará en la providencia o el destino. Pero el yo no puede sino extraer la misma conclusión cuando se encuentra ante un peligro real de una magnitud excesiva y que no cree poder vencer con sus propias fuerzas. Se ve abandonado por todos los poderes protectores y se deja morir. Esta es por otra parte la misma situación que servía de fundamento al primer gran estado de angustia, el del nacimiento, y a la angustia nostalgia infantil, la de la separación de la madre protectora".[1]

Además la angustia de muerte coincide con esa angustia primitiva ligada al estado de desamparo del pequeño ser humano, desde los puntos de vista económico y dinámico, como si el emplazamiento de las instancias intrapsíquicas no hiciera más que retomar, en un nivel más

---

[1]　　　　Freud, Sigmund (1974)*"El Yo y el Ello"* T. XIX Obras completas. Amorrortu. Ediciones.Pág.59

elaborado, la situación del nacimiento y la marca de la herencia filogenética que esa situación implica.

Este efecto de retroacción de la angustia de muerte sobre la angustia del nacimiento, una vez realizado el recorrido freudiano sitúa el punto de angustia en el borde llamado a distinguir lo *cuántico de lo representacional*. Es decir considerada por Freud como una reacción afectiva frente al peligro, la angustia tiene la función de preparar los sistemas psíquicos para la organización defensiva, pues su objeto aún no identificado remitiría a la proximidad de un factor traumático que no se puede eliminar siguiendo la norma del principio del placer.

Sin duda Freud conserva siempre paralelamente a esta concepción, la idea de la transformación en angustia del exceso libidinal cuando ésta no puede invertirse en la formación de un síntoma. Es interesante retomar la tesis freudiana de que la angustia de muerte implica una tensión entre el yo y el superyó, tensión que pone en el destino como imagen despersonalizada la amenaza parental.

Un elemento que calma la angustia es la *fantasía*, Freud planteaba que ésta cumple una actitud de consuelo para el sujeto angustiado, la fantasía diurna provee así en un escenario imaginario aquello de lo que dolorosamente carece el sujeto o calma su preocupación realizando un anhelo imaginariamente. Ahora bien cuando la fantasía es condenada por el superyó una parte de ésta o toda se reprime y entonces aparece angustia y la formación sintomática concomitante.

¿Qué relación tienen el chiste y el humor con estos elementos? Si el síntoma es egodistónico, es decir si hace sufrir, funciona fuera del principio del placer, con una descarga parcial de la pulsión que no alcanza para aliviar al sujeto. El chiste por el contrario produce una intensa descarga a través de la risa, funciona dentro del principio del placer y ejercita la tarea sublimatoria de ligar socialmente el sujeto. Es por decirlo así su negativo, ya Freud había hablado de un negativo del síntoma que era la perversión en el plano del acto sobre la realidad. Se puede decir que el humor y el chiste son su negativo en el plano de la simbolización en relación a lo social, es decir el "no va en serio" como contexto obligado del mismo, lo aleja de las consecuencias de la realidad para darle una sustancia netamente discursiva.

Con respecto a la fantasía, así como la fantasía prohibida se reprime, la misma tratada en el plano del chiste es desarrollada, promovida y sostenida para obtener placer. Y esto porque en vez de enfatizar la relación con el acto y el objeto de la misma, lo que se promueve es el tratamiento representativo en el eje de la condensación y el desplazamiento, es decir un tratamiento formal en el que la misma es tratada en un escenario teatralizado. Es por eso que uno de los elementos que más adelante se estudian es la relación entre el humor, chiste y comicidad en el teatro. Y es por eso que constituye el aporte de lo cómico al chiste.

Es en esta escenificación teatral y en la dotación de recursos del juego con las palabras que se abre un lugar lúdico en el seno del lazo social que permite aludir a la angustia y al horror dentro del registro del principio del placer. Esto implica una descarga del peso de lo real y una descarga de la tensión acumulada en el aparato psíquico.

Lo que la angustia tiene de sobrecarga y de acumulación de tensión en el aparato psíquico es alivianado por la descarga de la risa facilitada por el humor, el chiste y lo cómico. De la misma manera así como la angustia afecta negativamente al organismo hasta llevarlo al borde del enfermar; el chiste, el humor y lo cómico lo protegen al producir el placer de la descarga.

Retomando el "Malestar en la cultura", dijimos que la pulsión genera un sentimiento que para aplacarse exige que el sujeto sufra un castigo, tanto más grande cuanto que la agresividad, sin cesar alimentada por la represión excesiva de las pulsiones, es retomada por el superyó que, debido a este hecho, se torna peligrosamente cruel. Entrevemos entonces la paradoja insoportable de la moral, que hace que el dominio de lo pulsional, en lugar de resolver la angustia moral o el sentimiento de culpa, por el contrario, los acentúe de una manera tal, que el individuo para tratar de responder a ello, sólo puede castigarse cada vez con mayor violencia.

Por su parte J. Lacan la relaciona en principio como reacción a la amenaza de fragmentación del cuerpo vivida como angustia de castración. También la vincula al temor fantasmático de ser devorado por la madre, al revés de Freud lacan coloca la angustia a una proximidad asfixiante con la madre más que a su perdida. Luego de 1953 comienza a relacionar la angustia con lo real, es decir contra lo que no puede ser comprendido (simbolizado) y por lo tanto es algo que le viene encima al sujeto y donde no hay mediación posible, es un algo ante el cual todas las palabras cesan y todas las categorías fallan.

Además de relacionar la angustia con lo real, la vincula con lo imaginario relacionándola con la fobia, la angustia es el peligro radical que el sujeto intenta evitar a cualquier precio. Las fobias y el fetichismo son protecciones contra la angustia. Esto implica que la angustia está presente en todas las estructuras neuróticas aunque se palpa especialmente en las fobias. De esto se desprende que una fobia es preferible a la angustia, por el sencillo motivo que la angustia esta en todos lados y con la fobia se puede localizar en un objeto particular, el cual se puede evitar o huir, de esta manera se hace más accesible a la simbolización, a su posible comprensión. La angustia es ese punto en el que el sujeto está entre un momento en que no sabe dónde está y un futuro en el que nunca podrá volver a encontrarse.

El problema de Juanito es justamente la fantasía de ser devorado por su madre sin una intervención de un padre que pudiera separarlo de ella, el niño desarrollo una fobia como sustituto de esa separación fallida. Esta separación –intervención del padre implica una castración simbólica donde se separa al niño de una madre devoradora. En 1960 J. Lacan relaciona la angustia con el deseo, la angustia es una forma de sostener el deseo cuando el objeto está ausente y a la inversa, el deseo es un remedio frente a la angustia algo más fácil de soportar que la angustia misma.

La angustia no siempre está en el interior del sujeto sino que a menudo proviene del otro, como ocurriría en un rebaño. La angustia es un afecto, el único afecto que está más allá de toda duda, es lo "no engaña" y a diferencia de Freud que distinguía la angustia sin objeto del miedo (cuando hay un objeto) lacan dice que la angustia tiene un objeto, pero un objeto que no se puede simbolizar y que denomina objeto "a", objeto causa del deseo que en realidad implicaría un vacío. La angustia aparece cuando aparece algo en el lugar de ese vacío, tiene relación con el deseo del Otro. Es decir cuando no sabe que es lo que el Otro desea de él.

En Lacan todo deseo surge de una falta, un vacío, la angustia aparece cuando falta esa falta, es decir cuando falta el vacío. Cuando aparece una presencia inquietante y demoniaca. El acting out y el pasaje al acto son las ultimas defensas frente a la angustia. Él la asocia con la presencia de lo ominoso freudiano, es decir cuando lo familiar se convierte en extraño o demoniaco, cuando la imagen en el espejo se empaña y no puede distinguir lo que ve.

La ultima distinción que hace, es que la angustia viene del interior del cuerpo, del goce fálico en tanto pulsión que supera el principio del placer, en cierto sentido tiene un parecido con la primer teoría de la angustia freudiana por la alusión a la cantidad. El goce es un concepto que articula libido y pulsión de muerte, se trata del masoquismo en el cual el sujeto en posición de objeto ofrece su cuerpo obsceno al goce del Otro en el marco de un contrato que es la caricatura de la ley, ofrece su cuerpo como prenda sacrificial en un goce subyugante y mortífero, fuera de la ley del Padre y del principio del placer.

Pero el goce, está interdicto al sujeto de la palabra. Solo se podrá recuperar algo de el en la escala invertida de la ley del deseo. Al neurótico sin embargo le cuesta mucho renunciar al goce mítico de un encuentro pleno del sujeto con el objeto, cosa que pagará a través de síntomas, actuaciones o delirios. La angustia aparece en el cruce del deseo y el goce y emerge como una vivencia cuando la distancia adecuada a través de lo simbólico empieza a fallar.

La angustia implica la detención, el bloqueo subjetivo cuando se ingresa a la zona límite, verdadero borde real que separa el deseo del goce, en la medida que se aleja del deseo y se acerca al goce. Pero el yo pone en marcha una señal de angustia que avisa que se aleja del límite de lo simbólico y se aproxima a lo real. Esto alerta al sujeto y le permite la opción de renunciar al goce y realizar un acto que lo vuelva a posicionar subjetivamente.

Si el sujeto se acerca demasiado a la realización pulsional directa de raíz incestuosa experimenta una angustia que se torna siniestra. Lo siniestro tal como lo describió Freud en 1919, es para Lacan, el núcleo real de dicha angustia, e implica un precipicio frente a lo cual se retrocede en la neurosis, avanza hacia el acto en la perversión o se convierte en un delirio en la psicosis.

La angustia entonces, en la neurosis, da cuenta de la proximidad del goce temido y de la inmediatez del objeto incestuoso, por los que se pone en marcha la angustia señal que moviliza los mecanismos de defensa (Fantasías, inhibiciones, síntomas y actuaciones evasivas) es decir, se construye una realidad que encubre los núcleos reales del deseo. Los síntomas lo defienden de la proximidad del goce y entonces se pone en marcha la resistencia a disolverlos.

En la perversión la angustia se resuelve en un acto que pone en escena el goce de su cuerpo como objeto del goce del Otro, y por una maniobra de prestidigitación convierte el perverso su propia angustia en angustia del otro. El otro se angustia cuando cae en la cuenta que el perverso no tiene límites a nivel de la destructividad y se acerca peligrosamente al predominio de la pulsión de muerte.

En la psicosis el pánico aterroriza al sujeto y se aferra a sus delirios y alucinaciones como una manera desesperada de restaurar algo de la realidad perdida por su sumersión en lo real.

Como vemos es en la neurosis la única estructura que observamos la presencia de angustia señal por su desarrollo simbólico y la apelación al síntoma, y a las formaciones sustitutivas como defensa frente al goce.

Bibliografía

Assoun, Paul-Laurent(2003)*Lecciones psicoanalíticas sobre la angustia*, Ed.Nueva Visión, 1ra, Edición, Buenos Aires.

Freud, Sigmund.(1895) *A propósito de las críticas de la neurosis de angustia* T. III Ed Amorrortu.

Freud, Sigmund.(1905) *El chiste y su relación con lo inconsciente* TVIII.

Freud, Sigmund (1909) *Análisis de la fobia de un niño de cinco años*. T, X

Freud Sigmund . (1917 [16-17]). *Conferencias de Introducción al Psicoanálisis. Parte III, Doctrina general de las neurosis Conferencia 25, La angustia*. T.XV. Ed. Amorrortu.

Freud, Sigmund, (1923) *El yo y el ello*. TXIX Ed Amorrortu.

Freud, Sigmund Obras completas (1926) TXX. *Inhibición, síntoma y angustia*.

Freud, Sigmund. (1930) *El malestar en la cultura*.T.XXI Obras completas

Freud Sigmund. (1933 [1932]). *Nuevas conferencias de introducción al Psicoanálisis Conferencia 32, Angustia y vida pulsional*. Ed Amorrortu. Volumen XXII

Jacques Lacan, (2006) *El Seminario, Libro X, La angustia*, Editorial Paidós,

Jacques Lacan, (1987) "*La cosa freudiana*", *Escritos I*, Siglo XXI, Pág. 384

Miller, J.-A. (2008) *La angustia lacaniana*, Ed. Paidós-Instituto Clínico de Buenos Aires, 1ra. Edición, Bs. As.

Zafiropulos, M.(2002) *Lacan y las ciencias sociales: La declinación del padre* 81938-1953) Bs. As. 1ra Edición Nueva [1932]).Visión.

Mag. Carlos Weisse

Ex profesor de la maestría "Estudios interdisciplinarios de la subjetividad" UBA- Facultad de Filosofía y Letras" Magíster en psicoanálisis Universidad Nacional de la Matanza 2005. . Miembro activo
de AEAPG. Miembro titular de la Federación Psicoanalítica de
América La tina FEPAL. 1994. Miembro didacta de la "International
Psycho-Analytical Association". 1988. Psicoanalista didacta de la
APA 1988. Especialista en Psiquiatría. Algunos trabajos publicados: "Malestares" "Nuevas máscaras del malestar" "El miedo y los
medios de comunicación" "Un cinismo escandaloso" "El discurso
capitalista"
Autor y compilador de Cuadernos Tópica Literatura y Psicoanálisis,
Ricardo Vergara Ediciones, 2020-
E-mail: cfweisse@gmail.com

Capítulo **3**
Cualidades psíquicas, el Yo y algunas reflexiones acerca del desarrollo del lenguaje

Graciela Jaimsky

Presentación

Este capítulo se propone abordar las cualidades psíquicas consciente e inconsciente y el modo en que afectaron los modelos freudianos del funcionamiento psíquico, en particular la teoría de las representaciones. Continúa con el desarrollo de la instancia yoica, y una breve presentación de los mecanismos de defensa y su relevancia en la constitución psíquica. Para nuevamente concluir con algunas notas al margen sobre el tema en cuestión.

> *Algo sucede en una región del yo*
> *en la que no estoy"*
> Paul Valery[1]

Dentro de la ciencia muchos consideran a la conciencia como sinónimo de psíquico, distinguiendo dentro de ello las percepciones, sentimientos, procesos cognitivos y actos de voluntad. Sin embargo el psicoanálisis tiene como segundo supuesto fundamental la existencia de algo psíquico inconsciente[2]. En el Esquema de Psicoanálisis (1938) Freud plantea como punto de partida que para es-

---

[1]   Citado en Pontalis. J.B. (2007) *Al margen de los días* Topia editorial, Bs As.

[2]   El primer supuesto refiere a su localización: *Suponemos que la vida*

tudiar las cualidades psíquicas, la conciencia no requiere mayor explicación, afirma que si uno habla de ella, sabe de manera inmediata lo que se mienta con ello.

Pero entonces, ¿qué entiende por inconsciente? Como dice Laplanche y Pontalis (1996), si se pudiera resumir en una palabra el descubrimiento freudiano, éste sería indiscutiblemente el término inconsciente. En su Diccionario de Psicoanálisis, se define inconsciente del siguiente modo:

a) el adjetivo inconsciente se utiliza en ocasiones para connotar el conjunto de los contenidos no presentes en el campo actual de la conciencia, y esto en un sentido descriptivo y no tópico es decir, sin efectuar una discriminación entre los contenidos de los sistemas preconsciente e inconsciente.

b) en el sentido tópico, la palabra inconsciente designa uno de los sistemas definidos por Freud dentro del marco de su primera teoría del aparato psíquico; está constituido por contenidos reprimidos, a los que ha sido rehusado el acceso al sistema preconsciente - consciente por la acción de la represión (represión originaria y represión con posterioridad)

Ya poetas, pensadores, filósofos, han estado advertidos del hecho de que pueden aparecer espontáneamente en la conciencia ideas enteramente novedosas cuya fuente es ignorada.

Supone que dentro de eso inconsciente hay una importante separación. Muchos procesos nos devienen con facilidad conscientes, y si luego no lo son más, pueden devenirlo de nuevo sin dificultad: como se suele decir, pueden ser reproducidos o recordados. (Freud, 1938, p. 157).

Así, afirma que la cualidad consciente, es un estado pasajero, llamando *susceptible de conciencia* (o preconsciente) a todo lo inconsciente que puede trocar fácilmente

---

anímica es la función de un aparato al que atribuimos ser extenso en el espacio y estar compuesto por varias piezas" (Freud, 1938, p. 143)

en consciente. También reconoce otros procesos psíquicos, contenidos, que no tienen tan fácil acceso.

Freud (1938) señala que en el estado de dormir, se produce de manera regular un relajamiento de las resistencias, con el consecuente avance de contenido inconsciente. Entonces, en presencia de un acto no intencional, postula la existencia del inconsciente no sólo como el proceso que causa este acto sino también como la esencia misma del psiquismo. (Nasio, 1996, p.43)

"Así pues, hemos atribuido a los procesos psíquicos tres cualidades: conscientes, preconscientes o inconscientes" (Freud, 1938, p. 158).

Sin embargo, algo distinto sucede con el hambre, el dolor y los afectos los que no son susceptibles de ser reprimidos, a diferencia del deseo de comer algo rico (gula), que si puede sucumbir a la represión.

El encuentro de Freud con la represión surge a partir del trabajo clínico con sus pacientes histéricas. Al respecto Freud (1914) expresa: "La doctrina de la represión es ahora el pilar fundamental sobre el que descansa el edificio del psicoanálisis, su pieza más esencial". (pp. 15-16). Con la representación espacial de dos territorios y un guardia que vigila (censura), ilustra la actividad de la represión. Plantea que esta guardia fronteriza (que protege a la consciencia), provoca una *rebelión violenta* para impedir el acceso a la consciencia del acto psíquico incriminado.

Entre el nuevo modelo del aparato psíquico de 1923 y el devenir- consciente, la estructura de las representaciones toma mayor complejidad.

Sobre la teoría de las representaciones

Ahora bien, ya desde el Proyecto hay una teoría de las representaciones que se esboza, ¿Cómo pasa Freud de la neurona a la representación? Lo que conecta la teoría neuronal con las representaciones es la idea de *facilitación*. Cuando Freud describe *la vivencia de satisfacción* sostiene que por la vivencia de satisfacción se genera una facilitación entre dos imágenes-recuerdo y las neuronas del núcleo que son investidas en el estado del esfuerzo (drang). (Freud, 1895/1988). Y en la vivencia de dolor, se produce una facilitación entre la inclinación a la descarga y una imagen-recuerdo del objeto excitador del dolor. Los enlaces, ligazones responden a diferentes lógicas que unen las huellas mnémicas y forman los procesos de pensamiento. Estas leyes que rigen el psiquismo son la simultaneidad, la causalidad y la analogía o semejanza.

Como vemos, el desarrollo del lenguaje tiene un valor esencial en la economía mental. Su función permite la comunicación con los otros (exteriores al Yo) pero fundamentalmente permite una tramitación progresivamente cualitativa de las pulsiones y deseos.

Tipos de inscripciones...

Freud ya plantea que las imágenes sensoriales requieren un proceso de trasformación para llegar a tener representación psíquica. Pero si situamos dónde expone por primera vez su hipótesis acerca de la composición del aparato psíquico como un sistema de inscripciones en términos de signos, se destaca la Carta 52 en su correspondencia con Fliess. Allí plantea la hipótesis de una serie de inscripciones:

Ps (signos de percepción) es la primera trascripción de las percepciones, por completo insusceptible de conciencia y articulada según una asociación por simultaneidad. Ic. (inconciente) es la segunda trascripción, ordenada según otros nexos, tal vez causales. Las huellas Ic. quizás correspondan a recuerdos de conceptos, de igual modo inasequibles a la conciencia. Prc. (preconciente) es la tercera retranscripción, ligada a represen-

taciones-palabra, correspondientes a nuestro yo oficial (...) Quiero destacar que las trascripciones que se siguen unas a otras constituyen la operación psíquica de épocas sucesivas de la vida. En la frontera entre dos de estas épocas tiene que producirse una traducción del material psíquico. Y me explico las peculiaridades de las psiconeurosis por el hecho de no producirse la traducción para ciertos materiales, lo cual tiene algunas consecuencias. (Freud, 1896/2008 pp.219-220).

Los distintos signos como el perceptivo, el inconsciente y el preconsciente son representaciones, ninguna se trata de una trascripción exacta del percepto. Las inscripciones se organizan como estratos que surgen en periodos sucesivos y se diferencian por su contenido y organización formal y por el tipo de enlace que rigen en cada momento.

La teoría de la representación está situada en el corazón mismo de la teoría del inconsciente. Sin embargo no es frecuente encontrar una referencia sistemática explicita en la literatura psicoanalítica. Fundamentalmente aparecen en el final del artículo *El inconsciente*. Si bien, no pretendo aquí detenerme en los conceptos de representación-cosa y representación palabra, sí me interesa ubicarlos en la arquitectura del pensamiento freudiano, ya que asientan desarrollos importantes. Mientras la representación palabra es inseparable del proceso secundario, la representación cosa sólo se entiende en relación a los mecanismos del proceso primario.

¿Cómo es la construcción de una representación cosa y de una representación palabra?

La representación cosa se vincula a la idea de complejos perceptivos (en especial el del semejante) donde hay una parte constante inasimilable y otra cambiante, variable, atributos de la cosa. Su materialidad psíquica es inconsciente, móvil y abierta. En cambio, la representación-palabra es una serie cerrada, que combina componentes auditivos, visuales y cinéticos. Es cerrada su estructura porque no puede ni carecer ni recibir nuevos componentes una vez constituida. La representación-palabra corresponde al funcionamiento del proceso secundario (denominado en la primera tópica: sistema Pcc-cc).

Veamos entonces su relación con el inconsciente como sistema, los caracteres que lo definen pueden sintetizarse así:

1) sus contenidos son representantes de las pulsiones, con la fijación de los deseos infantiles.

b) estos contenidos se rigen por los mecanismos de proceso primario (condensación y desplazamiento)

c) buscan retornar a la conciencia y acción, pero mediante formaciones de compromiso.

Para describir el modo en que acceden contenidos reprimidos a la conciencia, necesitamos revisar el punto de vista dinámico. Hablar de un dinamismo psíquico, refiere a una lucha de fuerzas; mociones que presionan y otra fuerza (censura) que resiste. Las formaciones que afloran disfrazadas a la conciencia son, por ejemplo, los síntomas neuróticos.

Nasio (1996) nos aporta un ejemplo: *"(...) pienso por ejemplo en aquel analizante que, al volante de su coche, es repetidamente presa de la imagen obsesiva de una escena en la que se ve atropellando adrede a una anciana que cruza la calle. Esta idea fija, repetitiva que lo hace sufrir y a menudo le impide usar el vehículo, revelará ser durante el análisis la ramificación consciente y disimulada del amor incestuoso e inconsciente por su madre"* (p. 44).

El retorno de lo reprimido inconsciente que ha pasado, es incapaz de enmascararlo por completo. Se trata de una solución de compromiso entre las fuerzas. Es notable que Freud, nunca dejó de considerar la represión como un juego complejo de movimientos de energía. Sobre los distingos entre tipos de represión, y sus versiones freudianas no podrá ser puesto a trabajar aquí dado que esta noción metapsicológica de alta abstracción es interpretada por destacados psicoanalistas que se han dedicación en particular al tema.

Antes de reflexionar sobre el devenir del Yo dentro del entramado teórico de Freud, resta conceptualizar en relación a las representaciones, los modos de procesar la energía. Freud distingue entre el proceso primario y secundario, como contemporáneos al desarrollo del inconsciente.

En el proceso primario la energía fluye libremente, pasando sin trabas de una representación a otra según los mecanismos de desplazamiento y condensación. Tiende a recatectizar plenamente las representaciones ligadas a las experiencias de satisfacción constitutivas del deseo. Este proceso caracteriza el sistema inconsciente.

El proceso secundario la energía es ligada, las representaciones son catectizadas de una forma más estable, la satisfacción es aplazada, permitiendo así experiencias mentales que ponen a prueba las distintas vías de satisfacción posibles. Este proceso caracteriza el sistema preconsciente-consiente.

Este dualismo entre modos de circulación de la energía y procesamiento psíquico, guarda también un paralelismo con el principio de placer (asociado al proceso primario) y el principio de realidad (asociado al proceso secundario). Esto es relevante en tanto estas implicaciones se acentúan dentro de la segunda teoría del modelo freudiano, en la que el Yo (instancia) devendrá como resultado de una diferenciación progresiva respecto del Ello.

El Yo y su devenir teórico

> *(... y soy como alguien que viese pasar por la*
> *calle mucha gente y simultáneamente sintiese*
> *dentro las almas de todos -lo que tendría que*
> *realizar en una unidad de sensación - al mismo*
> *tiempo que veía los varios cuerpos – ése tenía*
> *que verlos diferentescruzarse en la calle llena de*
> *movimientos de piernas.)*
> F. Pessoa, Libro del desasosiego

Comencemos nuevamente con el Diccionario de Laplance y Pontalis (1996):

El Yo se trata de una instancia que Freud distingue del Ello y del Superyó en su segunda teoría del aparato psíquico.

Desde el punto de vista tópico, el yo se encuentra en una relación de dependencia tanto respecto a las reivindicaciones del ello como a los imperativos del superyó y a las exigencias de la realidad. Aunque se presenta como mediador, encargado de los intereses de la totalidad de la persona, su autonomía es puramente relativa.

Desde el punto de vista dinámico, el yo representa eminentemente, en el conflicto neurótico, el polo defensivo de la personalidad; pone en marcha una serie de mecanismos de defensa motivados por la percepción de un afecto displacentero (señal de angustia).

Desde el punto de vista económico, el yo aparece como un factor de ligazón de los procesos psíquicos; pero en las operaciones defensivas, las tentativas de ligar la energía pulsional se contaminan de los caracteres que definen el proceso primario: adquieren un matiz compulsivo, repetitivo, arreal(pág. 457).

La densidad y trasformaciones de esta noción *Yo* requiere acotar las expectativas de un ilusorio abordaje temático. Ya que como consecuencia de la particular concepción que se aprehenda del yo, determinará un modelo teórico (como se puede observar en las diferentes versiones posfreudianas).

De todos modos, esquemáticamente se puede señalar que:

1) en los escritos del periodo de 1900- 1915, la palabra Yo es utilizada por Freud en diversos contextos, siendo su función fundamentalmente inhibidora, una parte del funcionamiento del aparato que reserva energía, también como agente defensivo, y como organización libidinalmente catectizada.

2) En cambio en el periodo de 1914-1915, elabora tres nociones: narcisismo, identificación y diferenciación dentro del yo de ciertos componentes ideales. Como producto de su estudio sobre la melancolía, dentro de la instancia yoica algunas partes pueden separarse, especialmente la función critica, juzgando a la otra parte, y tomándola por así decirlo, como objeto.

Apelando a una simple didáctica, la libido narcisista puede tener como objetos toda una serie de instancias que forman un sistema complejo y cuya pertenencia al sistema del yo es connotada, por los nombres con que Freud las designa: yo ideal, ideal del yo, superyó.

3) Con el giro de 1920, al yo se le atribuyen las más diversas funciones: control de la motilidad y de la percepción, prueba de realidad, anticipación, ordenación temporal de los procesos mentales, pensamiento racional, etc. Pero también desconocimiento, racionalización, defensa compulsiva contra las exigencias pulsionales.

4) Y a partir de 1923 el yo se concibe, ante todo, como un aparato de regulación y de adaptación a la realidad.

En líneas generales podemos considerar que hablar de lenguaje conduce inevitablemente a abordar desde el tema de las representaciones, la formación del símbolo y la constitución de los procesos simbólicos, hasta la adquisición del lenguaje y las perturbaciones en su uso (performance). Además remite a la búsqueda del lugar del lenguaje ya sea como función y/o estructura, a nivel fonológico, sintáctico y semántico, en la constitución del psiquismo.

Esta vertiente nos acerca a la comprensión de los procesos primario y secundario, de los mecanismos psíquicos de condensación y desplazamiento a través de los correlatos retóricos de la metáfora y la metonimia y a las relaciones entre pensamiento y lenguaje (Vinocur de Fischbein, 1996).

Entramado pulsional y yoico: su devenir en representación y lenguaje...

Manteniendo un marco teórico freudiano les propongo un punteo de las ideas desarrolladas respecto al problema del procesamiento pulsional que el yo realiza según sus distintos momentos de organización, considerando tiempos lógicos de la misma.

1-   El infans está abrumado por la acumulación de estímulos derivados del pasaje de la vida intrauterina a la extrauterina. No existen tanto diferencias entre estímulos visuales, auditivos o táctiles, sino que quedan homologados en la medida en que contienen los mismos ritmos, periodos o distribuciones temporales. Se parte de una organización que no está discriminada del ello y los montos pulsionales buscan descarga por vía del arco reflejo.

Mediante el mecanismo de fuga se comienza a discriminar los estímulos externos de los internos. El interior está configurado por desarrollos de afecto y la investidura de órganos, que dará origen a un proceso representacional llamado Yo real primitivo.

Este Yo se encuentra regido por el criterio de alteración interna, predomina el registro de lo propioceptivo, interoceptivo y las variaciones térmicas. Con el fin de mantener un estado constante, las defensas que desarrolla este incipiente yo, son el mecanismo de fuga (de lo externo), la proyección (de lo nocivo externo incorporado) y tramitación de las exigencias internas a través de acciones (como la respiración, procedimientos autocalmantes, el dormir, etc). Así, el primer objeto de la pulsión es el propio cuerpo que opera como fuente de estimulación y también objeto de gratificación. Desde el punto de vista libidinal, se lo llama autoerotismo. La motricidad y el desarrollo de una conciencia inicial son las vías por las cuales encuentra el modo de descargar cantidades.

2- La estructura que llamamos yo se va complejizando: en un segundo momento no se organiza solo en base al mecanismo de fuga sino también en torno de la polaridad displacer-placer (Freud, 1911b, 1915c) es decir, en torno de una cualificación de la cantidad (es un segundo nivel de cualificación), que registra los aumentos de excitación en términos de displacer, y su alivio a través de la acción específica, que constituye la vivencia de satisfacción. (Roitman, 1999).

Como afirma Freud (1923) Eros persigue la meta de complicar la vida. En torno a los aumentos de tensión registrados como displacer y concomitante búsqueda de alivio mediante la acción específica. Así, se inscribe una materialidad psíquica como residuo de un encuentro con un objeto privilegiado: el semejante. Su quehacer adecuado, favorece el logro de matices afectivos. El afecto alcanzado permite al infans captar un sentirse sentido por el asistente y constituir la primera conciencia afectiva. El tipo de vínculo es la identificación primaria. Se produce una trasformación de la pasividad en actividad sobre la base de la acción motriz como eficaz. Tiempo de unificación cinética del Yo de placer. Éste realiza juicios de atribución, proyectando un estado pulsional en el rostro sonriente en el que se encuentra por identificación. Dice Freud (1895) que sobre el prójimo, aprende el ser humano a discernir. El yo percibe al otro únicamente a través de la información de sí. Discernir, reconocer, es un proceso que consiste en analizar un complejo perceptivo. Este complejo presenta dos aspectos de la cosa, una variable, trasformada en atributos, predicados que pueden ser remitidos al cuerpo del sujeto, y otra constante que es irreductible. Entre los modos de establecer semejanzas con el sujeto, Freud señala que la semejanza puede ser por atributos (estados) o actividades (funciones). (Maldavsky, 1977; pag.32).

3- Progresivamente se desarrolla una mayor diferenciación de la realidad y una búsqueda de placer con mayor capacidad de espera. Se rige por las leyes del proceso secundario, la constitución de representaciones de palabra y el establecimiento de un sistema preconsciente, cuya defensa prevalente es la represión. Las investiduras de objeto se organizan en una relación con el otro que es ubicado como modelo, objeto, rival o ayudante. Surge un Yo real definitivo, la adquisición del preconsciente verbal, el cual le permite al yo sustraerse de la dependencia inmediata de la percepción, dándole autonomía respecto de la percepción de los semejantes para la satisfacción libidinal.

Sobre los mecanismos de defensa en la construcción psíquica...

Al comienzo de nuestra vida utilizamos acciones defensivas, fundamentalmente de índole motora para protegernos de estímulos que son considerados amenazantes. Un simple ejemplo es, que cuando algo perturba la visión, cerramos los ojos y con esta acción defensiva se produce la cancelación perceptual. La huida fue considerada por el propio Freud como el prototipo de conducta defensiva frente a una amenaza externa. Sin embargo, el sujeto no puede huir de sus propias pulsiones, en consecuencia y basado en la teoría de la evolución darwiniana, los mecanismos psicológicos de defensa sustituyen a la huida como acción defensiva (Freud S. 1915).

En sus primeros escritos, S. Freud (1896/1966) descubrió la conexión entre el proceso defensivo de la represión y la psicopatología. Desde Freud. En adelante se acuerda en que los mecanismos de defensa son parte constituyente del funcionamiento psíquico. Las defensas están al servicio de equilibrar los estímulos internos y externos. Esta idea se convirtió en una piedra angular de la teoría psicoanalítica.

Entre 1900 y 1923 la función de la defensa fue pensada como la fuerza contra el empuje de la pulsión por descargarse. Con la publicación de El Yo y el Ello (1923) la defensa pasó a conceptualizarse como una función yoica, cuyo propósito era proteger al yo contra las demandas instintivas. Se sugirió además que varios mecanismos de defensa diferentes pueden llevar a cabo esta función.

"Para George Vaillant (1992) los mecanismos de defensa funcionan con una modalidad similar al del sistema inmunológico. Por ello, están constitucionalmente determinados, pero en el ámbito psíquico están sostenidos en las capacidades y recursos que dispone el Yo para afrontar las amenazas y peligros que despiertan, ya sean las pulsiones o los estímulos del mundo externo real. La constitucionalidad de los mecanismos de defensa está justificada en la universalidad de los mismos, y estas ideas están en las mismas raíces de la metapsicología psicoanalítica, ya que hasta el propio Freud planteó operaciones defensivas universales, como lo es la misma represión. Sin embargo, no todos los individuos utilizan mecanismos de defensa idénticos, sino que éstos varían entre las diferentes configuraciones estructurales del aparato psíquico. Los mecanismos de defensa en consecuencia tienen un origen constitucional, sin embargo, debido a que se modelan con el desarrollo del carácter y la personalidad del sujeto durante el interjuego intersubjetivo con las primeras relaciones objetales, así como remo-delaciones a través de experiencias intersubjetivas durante la vida no sólo tienen un origen constitucional, sino que dependen del tipo de organización de la personalidad y son modificables por el entorno y transmisibles intersubjetivamente en forma intergeneracional (Persano, H.L. et al. 2006).

La primera teoría sistemática sobre mecanismos de defensa fue propuesta por Anna Freud (1963) en su libro El Yo y los mecanismos de defensa. Su conceptualización afirma que los mecanismos de defensa protegen al yo de sentimientos de ansiedad y culpa. Señala que los mismos tienen como propósito dar un sentido de seguridad, autoestima e integración.

Sin pretender hacer una enumeración de los mecanismos de defensa descriptos por Freud y los agregados por su hija Ana, ella destaca a la plasticidad con las que el sujeto los utiliza y también hacer referencia al concepto de patrón defensivo. Esta idea de plasticidad en el uso de las defensas es útil para considerar cuando los grados de rigidez exponen a desajustes y grados de psicopatología.

Una categorización de las defensas...

Algunos autores (Vaillant, 1977; Perry, 1991; Maldavsky, 1999, entre otros.) plantean que identificar una organización jerárquica de las defensas, es relevante para relacionar el tipo de patrón defensivo que un sujeto regularmente utiliza y su nivel de funcionamiento psíquico, el tipo de patrón defensivo que un sujeto utiliza regularmente y su nivel de organización.

Por otro lado, Kernberg (1984) considera determinante identificar el nivel de funcionamiento defensivo para establecer el nivel de organización de la personalidad. Y se destaca que esta categorización también permite evaluar la posibilidad de cambio psíquico durante un proceso psicoterapéutico o durante la atención en dispositivos de tratamiento en Salud Mental.

La mayoría de los manuales de diagnóstico en psicopatología psicodinámica utilizan un ítem que evalúa mecanismos de defensa tales como los siguientes manuales:

PDM-2 (Psychodynamic Diagnostic Manual, Version-2) Lingiardi, V. & McWilliams, N. 2017) utilizado en América del Norte, Europa e Israel.

OPD-2 (Operazionalized Psychodynamic Diagnosis, Version-2) traducido al idioma Castellano como "Diagnóstico Psicodinámico Operacionalizado (OPD-2): Manual para el diagnóstico, indicación y planificación de la psicoterapia". Utilizado en Europa, especialmente Alemania y algunos países de América del Sur, como Chile.

La Formulación Psicodinámica de Caso: Su valor para la práctica clínica (Bernardi, R.et al. 2016) es un manual para evaluar diagnóstico y seguimiento de proceso terapéutico, desarrollado y utilizado fundamentalmente en Uruguay.

Todos estos manuales e instrumentos contienen total o parcialmente el estudio sistemático de niveles y jerarquías defensivas, lo cual constituye un elemento muy significativo a la hora de evaluar diagnóstico en Salud Mental fuera de las clasificaciones psiquiátricas estandarizadas y también para evaluar proceso de cambio psíquico durante y luego de un proceso psicoterapéutico (Persano, 2018).

Notas al margen

El problema de un uso extendido de los conceptos

Acuerdo con Bleichmar (2020) en la conveniencia de poner a trabajar dentro del psicoanálisis, cuál sería el uso de conceptos como "inconsciente de un texto", "inconsciente grupal", "inconsciente familiar", y otras expansiones conceptuales cuya operatividad podría ser interesante, pero implicarían consecuencias respecto del método.

Como plantea Winnicott (1957) en una carta dirigida a Klein: ( ) *No siquiera que Ud. Piense que al preguntarle por el uso de la palabra ´interno´ me he olvidado de todo lo que usted me ha enseñado hace 20 años ( ) Ocurre que la mitad de la sociedad usa la palabra interno en esta forma y la otra mitas no. Éste es un motivo de considerable equivoco ( ).*

El problema de la libertad

Con el trasfondo de la actual pandemia, la pregunta por la libertad resuena. La libertad como elemento definitorio de la existencia humana y sus modos de expresión en épocas de aislamiento y *era digital*, ameritan reflexión.

¿Podemos pensar nuevas injurias en el contexto posmoderno? Ya Freud afirma: ... el yo se siente seguro tanto de la completitud y de la confiabilidad de los reportes [de la percepción interna] como de la viabilidad de sus órdenes. Además de creerse absolutamente transparente para sí mismo, tiene confianza absoluta en su capacidad para dominar sus pensamientos, sentimientos y acciones. (Freud, 2016, p. 15). Sin embargo el yo presenta fisuras en su decir, que no reconoce. Freud lo plantea así: [ ] que la vida pulsional de la sexualidad en nosotros no pueda domeñarse plenamente, y que los procesos anímicos son en sí inconscientes, volviéndose accesibles y sometiéndose al yo solo a través de una percepción incompleta y sospechosa, equivalen a aseverar que el yo no es el amo de su propia casa. Ambos, reunidos, representan la tercera afronta al amor propio que yo llamaría psicológica.

El problema de diagnosticar

En la apertura del ciclo científico ¿Qué lugar para el

Diagnóstico en Psicoanálisis?" de la AEAPG (2020) la Dra. Favelukes comienza con una cita de Borges del «El idioma analítico de John Wilkins» "Notoriamente no hay clasificación del universo que no sea arbitraria y conjetural. La razón es muy simple: no sabemos qué cosa es el universo.". Es que dar explicaciones no es un objetivo psicoanalítico. Winnicott (1959) en su artículo: La Clasificación: ¿hay una contribución psicoanalítica a la clasificación psiquiátrica?, dice que el psicoanálisis ha destruido la idea de las entidades patológicas. Para él, el diagnóstico no sólo va aclarándose a medida que avanza el análisis, sino que también se modifica. En una histérica puede revelarse una esquizofrenia subyacente; un esquizoide puede resultar ser el miembro sano de un grupo familiar enfermo, y un obsesivo quizá sea un depresivo. Esto es posible porque el psicoanalista trabaja sobre la historia del individuo.

Al ubicar la temática en el contexto actual de la de Pandemia, destaco cuando la Dra. Favelukes señala que un diagnóstico cuidadoso es una responsabilidad hacia los sujetos que consultan. Tomando en cuenta las nociones freudianas de *"neurosis actuales y trauma"*, afirma la importancia de tener presente que en el primer tiempo de un trauma (acontecimiento puntiforme): los padecimientos no son síntomas, ya que no hay enfermos, sino afectados, y por lo tanto no hay que pensar en diagnósticos. En situaciones como la presente, (refiriéndose al Coronavirus) los padecimientos que relaten quienes consultan, son respuestas esperables a una situación extrema. Y afirma que una adecuada tarea asistencia es necesario tener una clara posición en la escucha analítica, conocer para qué se emite un diagnóstico y sus limitaciones, para protegerse tanto de excesos como de abdicar en la función.

El problema de la noción narcisismo en la teoría psicoanalítica

Don Quijote, ofreciéndole la mano a Maritornes a través de un agujero en el muro dice: Tomad, señora, mi mano o, por mejor decir, ese verdugo de los malhechores del mundo. No os la doy para que la beséis, sino para que miréis la contextura de sus nervios, la trabazón de sus músculos, la anchura y espaciosidad de sus venas. Miguel de Cervantes (1605).

Esta frase de Don Quijote, resulta ilustrativa para caracterizar clínicamente - a una persona con rasgos predominantes narcisistas, (como la soberbia, arrogancia y altanería), los cuales expresan la necesidad de una sobrevalorización del Yo o representación de sí mismo.

Ahora bien, el narcisismo fue en cierto modo un paréntesis en el pensamiento de Freud. ( )Sin duda fue un salto decisivo para Freud llevar la sexualidad al interior del Yo, cuando en un primer abordaje este parecía escapar a su imperio. ( ) no habiendo trascurrido siete años, Mas allá del principio de placer (1921) salía a escena para afirmar que esa pertinencia era ilusoria porque conducía a una concepción monista de la libido.(Green, 1983).

La segunda tópica reposiciona el Yo y entonces el narcisismo pierde fuerza en los escritos posteriores freudianos.

En tanto la clínica autoriza a plantear trasferencias narcisistas, los debates en torno a su ubicación psicopatológica presentan confusiones. Uno de los frecuentes problemas citados en la bibliografía son las relaciones entre estructuras narcisista y casos fronterizos.

A continuación, la Dra. Rosenvald nos introduce en el desarrollo temprano desde la perspectiva psicoanalítica de la Psicología del Yo.

Una descripción del desarrollo temprano, desde la perspectiva de la Psicología del Yo

Mabel Rosenvald

El interés por el psiquismo temprano o estructuración del aparato psíquico surge desde el inicio de las ideas freudianas que dieron origen al psicoanálisis.

Su afirmación que las neurosis eran una enfermedad psíquica producida por causas psíquicas es el paso inicial. A partir de allí fueron surgiendo interrogantes similares a:¿Cómo se podría describir el "aparato psíquico"? ¿Cuáles son sus funciones? ¿Cómo se enferma? ¿Cómo se cura?

Las respuestas a estas preguntas aun hoy impulsan nuevas búsquedas, y a su vez, nuevas respuestas. Tal vez el más difícil y atractivo de los interrogantes, dada su importancia, haya sido y será: Cómo prevenir la enfermedad psíquica.

La psicología, la psicopatología, la crianza y la prevención enriquecen sus perspectivas con los aportes que el psicoanálisis brinda.

Donald Winnicott en su libro *El niño y el mundo externo* (1945) en el capitulo denominado *"Hacia el estudio objetivo de la naturaleza humana"*, comenta:

"Freud creo y desarrolló un método, un instrumento de investigación científica de la naturaleza humana que resulto ser, al mismo tiempo, un método terapéutico".

En la *Conferencia 34 "Esclarecimientos, aplicaciones y orientaciones"* de la *Nuevas conferencias de introduc-*

ción al psicoanálisis (1933(1932)), Freud sintetiza estos desarrollos del psicoanálisis expresando:

"Nuestro primer propósito fue, sin duda, comprender las perturbaciones de la vida anímica de los seres humanos, porque una asombrosa experiencia nos había mostrado que en ella comprensión y curación andan muy cerca, que una vía transitable lleva de la una a la otra. Y por mucho tiempo fue, además, el único propósito. Pero luego discernimos los estrechos nexos, y aun la íntima identidad, entre los procesos patológicos y los llamados normales, el psicoanálisis se convirtió en psicología de lo profundo, y puesto que nada de lo que los hombres crean o cultivan puede comprenderse sin el auxilio de la psicología, casi naturalmente surgieron, se impusieron y exigieron elaboración las aplicaciones del psicoanálisis a numerosos campos del saber, en particular a las ciencias del espíritu." (Pag. 134)

Las nociones de inconciente, represión y sexualidad infantil, constituyeron el trípode donde se asentó la joven ciencia. De ellas fueron surgiendo nuevos desarrollos teóricos: fantasías, pulsión, desarrollo libidinal, narcisismo, relación objetal, identificación, y nos detenemos aquí en la enumeración que sin duda puede ser mas extensa aún, pero ya sabemos que no va a ser nunca exhaustiva.

En la Introducción que realiza Strachey a Tres ensayos para una teoría sexual (1905), expresa: *"No hay duda de que los Tres ensayos de teoría sexual son junto a La interpretación de los sueños, las mas trascendentes y originales contribuciones de Freud al conocimiento de lo humano"*. (Pág. 112)[1]

Cabe destacar que en La interpretación de los sueños adquiere por primera vez la noción de inconciente un lu-

---

[1] Freud, S. (1.905) *Tres ensayos de una teoría sexual.* Amorrortu Editores Buenos Aires

gar de relevancia como sistema de la personalidad psíquica, tanto en su funcionamiento "normal "o "patológico"

Y es en Tres ensayos, donde Freud explicita su tesis acerca de la sexualidad infantil como etapa del desarrollo libidinal de todo ser humano.

Si bien en 1896 ya había puesto énfasis en la importancia de los años infantiles en la génesis de las neurosis, es a partir de Tres ensayos donde queda explicitada la existencia de un desarrollo sexual a partir del nacimiento y la relevancia que adquieren esos primeros años en el desarrollo psíquico de todas las personas.

Freud en *Tres ensayos de teoría sexual* (1905) conceptualiza el tema del desarrollo desde el punto de vista pulsional, estrictamente hablando sobre los diferentes patrones de organización de la pulsión sexual, que van complejizando las vicisitudes de la relación entre el cuerpo y los objetos del mundo y las diversas desviaciones que ella sufre, señalando el complejo de Edipo como punto nodular de la organización sexual.

Refiere Freud *"el neonato trae consigo gérmenes de mociones sexuales que siguen desarrollándose durante cierto lapso, pero después sufren una progresiva sofocación; ésta a su vez, puede ser quebrada por oleadas regulares de avance del desarrollo sexual o suspendida por peculiaridades individuales"*. (P.160)

En 1912, en Sobre dinámica de la transferencia Freud sostiene:

"(...) todo ser humano, por efecto conjugado de sus disposiciones innatas, y de los influjos que recibe en su infancia, adquiere una especificidad determinada para el ejercicio de su vida amorosa, o sea, para las condiciones de amor que establecerá y las pulsiones que satisfará, así como para las metas que habrá de fijarse. Esto dará por resultado, digamos así, un clise (o también varios) que se repite- es reimpreso- de manera regular en la trayectoria de la vida, en la medida en que lo con-

*sientan las circunstancias exteriores y la naturaleza de
los objetos de amor asequibles, aunque no se mantiene del todo inmutable frente a impresiones recientes."*
(Pag.97)[2].

La cita precedente nos permite subrayar:

Freud destaca la acción conjugada de los factores innatos y las experiencias infantiles en la conformación del
modo específico del ejercicio de la vida amorosa que cada
ser humano adquiere.

Se establece un clise, un modo de reacción que se repe-
tirá a lo largo de la vida, siempre y cuando las circunstancias exteriores lo consientan y los objetos de amor sean
asequibles.

Ese molde o clise puede variar frente a experiencias
recientes Freud en esta formulación establece un supuesto universal cuando afirma que "todo ser humano" está
sujeto a ello.

La relevancia, actualidad y significatividad de estas
afirmaciones, ya han trascendido las fronteras del campo psicológico , tanto en lo que se refiere al desarrollo
normal como psicopatológico, y se puede observar su importancia y vigencia en cuestiones de crianza como así
también en políticas de estado.

En el informe Desarrollo de la primera infancia un potente ecualizador presentado Irwin, Siddiq y Hertzman a
la Comisión sobre los determinantes sociales de la Salud
de la Organización Mundial de la Salud (junio de 2007)[3]
podemos leer:

"Los primeros años de vida son cruciales en el influjo
de una serie de resultados sociales y de salud a lo largo

---

[2]   Freud, S. (1912) *Sobre dinámica de la transferencia.* Amorrortu Editores Buenos Aires

[3]   Irwin, Siddiq, & Hertzman. (2007). Desarrollo de la Primera Infancia: Un Potente
Ecualizador. Comisión de los Determinantes Sociales de la Salud. OMS.

del ciclo vital. Hoy en día, los estudios revelan que muchos de los desafíos afrontados por la población adulta (problemas de salud mental, obesidad/ retardo en el desarrollo, enfermedades cardíacas, criminalidad, habilidad numérica y de lecto-escritura) tienen sus raíces en la primera infancia. Partiendo de la evidencia disponible, los economistas ahora sostienen que invertir en la primera infancia representa la inversión más poderosa que un país puede realizar, con retribuciones en el transcurso de la vida mucho mayores al importe de la inversión inicial. Los gobiernos pueden lograr mejoras significativas y duraderas para la sociedad mediante la ejecución de políticas que tomen en cuenta este poderoso cuerpo de investigación, al tiempo que cumplen con sus obligaciones en virtud de la Convención de las Naciones Unidas sobre los Derechos del Niño.

En el presente, las investigaciones demuestran que el entorno inicial de los niños causa un impacto trascendental sobre el modo en que su cerebro se desarrolla. Un bebé nace con miles de millones de células cerebrales que representan el potencial de toda su vida; sin embargo, para desarrollarse, estas células necesitan conectarse entre sí. Cuanto más estimulante sea el ambiente primario, más conexiones positivas se forman en el cerebro y mejor es el progreso del niño o niña en todos los aspectos de su vida, en términos de desarrollo físico, emocional y social, así como su capacidad para expresarse y adquirir conocimientos.

Sabemos qué tipo de entornos promueven la salud y el desarrollo en la primera infancia. Si bien la nutrición y el crecimiento físico son fundamentales, los niños pequeños también necesitan pasar el tiempo en un ambiente afectivo y receptivo que los proteja de la desaprobación inadecuada y el castigo."

No caben ya dudas que los aportes realizados por Freud en este sentido (sexualidad infantil, importancia de los primeros vínculos afectivos en el desarrollo del ser humano) han trascendido las iniciales reacciones de rechazo y desestimación y se ha constituido en una noción irrebatible del acerbo de conocimiento tanto científico como popular.

Para que esto suceda, muchos psicoanalistas han profundizado en el estudio de los primeros años de vida y brindado sus contribuciones.

Norberto y Celia Bleichmar en El psicoanálisis después de Freud plantean:

"Una manera de ubicarnos respecto a las distintas teorías psicoanalíticas es pensarlas en relación con los grandes problemas que el psicoanálisis se planteo para comprender el psiquismo humano". (Pág.31)

Destacan entre ellos: la relación naturaleza versus cultura, el problema de la agresión, las relaciones de objeto tempranas.

Con respecto a la relación entre la naturaleza versus la cultura, desde el inicio de sus teorizaciones, Freud siempre tuvo presente este problema.

A lo largo de su obra, oscilo en la primacía otorgada a cada uno de estos aspectos, pero siempre hizo notar la acción conjugada de los mismos.

Con su hipótesis de las series complementarias, combina los elementos innatos (pulsionales) con las experiencias infantiles.

Al examinar los aportes realizados por los postfreudianos, podemos observar como en algunos casos el acento esta puesto en *"la naturaleza"*; en la importancia para el desarrollo psíquico de los factores constitucionales (podríamos incluir aquí a Melanie Klein), y en el extremo de acentuar la preponderancia de "la cultura" , están quienes jerarquizan los factores ambientales para explicar la formación de la personalidad y hasta el origen de los síntomas(Winnicott , Mahler, Kohut, Balint, entre otros).

De todos modos, ya sea que se jerarquice uno u otro extremo de esta dualidad, no caben dudas de la acción conjugada y reciproca de ambos aspectos: "lo que uno trae a la vida y lo que la vida le trae a uno"[4].

Con respecto a las relaciones de objeto tempranas, una buena parte de los desarrollos teóricos del psicoanálisis postfreudiano enfatiza la importancia de los primeros periodos de la vida (uno a dos años de edad) para la estructuración del psiquismo.

Nuevamente aquí lo pulsional y lo ambiental, conjugados, relacionados, darán por resultado un vínculo particular en donde diferentes autores harán mas hincapié en lo constitucional y otros lo harán en el factor "compañía" o ambiental.

Como es la relación entre el individuo y su ambiente? ¿Cómo influye el bagaje hereditario? ¿Cómo actúa el medio? ¿Cómo es la interacción entre lo biológico y lo psicológico? ¿Cómo se desarrolla el sujeto?

En este capitulo, se trabajará fundamentalmente el tema del desarrollo temprano a través de las perspectivas que han realizado los autores que adhieren a la corriente del psicoanálisis denominada psicología del yo.

Heinz Hartmann, a partir del modelo estructural freudiano o segunda topica, es junto a Anna Freud, quienes inauguran la corriente denominada psicología del yo.

Destacan la nocion de desarrollo del yo , ya que al igual que Sigmund Freud, no reconocen una unidad funcional equivalente al mismo desde el nacimiento.

Hartmann denomina *matriz indiferenciada* al estadio inicial del ser humano , donde no se puede direrenciar un ello del yo, como asi tampoco puede diferenciarse uno mismo del medio que lo circunda.

Anna Freud, Rene Spitz, Margaret Mahler, entre otros, realizaron observaciones sistematicas que les permitieron

---

[4]   Freud, S. (1913) *La predisposición a la neurosis obsesiva*. Amorrortu Editores. Buenos Aires 1993.

ir formulando hipotesis que han brindado una importante contribución al tema tanto para el desarrollo normal como lo que atañe a sus alteraciones.

Ponen el énfasis en el tema del desarrollo y las relaciones con el ambiente, estudian la naturaleza humana desde los orígenes mismos de la vida otorgando a los primeros momentos de la misma fundamental importancia.

No son los únicos, si han sido pioneros y sus aportes siguen vigentes en la actualidad.

La relevancia de sus contribuciones se destaca por el trabajo que han realizado tratando de probar, a través del método de la observación directa de infantes, la tesis sostenida por Freud en relación a la sexualidad infantil.

Las observaciones realizadas de las conductas de los bebes desde su nacimiento y el marco conceptual psicoanalitico,permitieron establecer nociones como: proceso de separación-individuacion (Mahler), organizador (Spitz),regresion transitoria al servicio del yo (Anna Freud), lineas de desarrollo (Anna Freud)que hasta hoy permiten explicar y comprender tanto el desarrollo normal como patologico.

Si bien Freud otorgó prioridad a lo que sucede con el aspecto pulsional del desarrollo del ser humano y le dedicó la mayor parte de su obra a su estudio, también es cierto que a lo largo de su trabajo fue modificando y ampliando perspectivas. Por ejemplo, la noción de disposición que en un principio se circunscribió a lo innato, constitucional, heredado, mas tarde adquirió un contenido mas amplio, abarcando en ella las vivencias infantiles. Esto se aclara en la 23 de las Conferencias de introducción al psicoanálisis (1916-1917), donde emplea Anlage, "disposición" para designar lo innato y "disposition", "predisposición" para lo adquirido.[5]

---

[5] Las nociones de *maduración* y *desarrollo* refieren a esta distincion . La maduración implica un proceso filogenéticamente establecido, el desarrollo con-

Sus seguidores, trataron de comprobar, ampliar, profundizar y complementar, en distintos aspectos, sus afirmaciones, priorizando diferentes puntos de partida en sus recorridos conceptuales.

Los autores de la Psicología Psicoanalítica del Yo,coinciden en resaltar la función materna como indispensable en los primeros momentos de la vida, cuando el bebé sólo puede sentir a la madre como una parte de su propio ser. Así esta "fusión" entre madre-bebé ha sido denominada de diferentes formas, tales como "célula narcisista" (Anna Freud), "unidad primordial" (Rene Spitz) o "unidad dual" (Margaret Mahler), teniendo la misma un valor estructurante para el psiquismo humano. Es por esta razón que este primer vínculo resulta ser posibiltador de un origen y desarrollo orientado hacia la salud o en su defecto hacia la patología.

En Inhibición, síntoma y angustia (1926) Freud refiere : "El biológico es el prolongado desvalimiento y dependencia de la criatura humana. La existencia intrauterina del hombre se presenta abreviada con relación a la mayoría de los animales; es dado a luz más inacabado que éstos" (P.145)[6].

Hace así explícita referencia al desvalimiento humano y a la impotencia que tiene el recién nacido humano para sobrevivir sin auxilio externo en comparacion a los otros seres de la escala animal, planteando además que la relación con el mundo exterior requiere de un máximo de cuidados ya que la vulnerabilidad inicial acarrea peligros y conlleva necesidades sin los cuales la vida biológica y psíquica no son posibles.

Este estado de vulnerabilidad inicial, describe al lac-

---

lleva la emergencia de formas de funcionamiento y de conductas que resultan de la interacción del organismo por una parte y del medio interno y externo por otra.

[6]   Freud S. O.C. Tomo XX (1925-1926) *Inhibición, síntoma y angustia.* Amorrortu Editores. Bs.As. 1998.

tante como totalmente dependiente de otra persona para encontrar alivio a sus tensiones y necesidades. Se enfatiza de esta manera el carácter fundamental de las relaciones de objeto, pensando al bebé humano como totalmente dependiente de las personas encargadas de su cuidado. Dependencia que no es sólo biológica sino tambien emocional.

Desde esta perspectiva este vínculo posee un valor protagónico dado que influye de manera definitiva en la estructuración del psiquismo y gracias a él son viables las experiencias libidinales y su satisfacción o frustración.

Por otra parte, es de destacar la importancia que tiene para el desarrollo del ser humano (mas allá de lo vincular), la "presión maduracional". Este concepto introducido por Margaret Mahler, describe a la fuerza que impulsa al niño para poder realizar el recorrido que lo llevará de la dependencia a la autonomía, de la inmadurez a la madurez, de la indiferenciación a la diferenciación.

En relación a esto, es interesante resaltar lo que sostiene Freud, en La novela familiar de los neuróticos (1909(1908)):

"En el individuo que crece, su desasimiento de la autoridad parental es una de las operaciones mas necesarias, pero también mas dolorosas, del desarrollo. Es absolutamente necesario que se cumpla, y es licito suponer que todo hombre devenido normal lo ha llevado a cabo en cierta medida. Más todavía: el progreso de la sociedad descansa, todo él, en esa oposición entre ambas generaciones." (Pag.217)[7]

Se puede destacar como a través de esta afirmación, Freud sostiene:

a) la idea de crecimiento

b) la relación existente entre crecer y la separación de la autoridad parental.

---

[7]   Freud, S. ((1909(1908)) *La novela famiiar de los neuroticos.*Amorrortu Editores.Buenos Aires 1994.

c) La necesidad de este proceso como condición de desarrollo individual.

d) La necesidad de este proceso como condición del progreso de la sociedad.

e) Relaciona la normalidad con el cumplimiento de este proceso.

A partir de lo señalado hasta aquí podemos caracterizar los principales ejes de descripción y análisis para entender los aportes que la psicología del yo hace a la comprensión de la estructuración psíquica, a saber:

1) Al igual que Freud, no se reconoce la existencia de un "yo" desde el nacimiento.

Esto significa que inicialmente no hay una estructuración psíquica que permita diferenciar mundo interno del externo y poder controlar, organizar y jerarquizar funciones que le permitan al bebe su supervivencia sin auxilio externo.

Por lo tanto, se sostiene la idea de un desarrollo y maduración para la conformación del aparato psíquico diferenciado por sus funciones.

2) Se apoya en la importancia de la noción de sexualidad infantil, como fundamento de la estructuración psíquica. Pulsión, objeto, desarrollo de la libido, resultan nociones que permiten explicar el desarrollo del yo.

3) Destaca la acción conjugada de los factores disposicionales y las experiencias infantiles en la conformación del psiquismo humano.

4) Reconoce que el estado de desvalimiento biológico del ser humano al nacer, y la necesidad de auxilio para subsistir determinan un estado de dependencia emocional hacia sus cuidadores.

5) Sostiene que el desarrollo normal del ser humano tiene una dirección que va desde el estado de dependen-

cia (biológica-emocional) hasta la relativa autonomía (biológica-emocional).

Es importante diferenciar la perspectiva evolutiva del
psicoanálisis de los modelos de las psicologías evoluti-
vas de la primera mitad del siglo XX, cuyas descripciones
fenoménicas de la conducta infantil no tenían en cuenta
la magnitud y densidad de los procesos inconscientes y
no manifiestos, así como de sus consecuencias en dicha
conducta.

Estos temas nos llevan a considerar las condiciones
del bebé humano en el momento de su nacimiento y las
necesidades y condiciones imprescindibles para su so-
brevivencia.

Para la mayoría de los autores la relación madre- bebé
es la célula fundante de mecanismos estructuradores de
la alteridad y del psiquismo humano.

Para entender el desarrollo temprano es necesario tener en cuenta nociones como: temporalidad, proceso, desarrollo, perspectiva genética, etc.

Las teorías psicoanalíticas del desarrollo plantean que
la evolución progresa de una etapa hacia otra de mayor
grado de organización, que este pasaje está determinado
por una cantidad compleja de variables y que esa complejidad le otorga el carácter de lo único, lo particular, resultado de procesos intrapsíquicos y de su confrontación
con la realidad.

Así el desarrollo es el resultado de la creciente capacidad para afrontar y dominar experiencias penosas, tolerar la postergación de la satisfacción y la separación de
objetos significativos y de lograr la autonomía afectiva.

El desarrollo es un proceso caracterizado por conti-
nuidades y discontinuidades, produciéndose la paradoja
de que esta continuidad incluye el cambio permanente, ya
que el bebé humano llega a un mundo organizado al que

enfrenta con sus propias disposiciones que se activan en el encuentro y en el vínculo de cuidado que aporta el otro.

El desarrollo entonces se caracteriza por sucesivas reorganizaciones que requieren un máximo de flexibilidad y de aprendizajes al mismo tiempo que un máximo de estabilidad en los cuidados.Si bien el desarrollo es progresivo, admite regresiones transitorias al servicio del mismo.

Las nociones de lineas de desarrollo creada por Anna Freud y de organizador introducida por Rene Spitz , permiten destacar, la primera, la complejidad de variables intervinientes en el desarrollo y la segunda, aquellos puntos de confluencia de dichas lineas, en donde se producen cambios significativos que marcan una nueva reorganización estructural .

El bebé humano llega a un medio ambiente ya estructurado y lo hace con un repertorio de conductas y disposiciones que se activan en el vínculo de cuidado que lleva a cabo la persona encargada de dar alimento, calor y ser quien cuide y atienda las necesidades del bebé. Es a partir de este vínculo fundante en el cual se asientan la matriz de los mecanismos identificatorios y las vicisitudes libidinales, que el niño podrá alcanzar o no diferentes logros en su desarrollo. Entre los más importantes podemos mencionar:

- Emerger de un estado narcisístico inicial y arribar a conductas de mutualidad y correspondencia con el objeto maternante.
- Transitar desde la simbiosis inicial a la progresiva constitución de la autonomía psíquica y de la constancia objetal.
- Realizar el pasaje desde su sí mismo hacia los otros objetos de amor y de satisfacción.
- Realizar el paulatino pasaje del principio de placer al principio de realidad.

Lo dicho hasta aquí es una descripción somera, a modo

de invitación para ser profundizados de los principales temas que son abarcados en relación a la estructuración psiquica, desde la perspectiva de la psicologia del yo.

Partiendo de las ideas freudianas y ampliando el tratamiento psicoanalitico a la clinica con niños, los psicoanalistas se interesaron especialmente en elniño y su desarrollo, en especial, las primeras etapas del mismo .

La niñez no sólo pudo ser reconstruida, como lo fue a traves del psicoanalisis de adultos, sino que pudo ser observada directamente, aun en estadios preverbales muy temparanos,con una mirada psicoanalitica.

El invalorable aporte de estas contribuciones tal vez pueda definirse en estas consideraciones expresadas por Anna Freud en Normalidad y patología en la infancia : "... el analista de niños que considera el desarrollo progresivo como la función mas esencial de un ser inmaduro, esta profunda y centralmente comprometido con la integridad o el trastorno, es decir, la normalidad o anormalidad de este proceso vital" (pág. 50).

Prof. Lic. Mabel Rosenvald de Baril

Profesora Titular Regular de la Universidad Nacional de Buenos Aires
Facultad de Psicología
Socia Plenaria de la Asociación Escuela Argentina de Psicoterapia para Graduados
Profesora Titular de los postgrados de las Carreras de Maestria en Psicoanalisis y de Especialización en psicoanalisis de adultos de la AEAPG en convenio con la Universidad Nacional de La Matanza.

CAPÍTULO **4**
Noción de Complejo de Edipo. El complejo nuclear puesto en un caleidoscopio

Graciela Jaimsky

Presentación

Habiendo desarrollado la teoría psicosexual y la importancia del inconsciente para el psicoa-nálisis, merece nuestro interés el papel que juega el Complejo de Edipo en la constitución psíquica, desde la visión desarrollada por Freud. Y a partir de las principales ideas freudianas sobre la femineidad y masculinidad, se finaliza esta parte con la participación de dos destacados colegas que presentan sus versiones actuales, acuerdos y desacuerdos con este complejo nuclear sobre las configuraciones familiares que hoy se presentan.

"El Edipo es una inmensa desmesura
Juan D. Nasio (2007)

El complejo de Edipo
designa la situación
del niño en el triángulo.
Ruth Mack Brunswick

Como sucede con el complejo entramado de la obra freudiana, Freud en ningún escrito publica una exposición sistemática del complejo de Edipo. Aquí la pretensión es señalar algunas cuestiones relativas a las implicancias de este Complejo en el desarrollo del individuo, sus funciones y consecuencias.

Comencemos para ahondar con la definición que figura en el Diccionario de Laplanche y Pontalis (1996):

Conjunto organizado de deseos amorosos y hostiles que el niño experimenta respecto a sus padres. En su forma llamada positiva, el complejo se presenta como en la historia de Edipo Rey: deseo de muerte del rival que es el personaje del mismo sexo y deseo sexual hacia el personaje del sexo opuesto. En su forma negativa, se presenta a la inversa: amor hacia el progenitor del mismo sexo y odio y celos hacia el progenitor del sexo opuesto. De hecho, estas dos formas se encuentran en diferentes grados, en la forma llamada completa del complejo de Edipo.

Según Freud, el complejo de Edipo es vivido en su periodo de acmé entre los tres y cinco años de edad, durante la fase fálica; su declinación señala la entrada en el periodo de latencia. Experimenta una reviviscencia durante la pubertad y es superado, con mayor o menos éxito, dentro de un tipo particular de elección de objeto.

El complejo de Edipo desempeña un papel fundamental en la estructuración de la personalidad y en la orientación del deseo humano. Los psicoanalistas han hecho de este complejo un eje de referencia fundamental de la psicopatología, intentando determinar, para cada tipo patológico, las modalidades de su planteamiento y resolución.

La antropología psicoanalítica se dedica a buscar la estructura triangular del complejo de Edipo, cuya universalidad afirma, en las más diversas culturas y no sólo en aquellas en que predomina la familia conyugal. (Laplanche y Pontalis, 1996, p. 61)

Sobre el cliché

El varón está enamorado de la madre, y quiere apartar al padre; la niña enamorada del padre, quiere alejar a la madre. Este es en pocas palabras el cliché al que hace referencia el complejo de Edipo. ¿Cuánto hay de cierto en esto?

Como señala Nasio (2007) esta versión popular es engañosa, ya que este complejo marca un momento crucial de la constitución psíquica, momento de ingreso y atravesamiento de una trama representacional- ubicada en la fase fálica-, que compele al individuo a lidiar en su desarrollo psicosexual con la premisa universal del pene y las equivalencias simbólicas del falo.

Este punto crítico de la historia psicosexual humana comienza con la sexualización de los padres y se completa con la renuncia a los deseos incestuosos inconscientes y la desexualización de estos mismos. ¿Por qué requiere de una renuncia? Porque mediante este proceso el ser humano desiste a tomar a sus progenitores como objetos sexuales y los incorpora como objetos de identificación. Renuncia por el temor a recibir el castigo de la Ley de la prohibición del incesto. En este sentido, serán la angustia de castración en el varón y la envidia de pene- junto a la ecuación pene= hijo- en la mujer, las secuencias en las que el drama se representa. Como consecuencias de esta dimisión obtendrá lo que le permite su inclusión en lo social: un superyó, un ideal del yo y una identidad sexual.

Un elemento esencial es la presencia de angustia: angustia de castración en el varón, dolor y angustia de privación en la mujer, provocando trasformaciones intrapsiquicas que marcará todas las experiencias afectivas que el sujeto humano tendrá a posteriori en la vida. (Nasio, 2007).

El modelo construido por Freud

Para adentrarnos en las primeras elaboraciones que configuraron el modelo freudiano, es conveniente tomar en cuenta que se construyeron sobre la figura del varón. Esta versión freudiana estaba atravesada por variables culturales en las cuales la sociedad patriarcal imperaba con roles bien definidos para hombres y mujeres.

Dice Freud, en sus Conferencias:

Como ustedes notan sólo he pintado la relación del varoncito con su padre y su madre. Con las necesarias modificaciones, las cosas son en un todo semejantes en el caso de la niña pequeña (Freud, S. 1916, p.333).

Este paralelismo comienza a oscilar alrededor de 1920. Podemos destacar que lo más importante sobre el primado del falo, se encuentra en tres artículos: *La organización genital infantil* (1923), donde plantea la tesis del reconocimiento de un único órgano genital- el masculino-. *La declinación del complejo de Edipo* (1924), y en *Algunas consecuencias psíquicas de la diferencia anatómica de los sexos* (1925).

Esquemáticamente esta fase, se resume con los siguientes postulados:

- El par antitético actividad- pasividad (prevalente en la fase anal) se trasforma en el par: fálico castrado.

- En el niño, la declinación de su deseo incestuoso, viene condicionada por la amenaza de castración, y por el descubrimiento de la falta de pene en la niña-

- En la niña, la constatación de la diferencia de sexos, suscita una envidia al pene, resentimiento a la madre – que no le ha dado un pene- y la elección del padre como objeto de amor.

Con estas elucidaciones Freud reconoce que ( ) *sólo podemos describir estas constelaciones respecto del va-*

roncito; carecemos de una intelección de los procesos correspondientes en la niña pequeña (Freud, S. 1923, p. 146)

Y de este modo, la sexualidad de la mujer queda designada como un continente negro. Para alcanzar la femineidad a la niña se le plantea un doble cambio: el pasaje de la madre al padre cambio de objeto-, y el pasaje del órgano sexual rector: del clítoris a la vagina cambio de zona-. (Alkolombre, 2008).

Las consecuencias en el atravesamiento del Edipo son promovidas por el complejo de castración.

Una lupa sobre el complejo de castración y modos de resolución del C. Edipo

Dice Laplanche y Pontalis (1996) en su definición:

Complejo centrado en la fantasía de castración, la cual aporta una respuesta al enigma que plantea al niño la diferencia anatómica de los sexos (presencia o ausencia del pene): esta diferencia se atribuye al cercenamiento del pene en la niña.

La estructura y efectos del complejo de castración son diferentes en el niño y en la niña. El niño teme la castración como realización de una amenaza paterna en respuesta a sus actividades sexuales: lo cual le provoca una intensa angustia de castración. En la niña, la ausencia de pene es sentida como un perjuicio sufrido, que intenta negar, compensar o reparar. (pág. 58)

En palabras de Freud (1925, p. 275): *Mientras que el complejo de Edipo del varón se va al fundamento debido al complejo de castración, el de la niña es posibilitado e introducido por este último.* Freud (1933 [1932]) explicita que la niña se mantiene dentro de la situación edípica por un período indeterminado y, al abandonarla, lo hace sólo de modo inacabado.

El complejo de Edipo descrito hasta aquí, es decir,

aquél en que la niña inviste a su padre y el varón a su madre, de la mano de una consiguiente posición ambivalente hacia el progenitor del mismo sexo, es el que Freud (1923, p. 35) llama *positivo*. Empero, señala que, las más de las veces, lo que se observa es la manifestación de un *complejo de Edipo más completo, que es uno duplicado, positivo y negativo, dependiente de la bisexualidad originaria del niño.*

Así, como resultado más universal de la fase gobernada por el complejo de Edipo, se puede suponer una sedimentación en el yo, que consiste en el establecimiento de estas dos identificaciones, unificadas de alguna manera entre sí. Esta alteración del yo recibe su posición especial: se enfrenta al otro contenido del yo como (...) superyó. (Freud, 1923, p. 36) No obstante, se puede decir que el superyó no debe su génesis únicamente a la introyección de los restos de las primeras elecciones objetales del niño, sino también a una formación reactiva hacia las mismas. En otras palabras: al mismo tiempo que queda establecido en el superyó un *deber ser* siguiendo el modelo de identificación con los progenitores, se instala en él la prohibición de ser o actuar como éstos en ciertos aspectos (Freud, [1923], En Bleichmar, Silvia (2000).

Se puede observar que el complejo de castración guarda íntima relación con la función prohibitiva y normativa. Lo invariable es que expresa una ley social, huella de autoridad paterna.

Derivaciones del complejo de castración: surgimiento del SuperYo y de la identidad sexual

Como puede observarse: ¡*pequeños* nuevos conceptos Freud nos presenta con la salida del complejo de Edipo!

Como consecuencia de la angustia de castración y posible salida del complejo de Edipo, se constituye una instancia psíquica, el Superyó, que aparta a los padres como objetos sexuales y los conserva mediante la identificación. Y en el caso de la niña, la salida del Edipo se produce cuando desea a otro hombre que no sea su padre.

Dada la densidad conceptual y complejidad del desarrollo de esta instancia – Superyó-, se propondrá su estudio en el próximo capítulo.

Y qué decir sobre la identidad sexual: el psicoanálisis y las teorías de género poseen distintas fronteras y puntos de apoyo. La articulación entre ambos nos permite reflexionar acerca de los distintos entrecruzamientos e interrogantes que se plantean desde el campo teórico y clínico.

Green (1995) argumenta con preocupación que la sexualidad parece haber disminuido como punto nodal en las presentaciones clínicas y promueve una rigurosa revisión y reevaluación para restaurar la importancia de la sexualidad genital y el complejo de Edipo en su lugar central. En definitiva, para este autor, la sexualidad de hoy no es la sexualidad que nos legó Freud.

Por ello resalto la importancia de poner a trabajar conceptualmente los modos en que el sujeto se adueña de la herencia que recibe en tanto humano. Ya que es esta herencia hilvanada en acontecimientos, la que le permitirá soportar el devenir pulsional y de las identificaciones que constituyen las versiones de la novela familiar, que cada sujeto pueda tramitar ( ) Todos estamos en el tiempo de profundizar en lo que se llama sexualidad femenina, y que no parece la sexualidad femenina, sino este otro campo de saber   sobre la finitud, la alteridad, ( ) pero qué trabajo da!. (Frenkel, Mandet, Vaque. 1992, p. 169)

El novedoso y denominado "El tercero"(thirdness)

> *¿Quién es el tercero que*
> *camina siempre junto a ti?*
> *Cuando cuento, sólo estamos tú y yo*
> *pero cuando miro hacia delante el camino blanco*
> *siempre hay otro que camina junto a ti*
> *deslizándose envuelto*
> *en una capa marrón, encapuchado*
> *no sé si hombre o mujer*
> *-pero ¿quién es el que camina a tu otro costado?*
> T.S. Elliot, «La tierra yerma» (1922, p. 48)

La literatura psicoanalítica ha destacado el papel del padre como tercero, un papel fundamental en la diferenciación del niño de su madre, aportando un espacio de simbolización, que permite reconocer las diferencias y la ausencia. Este tercero que permite pasar de relaciones duales a triangulares.

En diversos artículos que abordan la cuestión del denominado *tercero* (o "the third) aparece esta cita de Elliot[1].

Un *tercero* que desafía la ilusión infantil de unidad primaria. El complejo de Edipo comienza con el reconocimiento no sólo de otro involucrado con la madre, sino refiere también a la naturaleza de la relación parental. Confronta al niño con la separatividad sexual y con la diferencia generacional. En un trabajo Britton (2004), plantea que la tercera posición siempre invoca una constelación edípica, puesto que representa una tercera entidad (sea persona, institución o símbolo) que perturba lo diádico. La intrusión en la dualidad que da apertura lo triangular.

Así, Bernardi (2014) señala que los nuevos recursos tecnológicos han complejizado el problema. Cuando se habla de la ´madre´, esta noción involucra varias ideas que acostumbrábamos a considerar unidas. Cada vez más estos términos tienden a disociarse y es necesario

---

[1] Entre los textos que lo citan destaco: Kerr,   ; Baban (....) Britton,

comprender que la madre genética, la madre gestacional y la madre de crianza pueden no coincidir en la misma persona. Así también la situación del padre no es menos compleja, y si consultamos en páginas de internet se encuentran más de 20 categorías que definen diferentes formas de paternidad. Tampoco es sencilla la conceptualización de los trazos esenciales de la familia. Incluso, cuando decimos: «Familia clásica», ¿A qué nos estamos refiriendo? ¿A la familia victoriana? ¿A cuál? ¿Por ejemplo a la de Dora, la paciente de Freud? ¿A qué tiempo y en qué cultura? Existen familias monoparentales, homoparentales, entre otras nuevas.

En este punto, el autor mencionado se plantea y pregunta sobre cómo puede darse la conflictiva edípica en esas nuevas configuraciones familiares La teoría psicoanalítica del Edipo debe hacer frente a una serie de interrogantes y cuestionamientos que requieren nuevas versiones.

Notas al margen

El problema de redefinir el llamado complejo de Edipo,

Este complejo nuclear se ha conservado con una particular estructura, siendo evidente que las nuevas formas de procreación y de armado familiar, ponen de manifiesto la necesidad de revisionar sus aspectos obsoletos de aquellos otros más vigentes.

Afirma Bleichmar (2000) que es insostenible la conservación del Edipo entendido como una novela familiar, como un argumento que se repite, de modo más o menos idéntico, atravesado por contenidos representacionales hacia "papá y mamá". Sostiene que con esas nociones se diluye el gran aporte del psicoanálisis: el descubrimiento del acceso del sujeto a la cultura a partir de la prohibición del goce sexual intergeneracional.

Acuerdo en que el Edipo debe ser concebido entonces como la prohibición con la cual cada cultura pauta y restringe, a partir de la preeminencia de la sexualidad del adulto sobre el niño, la apropiación gozosa del cuerpo del niño por parte del adulto (Bleichmar. S, 2000). Como afirman algunos psicoanalistas (Dio Bleichmar, 1992; Alkolombre, 2008, entre otros) el género vuelve a replantear la controversia naturaleza/cultura, biológico/adquirido, interno/externo, y a situarse como una opción para la comprensión de la constitución psíquica.

El problema del colecho

El frecuente incentivo al colecho (dormir con los padres) que encontramos en la actualidad, pretendiendo transmitir "posmodernos" modos de crianza, sería conveniente cuestionarlo, en un momento crucial e inaugural de la subjetividad, como lo es el del encuentro entre el bebé y su madre. Este modo no sólo implica un notable retroceso respecto de saberes y prácticas que han incidido positivamente en la subjetivación de los infantes, sino que se ubica en el límite de una prohibición fundamental como lo es la del incesto- y, por si poco fuera, todo esto aparece disfrazado y oculto entre los pliegues de una moda que no posee mayor apoyo científico.

La gravedad del colecho se inserta en impedir la desexualización de los padres y la consecuente hipersexualización, hiperexcitabilidad mantenida.

El Psicoanálisis expresa la asimetría fundamental entre la cría humana y el adulto. Éste último imprime su marca, como sujeto sexuado y afectado de Inconsciente, en los cuidados del infans, y en este movimiento- da lugar a la pulsión, parcial, autoerótica, despegada así de la necesidad. La ternura, refiere al ejercicio sublimado del erotismo materno, así como la noción de apego, a la necesidad de proximidad para obtener seguridad ante el desamparo inicial, concepto utilizado y tergiversado por las corrientes que promueven el colecho.

Este encuentro disimétrico entre madre e infans es necesario, así como lo es la existencia de una locura materna que, en su exclusividad, lo humaniza. Sin embargo, este movimiento clave, esta alienación, se completa de modo indispensable con la separación, producto de la prohibición de reintegrar su producto que tiene el adulto asistente. Es decir, le está prohibido gozar del infans, ubicarlo en un lugar de objeto como sucede en el caso del abuso sexual infantil (Oleaga y Yago Franco, 2014).

El problema de la anatomía como destino.

Freud modificando la célebre máxima de Napoleón sobre política, acuño un aforismo provocativo: *La anatomía es destino,* con lo cual trataba de delimitar si se nace o se hace el ser mujer o varón.

Como se ha dicho hasta ahora, la sexualidad de los seres humanos comienza desde la infancia y llega a su conformación final a partir de la pubertad. Pues bien, según Freud (1905, p. 200), es sólo en este último período cuando se establece la separación tajante entre el carácter masculino y el femenino.

En el desarrollo psicosexual, se presenta una polaridad que precede a la diferenciación entre femenino y masculino: la oposición entre activo y pasivo, situada en la fase anal (Freud, 11917 [1916-17]). Es así que lo activo (asociado, a la masculinidad) expresa una pulsión de apoderamiento y las aspiraciones de meta pasiva, se las relaciona con lo femenino. (Freud, 1917 [1916-17], p. 298).

Además, otra polaridad previa que distingue a lo masculino de lo femenino es la que se observa en la fase fálica del desarrollo libidinal: la antítesis entre fálico (poseedor del miembro genital masculino) y castrado. Freud (1933

[1932]) hace alusión, pues, a una asociación directa entre masculinidad- actividad y feminidad - pasividad.

¿De qué modo las producciones socioculturales incidirían en nuestras formas de ser hombres o mujeres?

El problema de la simetría en las relaciones padres-hijo y el papel del jugar en ellas.

El complejo de Edipo expone la importancia e impronta de las tempranas relaciones parentofiliales en la constitución psíquica.

La conformación de las nuevas familias es un desafío para pensar lo nodular de este complejo y el modo que se juega en ellas.

Además, como señala Rodulfo (2012) en tiempos de *retirada de las oposiciones*; resulta conveniente plantear otros modelos sobre el armado psíquico que no se apoye en oposiciones o fuerzas contrapuestas. Afirma: "Los pares opositivos desde siempre han desempeñado una función de guardianes del poder de la centralidad. Su elemento privilegiado, en cada una de las parejas que forman remite directamente a él (genital/ pregenital, estructura edifica/ narcisista, fálico/ castrado, etc.). Por otro lado, invita a considerar el nudo del C. E como un "motivo edípico", -en sentido musical-, es decir como un leitmotiv que puede con sus elementos configurar diversas melodías o temas. Este planteo se encuentra en sintonía con la propuesta presentada con el mismo título de este capítulo: el complejo de Edipo, en un caleidoscopio.

Ahora bien, la noción del jugar queda excluida en la trama familiar del mito. Hubo una sesión en el famoso caso Juanito en que Freud le dice al pequeño:

"Tú le tienes miedo a tu padre por querer tanto a tu madre. Crees que tu padre te tiene rabia, pero eso no es cierto... Hace mucho tiempo, antes de que tú vinieras al mundo, yo ya sabía que llegaría un pequeño Juanito

que querría mucho a su madre, y por ello se vería obli-
gado a temer al padre".

Por un lado, puede verse el modo en que Freud intro-duce literalmente con su interpretación el complejo nu-clear, lo que a su criterio es motivo del padecer del niño y en consecuencia tambien de las relaciones con sus pa-dres. Una formulación freudiana que echa luz sobre la comprensión acerca de la constitución psíquica de ese niño y posicionamientos familiares. Pero podemos tomar en consideración que el historial Juanito, es un relato en el cual los personajes de la historia dialogan mucho, pero no juegan.

Es recomendable la lectura propuesta por el Dr. Jury, sobre este caso freudiano desde dos diferentes paradig-mas diferentes.2 Por otro lado, y para profundizar sobre el espacio que la creatividad ocupa para el desarrollo ma-durativo, se pueden adelantar (al estilo del libro Rayuela) al capítulo de las versiones posfreudianas donde la Lic. Levin trabaja al respecto.

El problema del trauma real. ¿Seducción o abuso sexual? como factor etiológico del sufrimiento psíquico

Quiero detenerme en particular, en este punto, ya que personalmente le he dado a la teoría de la seducción freu-diana, un espacio/tiempo relevante para el desarrollo de mis propias ideas en el libro Cuerpo y Construcción psíquica. Laplanche (1986) no opone los hechos de una seducción real, concreta, al énfasis que Freud colocó en la fantasía. El debate *realidad/fantasía* puede continuar indefinidamente mientras no se haya introducido la idea de que lo importante en las escenas de seducción es que la misma presencia de un adulto -que en asimetría dada

---

2   Se recomienda la lectura de dicha perspectiva en el Libro *De Layo a Ulises*, de B. Uzorskis. Cap.14.

su madurez sexual-, transmite un mensaje, un algo que "hace signo" desde su propio inconsciente.

Masson por otro lado, en *El asalto a la verdad*, hace un puntilloso detalle de las omisiones hechas por Anna Freud, para la edición original de la correspondencia de su padre con Fliess en las Obras Completas. En ese libro revela que las omisiones acerca de los abusos sexuales en los casos freudianos, se fundamentaron para evitar vacilaciones en las asociaciones psicoanalíticas. ¿Será que se consideró desafortunado el giro iniciado por Freud en la carta 69 a Fliess, evitando así propiciar un retorno a la teoría traumática de las neurosis?

Quiero compartir un breve texto - del pensamiento de Braunstein-, citado en el libro de Uzorskis (2018): *Después de que Freud dijera en 1920 que el complejo de Edipo era el* shibbólet *que distinguía a los partidarios del análisis de sus oponentes, puede parecer que formular reservas en cuanto a la importancia y la trascendencia de ese complejo es colocarse en los límites mismos del discurso del psicoanálisis.* Si el C.E demarcaba un discurso psicoanalítico del que no lo era; esta cita de 1920 me hizo reflexionar sobre la profunda necesidad de ubicarnos los seres humanos entre posturas opuestas, polarizadas, tal vez por ser un modo de fácil categorización del semejante. Recuerdo un programa televisivo que se llamaba de qué lado estas Y en este sentido, comparto la sugerencia del Dr. Rodulfo (2012) de no ubicar ningún concepto en el centro del corpus psicoanalítico, digamos que no haya ningún *shibbólet*.

Con estas elucidaciones doy espacio a compartir las producciones que a partir de los textos freudianos, desarrollan los colegas Graciela G. de Cohan, y Benjamin Uzorskis.

Complejo de Edipo y construcción de femineidades

Graciela Graschinsky de Cohan

*"Era en verdad una feminista,
hallaba injusto
que las niñas no gozaran
de las mismas libertades
que los varones, y
se rebelaba absolutamente
contra la suerte de la mujer"*
Freud (1925)

Introducción

Propongo en estas páginas una lectura del Complejo de Edipo freudiano desde la perspectiva de la construcción de feminidades. Subrayo el plural feminidades porque no hay una sola manera de construirse femenina, como el mismo Freud nos dice, no hay formas puras de masculinidad y feminidad. En la actualidad los Estudios de Género nos proponen volver a pensar conceptos teóricos que inciden en nuestra escucha y en nuestras intervenciones en la clínica. Varios son los motivos por los cuales una revisión se nos impone. Hoy la medicina y las nuevas técnicas quirúrgicas hacen posible la famosa frase de Simone de Beauvoir "No se nace mujer, se hace". Otro motivo es la creciente conformación de familias con estructuras novedosas, de dos madres, dos padres, padre o madre solamente, etc., donde las funciones de apego y corte son móviles e intercambiables.

Por último, en la práctica clínica cada vez más escuchamos padres y madres sorprendidos por las elecciones amorosas de sus hijos, quienes explican que eligen personas no sexos.

Tengo la impresión que el complejo de Edipo es una de las pocas estructuras conceptuales que parece sencilla en la teoría pero que es compleja en la clínica. Se ha ido deslizando hacia una mera descripción de una vida familiar alejada de la realidad actual.

En nuestra práctica, cuando escuchamos los conflictos y padecimientos que se despliegan en una sesión, la presencia de un otro es inevitable: ya sea en los conflictos con la autoridad, en los reclamos de amor, en las expresiones somáticas de deseos imposibles.

Toda relación amorosa pasa por esta articulación psíquica: los amores y los odios, los deseos y las rivalidades serán organizados, sustentados y apoyados en esta primera y compleja organización que es, a la vez, intrasubjetiva e interpersonal.

Es en este sentido que el Complejo de Edipo es un organizador psíquico que construye subjetividad: apunta a las repercusiones psíquicas que produce la convivencia familiar. Es importante subrayar que la denominación "complejo" alude a una estructura de funcionamiento interdependiente, no podemos pensar uno sin los otros, pero también flexible y dinámica, es decir, posible de modificaciones. A nivel simbólico podemos definirlo como las relaciones interpersonales que ponen en juego el orden de los sexos y de las generaciones de acuerdo a determinadas y específicas estructuras culturales. A nivel imaginario cada uno de nosotros es hijo o hija de un padre y de una madre, con sus marcas identificatorias y fantasmáticas.

Partiendo de la prohibición del incesto, la propuesta freudiana es conceptualizar como complejo de Edipo a ese organizador sexual, generacional y de dominio con el que cada cultura introduce al ser humano en el orden social, y además nos dice que ese organizador deja un heredero al interior del aparato psíquico cuya misión será supervisar al Yo. *"Así como el niño estaba compelido a*

*obedecer a sus progenitores, de la misma manera el yo
se somete al imperativo categórico de su superyó."*[1]

Sobre el Complejo de Edipo

Como es sabido no hay un texto freudiano dedicado
en exclusiva a tan importante conceptualización, hay que
rastrearlo a lo largo de toda su obra, como al inconsciente.

En el "Yo y el Ello", Freud nos dice que la dificultad del
Complejo de Edipo reside en que es triangular y su protagonista principal es de constitución bisexual.

Me gustaría detenerme en esta simple frase. Por un
lado, que sea triangular nos obliga a pensar en las tres
personas que están inmersas en esta estructura, teniendo
en cuenta que hablamos de lugares, espacios o funciones
a ser ocupados por sujetos ellos mismos atravesados por
el Edipo. Además estos sujetos imprimen con su sexualidad una carga erótica que es determinante y asimétrica
para los hijos/as.

En consecuencia, podemos afirmar que esas relaciones
de poder, sexo y saber ya señaladas adquieren su propio
tinte dependiendo de quiénes y cómo encarnen las funciones que tradicionalmente denominamos materna (de
sostén y apego) y paterna (de corte).

Además Freud nos dice que el protagonista principal es
de constitución bisexual, es decir anidan en el niño y en
la niña pulsiones eróticas activas y pasivas hacia padre y
madre. La propuesta implica que en cada sujeto albergan
tendencias masculinas y femeninas. La que es más fuerte
y predomina, obliga a la otra a ser reprimida. El concepto
de conflicto psíquico es una herramienta muy eficaz para
comprender cómo funciona: La tendencia reprimida ofre-

---

[1]   Freud, S. "El Yo y el Ello". O. C. Tomo XIX. Amorrortu. P. 49

cerá resistencia e intentará hacerse consciente, intentos que aparecerán en sueños, fallidos y síntomas neuróticos.

En este sentido, Freud al referirse a las condiciones externas que dejan su impronta en el conflicto psíquico nos dice: *"...en este campo no somos todavía capaces de distinguir entre lo establecido de manera rígida por leyes biológicas y lo cambiante y mudable bajo el influjo del vivenciar accidental. Además del efecto de la seducción, que conocemos hace tiempo, acaso otros factores- el momento en el que nacieron los hermanitos, el del descubrimiento de la diferencia entre los sexos, la observación directa del comercio sexual, la conducta de cortejo o de rechazo de los padres, etc. - pueden contribuir de igual modo a apresurar y hacer madurar el desarrollo sexual infantil".* [2]

Complejo de Edipo y feminidades

Es sabido que las primeras descripciones freudianas del Edipo estaban centradas en el niño. Tardíamente aunque paradójico ya que su experiencia clínica la hizo casi siempre con pacientes mujeres, aparece en Freud el interés por la sexualidad femenina.

La primera formulación específicamente femenina del Complejo de Edipo la encontramos en Algunas consecuencias psíquicas de la diferencia de sexos (1925).Y le dedica una de sus *Nuevas Conferencias de Introducción al Psicoanálisis: La Sexualidad Femenina.* (1931) donde ofrece una síntesis de su pensamiento.

Vamos a detenernos en los conceptos más importantes de su aporte a la feminidad.

A partir de la bisexualidad, Freud nos propone pensar lo masculino asociado a lo activo y lo femenino asociado a lo pasivo. No está muy convencido de utilizar estas de-

---

[2] Freud,S. "Sobre la sexualidad femenina".(1931). O .C. Tomo XXI. Amorrortu. P 243

nominaciones porque, nos advierte: "Las mujeres pueden desplegar gran actividad en diversas direcciones, y los varones no pueden convivir con sus iguales si no desarrollan un alto grado de docilidad pasiva"[3].

También advierte que no es lo mismo pasividad que metas pasivas, ya que para alcanzar una meta pasiva es necesario una gran cuota de actividad. Además, y esto es muy importante, nos informa que debemos ser cautelosos en no subestimar la influencia de las normas sociales que obligan a la mujer hacia situaciones pasivas. Menciona que la sociedad le impone a la mujer sofocar su agresión lo que la obliga a ligar las "tendencias destructivas vueltas hacia adentro". Su conclusión es que bajo estas condiciones el masoquismo es auténticamente femenino.[4]

Quizás la posibilidad que hoy tienen las mujeres de desplegar sus "tendencias destructivas" hacia el exterior sublimándolas en tareas y deportes que hasta fines del siglo XX estaban sólo destinadas a los hombres, les permite no verse obligadas a volcarlas hacia el interior, por lo que habría que revisar lo universal de este concepto, poniéndolo en tensión con las estructuras de dominación social.

La pregunta de cómo un ser de disposición bisexual deviene mujer (Freud utiliza indistintamente mujer y femenino) parece ser más difícil y complicado de responder. Aquí nos dice que la disposición pulsional de la niña tiene características diferentes a las del niño. Es, en general, menos agresiva y porfiada, se basta menos a sí misma, necesita que se le demuestre ternura y por lo tanto, es más dependiente y dócil. En relación al control de esfínteres, lo hace más rápidamente. Es más inteligente y vivaz que el varoncito de la misma edad, se muestra más "solícita" hacia el mundo exterior y sus investiduras de objetos son más intensas que las del niño. Descripciones que me-

---

[3]   Freud, S.: 33 Conferencia. La feminidad. O.C. Tomo XXII. Amorrortu. P. 107

[4]   Freud, S.: Op.cit. p 107

recen ser cuidadosamente enmarcadas en el contexto de la época y probablemente mantengan alguna vigencia en determinados estratos sociales actuales. Este modelo de feminidad que responde a mandatos familiares y normas sociales con los que se educa a la niña deja marcas en la estructuración de su psiquismo. Y quedan fijados en el Superyó, lo que explicaría el conflicto que tantas mujeres presentan aún hoy entre su desarrollo profesional o laboral y el cumplimiento del rol de madre.[5]

La etapa fálica se caracteriza por cierta concordancia en las satisfacciones eróticas que el varón se procura con el pene y la niña con el clítoris, que es su zona rectora.

Freud nos dice que *"Con la vuelta hacia la feminidad el clítoris debe ceder en todo o en parte a la vagina su sensibilidad y con ella su valor"*[6], siendo ésta una de las tareas que debe afrontar la niña para convertirse en femenina. No podemos menos que preguntarnos por qué, si la constitución subjetiva es bisexual, los dos sexos deben someterse a la primacía erótica activa, propiamente masculina. Otra pregunta que surge es por qué esta renuncia pulsional es condición necesaria para convertir a una niña en femenina.

La crítica a esta conceptualización no tarda en surgir en el grupo de analistas que encabezan Karen Horney, Helen Deutsch, Melanie Klein y Joan Riviere. Aunque con diferencias conceptuales, hacen desarrollos teóricos muy interesantes sobre el conocimiento inconsciente de la vagina y consideran que la relación con la madre en la mujer es edípica y no pre edípica. Sin bien estos aportes son previos a la conferencia que nos ocupa, Freud no coincide claramente con estas posiciones.

Él insiste en denominar pre edípico al período de rela-

---

[5]   Ver el interesante aporte de Mabel Burín sobre el muro de cristal en *A veinte años del Foro de Psicoanálisis y Género: mis aportes a la construcción de un campo complejo. En Psicoanálisis y Género*. Paidós. Bs.As. 2017.p 53

[6]   Freud, S: Op. cit. p.110

ción exclusiva con la madre durante la cual todos los deseos orales, sádico anales y fálicos, teñidos por mociones tanto activas como pasivas, y también hostiles, van dirigidos a quien ocupa esa función. Lo que denomina edípico se caracteriza por la presencia de un tercero, el padre. Lacan retomará este fructífero camino conceptualizando lo que denomina la Ley del Padre.

Es interesante encontrar en esta conferencia, una de las últimas de Freud, un reconocimiento implícito al hecho que la manipulación propia del cuidado corporal que los padres brindan a sus hijos provoca en éstos una dependencia erótica. *"Aquí, la fantasía toca el terreno de la realidad, pues fue efectivamente la madre quien a raíz de los menesteres del cuidado corporal provocó sensaciones placenteras en los genitales, y acaso hasta los despertó por vez primera"* [7]

Tenemos que considerar que en la actualidad tanto el padre como la madre cumplen roles de cuidado corporal de los niños y las niñas. Coincido con Silvia Bleichmar que subraya las marcas que las excitaciones despertadas por esos cuidados precoces van dejando en la construcción de subjetividad.

Volviendo a nuestra niña, Freud nos explica que debe renunciar a la madre como objeto de amor, cambio que conlleva hostilidad. El vínculo con la madre termina en odio, sobre compensado, sublimado o convertido en síntomas.

Tanto el niño como la niña deben renunciar a la madre como objeto amoroso. Las frustraciones, los desengaños, los celos, la seducción y la prohibición que entraña el vínculo con la madre obligan a un desenlace. El varón, a pesar de todo lo descripto no cambia de objeto amoroso, solo renuncia al incesto.

---

7   Freud, S: Op. cit. p.112

Complejo de castración

Freud encuentra en el complejo de castración la explicación de porqué la niña renuncia a la madre, la hace responsable de su falta de pene y no se lo perdona. La consecuencia es que "cae presa de la envidia del pene"[8]. Esta explicación no parece ser suficiente para el movimiento inglés, sobre todo para Ernest Jones, importante figura dentro del psicoanálisis de esa época, quién se pregunta cuál es el equivalente femenino del temor a la castración masculino y hace un enunciado que se adelanta a su época: introduce el concepto de la aphanisis o afánasis para definir el temor, tanto de la niña como la del niño de separarse del objeto amado. Lo que permite explicar la desaparición o inhibición del deseo sexual, tanto en varones como en mujeres ya que la amenaza de abandono por parte del progenitor tan amado se vuelve determinante para los infantes.

El descubrimiento de la castración es una bisagra en el desarrollo emocional de la niña. La explicación de Freud se sostiene en la diferencia anatómica que produce diferencias en la estructuración psíquica.

Este deslizamiento hacia lo orgánico que se ha sostenido en la literatura psicoanalítica contradice el fundamento bisexual de orden psíquico que es la piedra basal del complejo de Edipo.

Encontramos en Jacques Lacan un importante avance en la conceptualización psíquica del complejo. Si bien escapa a la extensión de este capítulo su aporte, no puedo menos que citarlo brevemente.

El Nombre del Padre es un operador que funciona como corte en el vínculo imaginario entre la madre y la hija, lo que garantiza el cumplimiento de la prohibición del incesto. El niño vive la separación de la madre, con angustia, en la niña esta separación se vive con odio.

---

[8] Freud, S.: Op. cit. p. 116

Otros efectos son la renuncia imaginaria a la pulsión erótica incestuosa y la asunción del propio sexo. El deseo, la otra cara de la prohibición, será lo que hará del orden de lo imposible a la relación sexual, ya que el intercambio se verá frustrado. En esta línea se sostiene que el amor siempre es edípico porque consiste en un desencuentro entre quien promete dar lo que cree tener y no lo tiene a quien cree ser lo que no es. Todo sujeto esta castrado, inmerso en una deuda simbólica que se transmite de padres a hijos.

Si bien la contribución de Lacan a los estudios de la feminidad son un avance en la línea de revalorizar lo femenino desde un orden simbólico, la pregunta es cómo modificar ese orden simbólico existente si partimos desde la estructuración del psiquismo determinada por ese mismo orden simbólico que iguala a hombre y mujer en la posición de castrados. Los Estudios de Género intentan modificar esta supuesta igualdad de hombres y mujeres en la sociedad tal como está estructurada actualmente, desarrollando los conceptos de diversidad y de diferencias desigualadas.

Por otro lado, la afirmación de que en la díada madre-hijo/a toda diferenciación es imposible y que será función paterna intervenir para producir un corte que permita la organización subjetiva del futuro sujeto ha ido deslizándose a la adscripción de la Ley del Padre al padre real, perdiéndose el carácter móvil que propone Lacan. En la actualidad, en las familias monoparentales las funciones de cuidado y corte se corporizan incluso en una sola persona.

Volviendo al texto de la conferencia, a partir de la aceptación de la castración la niña tiene tres caminos posibles: puede acceder a una feminidad normal, o puede sufrir inhibición sexual o neurosis, o alterar su carácter *"en el sentido de un complejo de masculinidad"*.[9]

---

[9]   Freud, S.: Op. Cit. P.117

Al renunciar a la actividad erótica clitoriana, expresión de la libido activa, la niña se vuelve hacia el padre con la ayuda de las mociones pulsionales pasivas. Para entrar en una posición femenina, la niña puede sustituir el deseo de pene por el deseo del hijo, y mediante una equivalencia simbólica, el hijo aparece en lugar del pene. A pesar de que Freud reconoce haber observado que el juego con muñecas de la niña expresa deseo de hijo, no se lo atribuye a la feminidad, sino a la necesidad de identificarse con la madre en una actitud activa de hacerle a la muñeca lo que la madre le hace al hijo. Así llega la niña con su deseo de hijo-pene transferido al padre a ingresar al Complejo de Edipo.

Es interesante señalar que en sus descripciones de la constitución de la feminidad, Freud hace hincapié en las pulsiones amorosas y hostiles de la niña hacia su padre y madre, pero se le escapa que la niña responde a la valoración de la condición femenina que sus padres le transmiten, consciente e inconscientemente.

Sintetizando: el complejo de castración introduce a la niña en el Edipo, la envidia al pene aleja a la niña de la madre y la empuja hacia el padre como objeto de amor. Esta operatoria lleva un tiempo indefinido, lo cual le impide, según Freud, alcanzar la fuerza y la independencia que la cultura le confiere al Superyó masculino. Afirmación que debe ser revisada profundamente.

Una reacción posible de la niña frente al descubrimiento de la "castración femenina"[10] es un "fuerte complejo de masculinidad". Aquí la explicación freudiana vuelve a ser endeble: la niña, por rebeldía, se niega a abandonar la actividad clitoriana y entrar en la pasividad que inaugura el giro hacia la feminidad. Llega a mencionar que la operación más extrema de este complejo de masculinidad es el empuje hacia la homosexualidad manifiesta. Las oscilaciones en la predominancia entre feminidad y

---

[10]　　　　Freud, S.: Op. Cit. P.120

masculinidad en la mujer adulta son la causa de que los hombres se enfrenten al "enigma femenino", derivado de la bisexualidad de la mujer. Nada dice del enigma masculino.

Para que no queden dudas respecto de la posibilidad de una libido masculina y una femenina, Freud nos insiste en que la libido es una sola: *"Existe sólo una libido, que entra al servicio de la función sexual tanto masculina como femenina. No podemos atribuirle sexo alguno, si de acuerdo con la equiparación convencional entre actividad y masculinidad queremos llamarla masculina, no debemos olvidar que subroga también aspiraciones de meta pasivas"*.[11] Hoy podríamos, a la luz de las propuestas de los estudios de género, profundizar el abordaje de lo masculino y lo femenino en términos libidinales como expresiones de la dinámica entre deseo y poder. Se podría investigar la pulsión de dominio en el campo de la diferencia sexual.

Complejo de Edipo completo

"Uno tiene la impresión de que el complejo de Edipo simple no es, en modo alguno, el más frecuente, sino que corresponde a una simplificación o esquematización que, por lo demás, a menudo se justifica suficientemente en la práctica. Una indagación más a fondo pone en descubierto, la más de las veces, el complejo de Edipo más completo, que es uno duplicado, positivo y negativo, dependiente de la bisexualidad originaria del niño"[12] S. Freud

Como vemos, la conceptualización completa del complejo de Edipo ha quedado relegada en su importancia. Se ha mantenido en la literatura psicoanalítica las expresiones de Edipo invertido, Edipo positivo y Edipo nega-

---

[11]   Freud, S.: Op. Cit. P. 122

[12]   Freud, S.: "El Yo y el Ello". 1923. O. C. Tomo XIX. Amorrortu. Bs.As. p 34

tivo. Mi punto de vista es que inevitablemente aluden a ciertos parámetros de salud que son claramente culturales e históricos y no psicoanalíticos. Podemos afirmar que lo que llamamos Edipo positivo se refiere al aceptado socialmente y por ende, construye los ideales del Superyó. En cambio, lo que llamamos Edipo invertido o negativo alude a lo que es reprimido y penalizado desde el Superyó, en consonancia con las costumbres epocales. Doy un ejemplo cotidiano: Al entrar el padre a la casa familiar, la hija de 3 años dice 'llegó mi príncipe', rápidamente la madre responde 'no querida, es mío' al mismo tiempo que sonríe; en esa risa está la aprobación social de "mira que linda la nena, está enamorada del papá". Ahora, qué pasa si la hija dice lo mismo al ver a la madre entrar a la casa, en función de la investidura libidinal activa hacia la madre. 'Llegó mi princesa', el papá le dice 'no nena, es tu mamá´' la corrige, y ya ahí tenemos una incidencia superyoica sobre esos vínculos amorosos que se van gestando.

No es fácil coagular en un texto lo que en la vida se va dando al unísono, por lo que en lo que sigue, intentaré graficarlo en un posible esquema de lectura con algunas aclaraciones.

Lo que denominamos Hija. Padre y Madre. Abuela y Abuelo representan los sujetos, independientemente de su sexo, que ocupan los lugares y funciones a las que las relaciones parentales y filiales van marcando en esta cultura.

La flecha de color rojo representa los deseos eróticos activos y de domino dirigidos hacia el padre y hacia la madre, que se llaman masculinos en la nomenclatura freudiana.

La flecha de color naranja representa los deseos eróticos pasivos, llamados femeninos dirigidos hacia el padre y hacia la madre.

(ver gráfico en página siguiente)

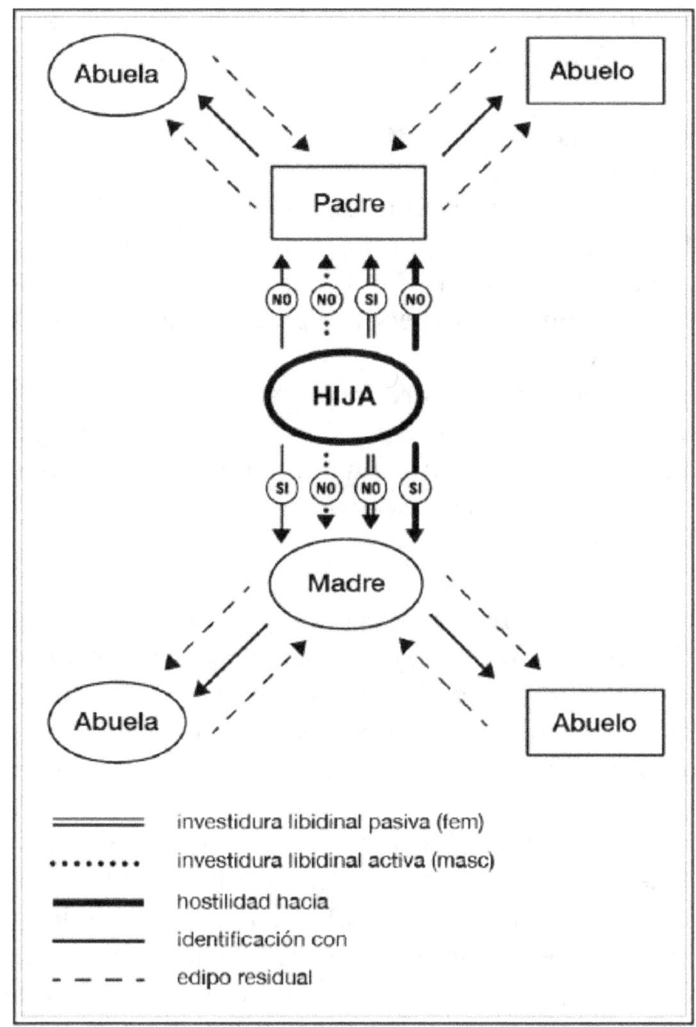

Lo que denominamos Hija. Padre y Madre. Abuela y Abuelo representan los sujetos, independientemente de su sexo, que ocupan los lugares y funciones a las que las relaciones parentales y filiales van marcando en esta cultura.

La línea punteada representa los deseos eróticos activos y de domino dirigidos hacia el padre y hacia la madre, que se llaman masculinos en la nomenclatura freudiana.

La doble línea representa los deseos eróticos pasivos, llamados femeninos dirigidos hacia el padre y hacia la madre.

La línea gruesa representa las pulsiones hostiles y agresivas hacia la madre y hacia el padre.

La línea fina representa los movimientos identificatorios que circulan entre la niña y sus padres. También aluden a las formas en que las identificaciones de la madre y del padre con sus respectivos padres marcan las vinculaciones familiares.

La línea entrecortada representa lo que denomino Edipo Residual, porque considero que frente a la llegada de un hijo o una hija se reactualizan determinados funcionamientos edípicos quizás adormecidos o reprimidos hasta el momento.

Si: representan los aspectos pulsionales eróticos y hostiles tanto como identificatorios que, en nombre del mandato social y cultural, son aceptados en la familia.

No: representan los aspectos pulsionales y hostiles tanto como identificatorios que se reprimen en nombre de la cultura.

Es una forma de representar lo que Freud nos dice: que tenemos investiduras libidinales pasivas que son femeninas, investiduras libidinales activas que son las masculinas; también habla de la agresividad. La hostilidad y la rivalidad, que es la expresión de la pulsión de muerte en términos del vínculo afectivo, nunca está desgajado, sino que está en función de las pulsiones amorosas.

Además grafico la identificación, porque primero nos hacemos a imagen y semejanza, pero también sabemos que una manera de elaborar la pérdida del objeto amado es identificándonos, y eso es, precisamente lo que la niña procesa en el vínculo con su madre.

También incluimos en el gráfico las generaciones: la madre está atravesada por tensiones edípicas con sus propios padres que se van a expresar inevitablemente en la relación con esta hija advenida.

Los padres activan el rechazo hacia las manifestaciones amorosas activas y pasivas de la niña hacia su madre y promueven las manifestaciones amorosas pasivas hacia el padre. Se van construyendo así los contenidos del Superyó.

La niña también tiene el deseo de poseer a la madre y de ser de alguna manera alguien que domine a la madre, porque la pulsión activa siempre es una pulsión de dominio, y esto, al no estar aceptado socialmente,(**No** del gráfico) promueve conflictos psíquicos y ambigüedades en el vínculo con la madre.

Por otro lado, tenemos la hostilidad, el **Si** del gráfico corresponde a la hostilidad hacia la madre y el amor al padre, socialmente aceptada, eso es Edipo positivo. La rivalidad con el padre, esto que se ha reprimido culturalmente conlleva conflictividades vinculares (No del gráfico)

En cuanto a las identificaciones, la que está aceptada es la identificación con la madre. Si la mujer tuvo que renunciar al amor a la madre por hostilidad, el trabajo de identificarse con esa madre, es un trabajo arduo y complejo. Hay que tomar a la madre, a quién se ama y odia con intensidad y buscar elementos para identificarse.

Pero también hay una identificación con el padre, que tiene que ver con toda la llamada condición fálica, que hoy en día es más aceptada socialmente como condición femenina.

En el intercambio edípico así descripto, hay lugar para situaciones que son inaugurales y no simples repeticiones. La madre y el padre tendrán la oportunidad de poner en juego modos de vincularse diferentes y no simples repeticiones.

Por lo tanto, el complejo de Edipo se repite en su aspecto estructurante pero también alberga la posibilidad de crear constelaciones familiares novedosas como las que vemos en la actualidad.

A modo de conclusión

"En tales juicios no nos dejaremos extraviar por las objeciones de las feministas, que quieren imponernos una total igualdad e idéntica apreciación de ambos sexos; pero sí concederemos de buen grado que también la mayoría de los varones se quedan muy a la zaga del ideal masculino, y que todos los individuos humanos, a consecuencia de su disposición (constitucional) bisexual, y de la herencia cruzada, reúnen en sí caracteres masculinos y femeninos, de suerte que masculinidad y feminidad puras siguen siendo construcciones teóricas de contenido incierto"[13]. (Freud, 1925)

En la actualidad los estudios de género que diferencian sexo de género abren una línea de investigación sobre la construcción de la feminidad.

Podemos encontrar un puente entre el concepto freudiano de Identificación y el concepto de Género, tomando en cuenta que en el niño y la niña puede coexistir la atribución de género con la sexualidad pulsional infantil.

Silvia Bleichmar nos dice: *"El hecho de que los padres digan que el infantil sujeto es niño o niña no está definido por sus deseos, sino por una arbitrariedad de repartición de cultura que se sostiene en su relación con la diferencia anatómica, la cual opera de sustrato en lo real a partir de la cual se establece la pautación básica con la cual se define la diferencia que organiza a los seres humanos más allá de otros atributos. Es en este sentido que podemos afirmar que los enunciados que remiten a la sexuación masculino – femenino está instituido en el ser mismo del sujeto, se enraíza en la estructura del yo*

---

[13] Freud, S.: *Algunas consecuencias psíquicas de la diferencia anatómica entre los sexos*. 1925.O.C. tomo XIX. Amorrortu. Bs.As. p. 276

y son anteriores al reconocimiento de la diferencia ana-
tómica - más allá de que puedan ser retomados del lado
de los ideales: el ser hombre o ser mujer forma parte de
la trama básica del yo, pero el "ser todo un hombre" o
"toda una mujer" puede, evidentemente, ser adscripto
al ideal del yo."[14]

Así la discusión gira en torno a la tensión entre la construcción del psiquismo y la producción de subjetividad. El modelo de aparato psíquico, en sus variantes tópica, económica, dinámica y finalmente estructural, se constituye en universal. Esto quiere decir que son el soporte para todo ser humano, más allá de los tiempos históricos y sociales. Sin embargo, no se puede ignorar que esa construcción psíquica está condicionada por la presencia de un otro que introduce la dimensión humana y depende de las variantes sociales culturales e históricas en las que se inscribe el sujeto.

Sabemos que el proceso de la identificación comienza muy tempranamente en la subjetivación, movimiento que se alimenta con los rasgos femeninos y masculinos, que son dinámicos y cambian de acuerdo a las convenciones sociales y culturales vigentes.

En el caso de la niña, se da una identificación activada desde los adultos, madre y padre, abuelos, familia: gestos, imágenes, posturas corporales, modos de vincularse, expresiones de su hostilidad y fuerza motriz.

El postulado de la maternidad como la culminación de la construcción de feminidad, adscripta a la función fisiológica de reproducción, es un imperativo social que está hoy en revisión.

Las formas actuales de la estructuración familiar conformadas por miembros del mismo sexo-género son una oportunidad histórica para comprobar, en una sociedad

---

[14] Bleichmar, Silvia: 1999 *La identidad sexual, entre la sexualidad, el sexo el género* .Revista de la A.E.A.P.G. n.25 p. www.silviableichmar.com artículos › articulo6

diferente, si los postulados freudianos respecto del Edipo mantienen su vigencia.

Lo importante es señalar que las nuevas generaciones sostienen su deseo de amar a personas, sin importar el sexo, y esto solo puede entenderse desde la perspectiva freudiana de la constitución bisexual y sus consecuencias en la estructuración del deseo.

Es una tarea para los analistas atentos a las vicisitudes de la clínica interpelar estos operadores a la luz de las nuevas expresiones de la sexualidad y de la circulación del deseo en la heterosexualidad, la homosexualidad, lo transexual, lo transgénero, intersexos, queer, etc. Comparto las palabras de Mabel Burín: "Fuimos alejándonos de aquellas clásicas problemáticas dicotómicas sobre la condición femenina y la masculina, para incorporar actualmente los estudios referidos a amplios colectivos de gente que se define bajo identidades variadas como travestis, transgénero, los distintos modos de ejercicios de sexualidades, como la homosexualidad, la bisexualidad, y tantos otros que nos interpelan activa y lúcidamente para que demos respuestas creativas e innovadoras a sus interrogantes"[15].

El psicoanálisis nos dará las herramientas para conceptualizar la dimensión del deseo inconsciente conjugado en la historia infantil de sus vínculos para comprender su organización sexual y su elección de objeto. A su vez, los Estudios de Género nos aportarán, en este aspecto, una mirada nueva y enriquecedora a la diversidad y las maneras en que la heteronormatividad hace marcas en la subjetividad.

Frente a nosotros, psicoanalistas, se abre un campo de investigación similar al que enfrentó Freud en su época.

---

[15]   Burin, M.: O.Cit,.86

Bibliografía

Appignanesi, L. Forrester,J.: *Las mujeres de Freud*. Planeta. Bs.As 1994

Blestcher, F. *"Infancias trans y destinos de la diferencia sexual: nuevos existenciarios, renovadas teorías"*. En Psicoanálisis y Género. Irene Meler (comp).Paidós.Bs.As. 2017

Bleichmar, Silvia. *"Sostener los paradigmas desprendiéndose del lastre. Una propuesta respecto al futuro del psicoanálisis"* En Aperturas Psicoanalíticas, revista de psicoanálisis, año 2000, n 6

Freud, S. " El Yo y el Ello". Obras Completas. Tomo XIX. Ed Amorrortu. Bs. As 1979

" *Algunas Consecuencias Psíquicas de la diferencia anatómica entre los sexos"* 1925. O. C. Tomo XIX. Amorrortu. Bs. As. 1979

" *El sepultamiento del complejo de Edipo"*(1924). O. C. Tomo XIX. Amorrortu, Ed. Bs. As. 1979.

"Sobre la psicogénesis de un caso de homosexualidad femenina".1920. O.C. Tomo XVIII. Amorrortu Ed. Ba. As. 1979

"Conferencia 33: La Feminidad".1933 En Obras Completas. Tomo XXII. Amorrortu Ed. Bs As. 1979

" *Pegan a un Niño". Contribución al conocimiento de la génesis de las perversiones sexuales.* (1919. O. C. Tomo XVII. Amorrortu. Ed. Bs. As. 1979

"Tres ensayos de teoría sexual". Obras Completas, vol. VII. Buenos Aires, Amorrortu, 1989 .

"Tótem y Tabú. Algunas concordancias en la vida anímica de los salvajes y de los neuróticos".1913. Obras Completas, vol. XIII. Buenos Aires, Amorrortu, 1988.

Lacan, J.: Escritos I. Siglo XXI Bs. As. 1998

"Ideas directrices para un congreso sobre la sexualidad femenina" en Escritos II. México. Siglo XXI. 1984

Tuber, S. Del Sexo al Género. *Los equívocos de un concepto*. Cátedra. Madrid.2011

Lic. Graciela Graschinsky de Cohan

Lic. en Psicología de U.B.A., psicoanalista. Egresada de la Maestría en Psicoanálisis de la Asociación Escuela Argentina de Psicoterapia para Graduados y Universidad Nacional de la Matanza (tesis en preparación).Socia Plenario de la A.E.P.G. Docente titular de la de la carrera de Maestría y Especialización en Psicoanálisis, dependiente de la A.E.A.P.G. y la U. N. L.M. Supervisora Clínica del Centro Rascovsky. Asesora Editorial de la Revista digital Psicoanálisis: Ayer y Hoy de la A. E. A.P. G.
Co autora de los libros: "Emigración, Salud Mental y Cultura", Ed. Del Candil. Bs.As, 2003 "La Penseé en exil", Topique,Paris,2002.
Co coordinadora del Espacio Taller Clínico Psicoanálisis y Estudios de Género en la A. E. A. P. G.
E-mail: gracohan@gmail.com.

Modelos para desarmar y rearmar...

Benjamín Uzorskis

*Sólo un genio puede
superar una infancia desgraciada*
Jean Jacques Rousseau

Este texto tiene una particularidad muy especial.

Comencé a pensarlo y a escribirlo en un contexto muy singular: cumpliendo con la cuarentena decretada en Buenos Aires a partir del viernes 20 de marzo de 2020. Viviendo con el marco angustiante, al borde del pánico, que nos provoca la evidencia de una pandemia a nivel global.

Esta situación me trajo el recuerdo de una aguda descripción de Winnicott acerca de cómo puede percibir un bebé el mundo externo:

En cierto momento el bebé echa una mirada en derredor. Es posible que cuando se encuentre ante el pecho no lo mire. Lo más probable es que un rasgo característico sea el de mirar la cara [el rostro de la madre]. ¿Qué ve en ella?[1]

Este bebé, a mi entender, es el bebé meteorólogo. Esta pequeña criatura es un ser muy vulnerable que trata de saber a quién o a qué acudir para poder sobrevivir. Como el encargado del Servicio Meteorológico, ese bebé está muy atento: ¿cómo es el panorama exterior reinante?, a favor, cariñoso, protector, indiferente, hostil o directamente peligroso. Y Winnicott nos advierte que lo que es exterior es

---

[1] Winnicott, D. W., *Realidad y juego,* pág. 148. Gedisa. Buenos Aires. 1988.

también interior como en una banda de Moebius. Lo que se siente del afuera se siente adentro.

A ese bebé nos parecemos en estos días cuando salimos a la calle, bajo determinadas restricciones y con el objetivo de cumplir con *misiones* muy puntuales ya sea para cubrir necesidades propias o las de asistir en auxilio de otros. Nos parecemos a ese bebé mirando con desconfianza, en alerta, sorprendiéndonos ante la visión de las calles casi totalmente desiertas con muy pocos vehículos circulando... Es una atmósfera connotada por la incertidumbre donde los pocos otros que caminan lo hacen a distancia y algunos con barbijos de fabricación casera. Y también nos sentimos extraños en el adentro de nuestras viviendas que antes eran un lugar familiar pero que ahora se han convertido en algo extraño, ya que estamos obligados a permanecer en aislamiento. Y, a la vez, exageradamente conectados a través de las pantallas y los audios. También en este caso se mezclan los elementos exteriores con los interiores.

La metáfora puede parecer exagerada, sin embargo no son pocos los que caen en el pánico ante esta pandemia.

Considero que retomar esta observación de Winnicott es un buen punto de partida para reflexionar acerca de cómo se estructura nuestro psiquismo y de cómo han sido las vicisitudes referidas a su forma de constitución, advirtiendo las reacciones de nuestros pacientes en estos días ante la incertidumbre y ante la reaparición de una vivencia de desamparo. Incluyendo también, para reflexionar, nuestra propia respuesta emocional ante la pandemia.

Somos una caja de resonancia como cualquier otro sujeto ante este nuevo desafío. Esta situación nos desestructura y cambia nuestros hábitos, la asistencia on line (en mi caso ya tenía experiencia con pacientes que se radicaron en el exterior por estudios o por nuevos trabajos) modifica el encuadre... De un lado y del otro del mostrador, pacientes y analistas, tratamos de adaptarnos ante la conmoción global.

Se nos exige un esfuerzo de readecuación de nuestros recursos ante la nueva e inesperada situación. Este hecho no es sin consecuencias.

Si durante la estructuración psíquica de cada sujeto, tal como los cimientos de una edificación, se han tenido experiencias insuficientemente buenas como sostén inicial, este es el momento en el cual esas falencias se ponen en evidencia.

1. El Complejo de Edipo: un modelo de subjetivación cuestionado

Freud estableció un modelo de construcción de la subjetividad al que consideró como la divisoria de aguas fundamental, su *shibboleth*[2] singular.

Delimita así, a partir del Complejo de Edipo, lo que se considera válido o no como psicoanálisis.

La construcción freudiana basada en una visión sesgada del relato de Sófocles referida a la historia de Edipo rey se ha consolidado en el tiempo como la modelización de la familia héteronormativa con un esquematismo que es contradictorio con los fundamentos mismos del psi-

---

[2]   *Shibboleth*: La diferencia de pronunciación de esta palabra ha tenido una historia singular dentro del pueblo hebreo. Shibboleth es una palabra hebrea que significa "espiga" (aunque también se le da el significado de "torrente", "corriente de aguas"). En el libro de los Jueces se registra la historia por la que este vocablo se ha logrado introducir como parte de nuestro acervo. En resumen, la cosa sucedió de esta manera: En tiempos del juez Jefté (en el siglo XII antes de la era cristiana), los amonitas atacaron las tierras de Israel. Jefté, que era galaadita, una de las grandes familias de la tribu de Gad, emprendió una campaña contra los de Amón y los venció. Pero hete aquí que los de la tribu de Efraín, muy descontentos porque no se había contado con ellos para la batalla, se enfrentan a los de Galaad. Estos se imponen en la refriega y toman los vados del Jordán a los efrateos. Y sucedía que, cuando uno de los fugitivos efrateos quería atravesar los vados, los de Galaad le preguntaban si era de la tribu de Efraín. Si la respuesta era "no", entonces era sometido a una sencilla prueba: se le pedía que dijera la palabra *"shibboleth"*, porque los de Efraín no podían pronunciar correctamente el sonido sh y decían *"sibboleth"*.

coanálisis en tanto se propone como liberador de represiones e inhibiciones.

Dentro de ese esquema conceptual el hijo es doblemente culpable por desear acostarse con la madre y por haber asesinado a su padre. Durante décadas se han realizado tratamientos psicoanalíticos tratando de confirmar la dinámica de este triángulo edípico, funcionando como un lecho de Procusto donde las interpretaciones debían confirmar la supuesta verdad freudiana.

Situado en una posición crítica con relación a esta tesis freudiana, en el sentido de investigativa, fui construyendo a lo largo de varios años un caleidoscopio. En él coloqué diversos cristales como representantes de diferentes pensamientos posfreudianos, que me permitieron repensar el Complejo de Edipo ubicándome, de ese modo, desde distintos vértices o puntos de vista.

Ese caleidoscopio se transformó en un libro: "de Layo a Ulises. El complejo de Edipo en un caleidoscopio" (Letra Viva. Buenos Aires. 2018).

En él tomé como punto de partida la historia de Layo, el padre de Edipo. Investigando en la obra de autores posfreudianos me encontré con el texto de Luis Juri y Luis Ferrari [3] que revisita el caso Juanito desde la perspectiva de la teoría del apego.

A partir del texto de estos autores redescubrí la obra de Heinz Kohut y uno de sus textos[4], en el cual se propone eludir "la magia de Freud"[5] que nos hace quedar

---

[3]   Juri, Luis y Ferrari, Luis: ¿Rivalidad edípica o cooperación intergeneracional? Del Edipo de Freud al Ulises de Kohut en Aperturas Psicoanalíticas Nº 5. 5/07/2000.

[4]   Kohut, Heinz: Introspección, empatía y el semicírculo de la salud mental (1982), pág. 184, en Los dos análisis del Sr. Z, Edición traducida y comentada por Rogeli Armengol, Ramón Riera y Silvio Sember. Herder. Barcelona. 2002.

[5]   Kohut se refiere a la magia de Freud y hoy podríamos hablar de la magia de Lacan o de la de cualquier otro teórico que genere una posición de domi-

encorsetados en un esquema de análisis, "el Edipo", que nos conduce por una única carretera con determinadas interpretaciones.

Con la lectura de Kohut reaparece la mitológica figura de Ulises como un modelo de padre protector opuesto al de Layo: un abusador sexual y también un filicida (esto último aspecto es destacado en la obra del matrimonio Rascovsky)[6].

En esta investigación, como quien juega a las escondidas, pude advertir lo que estaba oculto en el esquema freudiano.

Considero fundamental destacar que Edipo no era el hijo culpable sino la víctima de su padre Layo, dado que en acuerdo con su madre Yocasta, es enviado a una muerte casi segura al ser abandonado en el monte Citeron con sus piecitos atados.

Recién en 1967, seis décadas después de la célebre formulación freudiana, los Rascovsky advierten el aspecto filicida de Layo y Yocasta.

Esto es una obviedad en el relato clásico: Layo por temor a que se cumpla lo que anuncia el oráculo de Delfos decide eliminar a su hijo con el acuerdo de su esposa. Freud omite este hecho evidente y durante décadas funciona "la magia de Freud" para que no se advierta lo irrefutable.

El relato de Sófocles muestra que aquello que se desea evitar, justamente por ese mismo intento, hace que se cumpla lo vaticinado por el oráculo. De este modo, el destino se convierte en ineludible.

En cuanto a la figura de Layo como abusador sexual,

---

nio, como pensamiento rector, en tanto paraliza toda posibilidad de interrogación o cuestionamiento.

[6] Rascovsky, Arnaldo y Matilde de: *Sobre el filicidio y su significación en la génesis del acting out y la conducta psicopática en Edipo*, pág. 718, en Revista de Psicoanálisis, Tomo XXIV N° 4, octubre-diciembre, Buenos Aires, 1967.

partí de una nota al pie de un libro[7] de Elisabeth Roudinesco donde la autora, erróneamente, hace alusión a la omisión freudiana de Layo como homosexual.

La autora confunde el interés de Layo, un varón adulto, por Crisipo, un joven varón, con la homosexualidad cuando en verdad se trata de un abuso sexual.

El citado libro de Roudinesco fue mi punto de partida. A partir de esa motivación me encontré con varios autores que ponían en cuestión el Complejo de Edipo, tal como ya vengo citando a algunos de ellos.

Este hecho da cuenta de un movimiento deconstructivo, de intentar desarmar la propuesta freudiana pero no para desestimarla de plano sino para generar una apertura en la escucha y en la mirada clínica psicoanalítica.

Puedo decir con orgullo que muchos de esos autores son argentinos y es por esta razón que dedico un capítulo de mi libro "de Layo a Ulises...", donde hago una reseña muy detallada mostrando la importancia del aporte del psicoanálisis argentino para reformular y repensar el pensamiento freudiano.

Tratando de resumir quiero destacar lo que aportaron dos autores incluidos en ese capítulo 14, Layo en el psicoanálisis argentino, del libro que vengo citando: Arminda Aberastury y Ricardo Rodulfo.

¿Es posible cuestionar a Freud?

Con esta pregunta presente en el mencionado capítulo a Arminda Aberastury. Los textos en los cuales *la negra Arminda* cuestiona a Freud nunca fueron publicados.

Arminda Aberastury interpreta que Freud, sometido a su padre, no se habría animado a juzgar a Layo, y por eso puso el acento en la culpabilidad del pequeño Edipo.

---

[7] Roudinesco, Elisabeth: La familia en desorden, pág. 197, FCE, Buenos Aires, 2003.

Silvia Fendrik es quien recupera esos escritos y formula esta pregunta:

¿No quiso publicarlas porque sólo eran ideas en borrador o porque no se atrevió a revelar su enojo con la concepción freudiana del Edipo?[8]

Con relación a esta pregunta debo reconocer que esto último fue la explicación que encontré para entender los impasses que padeció la escritura de mi libro.

Fue un trabajo arduo y placentero porque significó un enorme aprendizaje pero que tuvo momentos de detención por motivos diversos y muchos justificados[9]. Y en ellos me preguntaba: *¿Quién soy yo como para atreverme a cuestionar a Freud?* Si bien me encontraba con diversos autores que ya habían tenido dicha iniciativa anteriormente, la pregunta no dejaba de reaparecer.

El contexto sociocultural que acompañó mis reflexiones y la escritura de mi libro ha sido muy diferente de aquel en el cual vivió Arminda Aberastury. Este momento más abierto a las discrepancias en el ámbito psicoanalítico es lo que permitió que se publicara. La repercusión positiva que tuvo a partir de su presentación me confirmó que el deseo inicial de escribirlo tenía un sentido.[10]

Y con relación a Ricardo Rodulfo es importante destacar que hace décadas que intenta un trabajo de deconstrucción con relación a los conceptos principales del psicoanálisis.

En uno de sus últimos libros[11], Rodulfo destaca la ne-

---

[8] Fendrik, Silvia: Psicoanalistas de niños. La verdadera historia. T. III, Arminda Aberastury y Telma Reca, pág. 40-44, Letra Viva, Buenos Aires, 2006.

[9] Fue un trabajo a pulmón: restando horas de sueño, atención a mi familia y a un ocio bien merecido.

[10] Presentación que estuvo a cargo de Graciela Jaimsky y Juan Carlos Volnovich, realizada el miércoles 10 de octubre de 2018 en la Asociación Escuela Argentina de Psicoterapia para Graduados.

[11] Rodulfo, Ricardo: *Andamios del psicoanálisis. Lenguaje vivo y lenguaje muerto en las teorías psicoanalíticas.* Paidós. Buenos Aires. 2013.

cesidad de sacar del centro conceptual al Complejo de Edipo.

Y propone también repensar al tabú del incesto. Destaca cómo en la actualidad, a partir de ciertas situaciones vinculares y por el incentivo de la sexualidad en la pubertad, sea por la vestimenta o por actitudes sensuales fomentadas precozmente, estaríamos ante la prescripción del incesto.

Este movimiento de descentrar el Complejo de Edipo como el único centro posible para pensar la construcción de la subjetividad nos permite una apertura, la posibilidad de desarmar lo dado por Freud.

Fue, sin dudar, el pionero en modelar un pensamiento singular, con conceptos fundamentales, y esos conceptos pueden mantenerse. Pero deben ser repensados, desarmados, rearmados...

Avatares de la estructuración psíquica

En el texto citado anteriormente de Luis Juri y Luis Ferrari aparece el clásico caso de Juanito repensado desde otro vértice que incluye a dos autores posfreudianos: Bowlby y Kohut. Los autores proponen pensar a Juanito desde la perspectiva de la teoría del apego rescatando la figura de Ulises, como padre protector que propone Kohut.

Afortunadamente, hoy se revaloriza la teoría del apego resistida durante mucho tiempo en los medios psicoanalíticos. Es evidente que existe una cuestión de poder, de manejo de la difusión de ciertos autores o de su exclusión como si fuera una cuestión de modas. También suele tratarse de una cuestión "parroquial" donde se entroniza a un autor y los miembros de una determinada institución funcionan a la manera de los *feligreses de una grey religiosa*.

Lo que aparece actualmente en la clínica de niños y

de familias es la evidencia de una importante carencia parental respecto a los primeros cuidados que requiere el infans. En especial lo que Peter Fonagy denomina funcionamiento reflexivo parental.

En la consulta nos encontramos con parejas jóvenes que responden a un altísimo nivel de exigencia laboral que los ubica al borde del burnout. Por un lado surge una gran incapacidad para afrontar de modo adecuado los desafíos de una convivencia, una vez pasados los primeros ardores pasionales. Luego, cuando llega un hijo se incrementan las dificultades. A las demandas de los integrantes de la pareja se suma la demanda de un tercer integrante.

Y es aquí donde resultan insuficientes los vectores referidos al triángulo edípico o a la existencia de un tercero excluido.

Lo que se pone en evidencia es la existencia de carencias afectivas iniciales y que no abarcan a una sola generación. A veces puede tratarse de parejas jóvenes, hijos de padres empresarios o profesionales exitosos donde se cubrieron de modo bastante incompleto las necesidades referidas al apego inicial.

Winnicott diría hoy: ¿una madre suficientemente buena? Tal vez estemos hablando de una especie casi en extinción!

No voy a detenerme en describir las variantes estudiadas de los diferentes tipos de apego y sus diversas modalidades de expresión en los primeros años de vida, en la adolescencia y aún en la vida adulta.

En especial, en lo que se refiere a las dificultades para regular las emociones de modo adaptativo.[12]

Raramente el motivo de consulta se presenta porque los padres no dan más, no pueden con su hijo/hijos. Sí es más frecuente la derivación escolar, porque es la escuela donde se escucha y se pone en evidencia lo fallido de los primeros pasos del niño/a debido a las carencias parentales.

Hugo Bleichmar, recientemente fallecido, afirmaba que el cuerpo es un recurso poco explotado en la psicoterapia psicoanalítica. Bleichmar ha realizado una serie de replanteos al arco freudiano aportando una mirada propia y legándonos una obra muy enriquecedora para la clínica psicoanalítica. Y nos ha dejado además un portal denominado Aperturas Psicoanalíticas que hace honor a su nombre: es un espacio de apertura a nuevas miradas y a nuevas propuestas clínicas.

A diferencia de lo que sucede en Buenos Aires donde se suele, en general, mirar con desprecio todo aquello que no viene de Europa, en especial de la Francia lacaniana, el portal Aperturas Psicoanalíticas revaloriza los aportes de psicoanalistas norteamericanos aunque éstos no lo sean a rajatabla. Son autores que reconocen que la terapia verbal puede resultar incompleta y que por lo tanto es necesario acudir y/o generar nuevos recursos para intervenir en la clínica como para poder paliar el sufrimiento de nuestros pacientes.

Dentro de la línea que vengo exponiendo con relación al apego y a los efectos del trauma real hay varios artículos de importancia. Destaco en especial el referido a la

---

[12]	El tipo de apego es decisivo para poder lograr o impedir una adecuada regulación emocional. Lamentablemente es inevitable que este hecho permanezca funcionando como memoria procedimental tanto a favor como en contra del desempeño vital. El tema de la desregulación emocional se ha difundido escasamente en nuestro medio. Dado lo limitado del espacio disponible sólo recomendaré la compilación de Clara R. Schejtman *Primera infancia. Psicoanálisis e investigación*, Akadia, Buenos Aires, 2008, que reúne varios y muy valiosos trabajos referidos a esta temática.

psicoterapia sensoriomotriz que toma el enfoque de Pat Odgen, que considero muy útil para incorporarlo a nuestra caja de herramientas.[13]

Junto a la obra de Odgen, hay otros autores que amplían lo planteado tanto por Winnicott como por Bowlby con fundamentos basados en las neurociencias e intervenciones clínicas innovadoras que, en mi opinión, no se oponen en absoluto a lo que habían propuesto éstos pensadores. De hecho, considero a Winnicott un maestro de la creatividad, un motivador de la innovación para generar recursos e intervenciones ante nuestros pacientes. Recordemos solamente al niño del cordel!

Con relación al trauma real considero fundamental que aceptemos su existencia. En particular cuando se trata del abuso sexual infantil, uno de los más horrendos dramas que junto con los muy frecuentes femicidios es una pandemia global tanto o más letal a nivel psíquico como lo puede ser un virus a nivel físico. Pues de los virus podemos llegar a defendernos y hasta pueden aparecer vacunas porque los gobiernos pueden comprometerse en generar recursos para enfrentar estos males.

Pero con relación a los traumas provocados por el abuso sexual infantil o a los femicidios, algunos ejecutados delante de los propios hijos,… ¿existen políticas gubernamentales amplias y contenedoras para dar una adecuada respuesta? En mi opinión existen tibias respuestas y lo que predomina, me incluyo, es el azoramiento pues quedamos espantados ante la evidencia diaria de estos hechos tan dramáticos.

No olvidemos que Freud retrocedió ante la evidencia del trauma real en los casos de abuso sexual infantil. Su respuesta "Ya no creo más en mis neuróticas", produjo un nefasto efecto generalizador: condujo la evidencia real hacia el plano de los recuerdos encubridores dando así

---

[13]   Pinedo, Jesús y Menés, Inma: Psicoterapia sensoriomotriz. Intervenciones para el trauma y el apego. Aperturas Psicoanalíticas. N° 061. 2019.

lugar a un fértil campo sustentado en las fantasías inconscientes. En palabras de Eduardo Drucaroff, Freud produjo de ese modo *un giro antirrelacional*, dejando de empatizar con las jóvenes abusadas. Posición muy diferente a la que expuso Freud en "La etiología de la histeria".[14]

Muy opuesta es la postura de Sandor Ferenczi. Su hoy clásica obra "Confusión de lenguas entre el adulto y el niño. El lenguaje de la ternura y la pasión", cuyo título original fue "Las pasiones [sexuales] de los adultos y su influencia sobre el desarrollo del carácter y el desarrollo sexual de los niños" dialoga en oposición a la funesta actitud freudiana ante el trauma real.

Actualmente Ferenczi es revalorizado. El año pasado escuché a Luis Martín Cabré, un colega de Madrid quien se ha propuesto desde hace años rescatar del olvido la obra de Ferenczi, diciendo en APDEBA que éste último había sido leído por Winnicott pero que por cuestiones institucionales no se había atrevido a citarlo![15]

El trauma real, en tanto no es adecuadamente procesado ni contenido por ninguna red social que atempere el daño, tiene consecuencias nefastas que pueden ser irreversibles. Existen estudios de mapeos cerebrales que dan cuenta objetivamente de una huella como herida visible. Sabemos también de la neuroplasticidad y de la posibilidad de actuar para poder revertir el daño existente en las víctimas con un tratamiento adecuado.[16]

---

[14]   En mi libro "de Layo a Ulises..." esta candente temática es uno de los ejes centrales desplegado con amplitud a lo largo de varios capítulos.

[15]   Recomiendo el texto, con una lectura exhaustiva de la citada ponencia de Ferenczi, de Agustín Genovés y publicado en Aperturas Psicoanalíticas N° 062. 2019. En el mismo número aparece otro artículo de Concepció Garriga i Setó referido al trauma y su tratamiento con EMDR. Anteriormente, en el N° 027. 2007 se publicó otro texto de Ana Isabel Gabe que presenta el método EMDR como una nueva herramienta de trabajo en psicoterapia. Notable ejemplo de apertura de Hugo Bleichmar en Madrid, bien diferente de lo que sucede en Buenos Aires.

[16]   Otra cuestión a tener en cuenta, y que también desarrollo en mi libro, es la forma en que se judicializan estos hechos y en cómo se suele revictimizar a los abusados sexualmente. Destaco también la importancia de prestar atención al uso

Diferencia sexual anatómica y sexualidad

Freud dijo que la anatomía es el destino. Pero rápidamente se contradijo a lo largo de su obra manteniendo un sesgo héteronormativo y con algunos momentos divergentes con relación a este esquema.

Aún hoy los futuros padres al ver una imagen en 4 dimensiones confían y asignan un nombre antes de nacer a la criatura que, según el discurso médico, será varón o niña. Antiguamente, y no hace muchos años, los futuros padres se preguntaban: ¿será nena o será varón? Hoy la Ciencia da una respuesta anticipada al nacimiento del bebé con una certidumbre que merece un creciente reparo dado como se viene desplegando la sexualidad en los últimos tiempos.

¿Qué será esta nueva criatura? Pienso que conviene responder: pues el tiempo lo dirá y según el contexto de la época en la cual crecerá.

Freud supuso que con el Complejo de Edipo podía establecer un recorrido de subjetivación y de identificación con las figuras parentales como para poder preestablecer un recorrido tanto para el niño como para la niña con un final presumiblemente normal.

Lacan, fiel a sus pretensiones conceptuales, llegó a establecer las fórmulas de la sexuación que explicarían el porqué se sitúa un determinado sujeto del lado masculino o del femenino, y aclarando que la relación sexual... no existe.

Pese a que ambos psicoanalistas enarbolaban un ideal liberador de toda clase de represiones, establecieron un marco conceptual donde sigue imperando la culpa, el miedo a la castración y, lo que es más notable, manteniendo un esquema tributario de las concepciones decimonónicas de normalidad y anormalidad, y de binarismo sexual.

---

artero del SAP (Síndrome de Alienación Parental) como herramienta conceptual, que se autoatribuye una falsa cientificidad, para justificar y defender a los abusadores.

Freud tuvo momentos ambivalentes y algunos con amplitud de miras: ejemplo de esto es la carta dirigida a la madre preocupada por su hijo homosexual[17] que fue escamoteada durante años por Anna Freud y por Ernest Jones.

Sin embargo, lo que ha quedado como canon psicoanalítico es la dicotomía entre lo neurótico y lo perverso.

Actualmente los lacanianos se esmeran por aggiornar el pensamiento de Lacan, haciéndole decir lo que nunca dijo, y dándole unos aires de modernidad como para querer equiparar su pensamiento con el de Paul Preciado, un autor muy lúcido, quien mantiene un diálogo punzante e irónico con relación al psicoanálisis.

Me parece pertinente aceptar que la construcción freudiana del Complejo de Edipo fue un intento pionero de tratar de poner un orden en la familia como también lo viene haciendo desde hace milenios la Iglesia Católica. Pero los sujetos y sus cuerpos siempre han tenido una buena parte de rebeldía ante las medidas coercitivas que se intentaron para limitar sus búsquedas, tanto sea en lo referido al logro del placer como con respecto a sus variadas formas de elegirse y de relacionarse.

¿Qué decir hoy de los sujetos que dicen estar en un cuerpo equivocado?

Estamos en un tiempo donde la Ciencia puede hacer supuestos milagros de transformación respondiendo a demandas que no podemos determinar si son auténticas o caprichosas.

Zygmunt Bauman ha definido a la sociedad reciente como un mundo líquido, con situaciones y vinculaciones que se licuan poco a poco. Y más recientemente Alberto Royo sostiene que estamos en la sociedad gaseosa en la cual poco o nada se sostiene en un determinado lugar.[18]

---

[17]   La carta de Freud a una madre con un hijo homosexual está fechada el 9 de abril de 1935 cuando contaba con 79 años, cuatro años antes de morir.

[18]   Royo, Alberto: La sociedad gaseosa. Editorial Plataforma. Madrid. 2017.

Este contexto social tan cambiante -¿y qué podremos decir dentro de un tiempo acerca de las consecuencias de esta pandemia global?- hace que también las sexualidades se conviertan en sorprendentes formas de relacionarse con el propio cuerpo y con el de los otros.

¿Qué hacemos entonces con los lineamientos psicoanalíticos fundamentales que nos dejaron los freudianos y los posfreudianos?

Yo diría que es momento de mantenerlos en reserva, y aceptar que nos toca día a día el repensarlos ante cada sujeto que nos pide ayuda porque sufre, duda o no sabe qué hacer.

Acompañarlo y pensar junto con él.

Podemos mantener una asimetría pero es imposible, hoy más que nunca, impostarnos como portadores de una verdad.

Además considero necesario puntualizar también que el psicoanálisis nos ha legado un marco conceptual para pensar en ciertas cuestiones referidas a la causalidad en cuanto al posible devenir de una subjetividad.

Pero debemos reconocer que cada sujeto trae algo nuevo y que es por eso que puede, pese a tener determinados e inevitables condicionamientos y limitaciones, generar una salida original.

Por lo tanto debemos ayudarlo a que se sorprenda y nos sorprenda generando una respuesta nueva y única.

Lic. Benjamín Uzorskis (UBA)

Licenciado en Psicología (UBA, 1973). Psicoanalista. En su práctica clínica integra recursos técnicos de diferentes marcos teóricos.
Docente del Posgrado de la Facultad de Psicología (UBA) (1994-2004).
Editor de "Psicoanalistas en territorio médico" en www.psyche-navegante.com (2002-2005).
Integrante del Comité de Bioética del Hospital Italiano (2003-2010).
Fue concurrente en los hospitales Piñero, Fernández, Israelita y Evita de Lanús. Integró el Equipo de Interconsulta del Sanatorio Güemes y fue Consultor del Sanatorio San Patricio. Ha sido Supervisor Externo en los hospitales Alvear, Berisso, Ricardo Gutierrez y Rivadavia.
Participó en jornadas y congresos nacionales e internacionales.
Por sus escritos ha recibido el Premio Revista Argentina de Psicología (1979), dos Menciones en Psicología en los Concursos Coca-Cola en las Artes y las Ciencias (1982 y 1985). Y posteriormente sus escritos fueron publicados en tres compilaciones diferentes.
Seleccionado Finalista en el Concurso Facultad de Psicología (UBA)/Paidós (1994), Mención Especial del Concurso "La clínica en debate 2001" por su libro "Clínica de la subjetividad en territorio médico (Letra Viva, 2002).
Se han publicado diferentes textos de su autoría en "Psicoanálisis y el Hospital", "Claves en medicina y psicoanálisis. Hacia la interdisciplina" y en el libro "El guardián de los vientos" (Catálogos, 1998).
Su último libro publicado es citado en este capítulo: "de Layo a Ulises. El complejo de Edipo en un caleidoscopio." (Letra Viva, 2018).

E-mail: elsol.1803@gmail.com

Capítulo 5
La cultura, el Superyó y el malestar actual

Graciela Jaimsky

Presentación

Habiendo ya señalado la necesidad de otorgarle un capítulo a la génesis y desarrollo de la instancia Superyó, se presenta aquí una pincelada acerca de sus funciones en el armado de lo psíquico desde una perspectiva freudiana. Utilizando los desarrollos de El malestar en la cultura, se puntean las temáticas que bordea esta noción para de este modo introducir el trabajo de la Mgr. Perla Frenkel, sobre las particularidades específicas que despliega esta instancia dentro de la metapsicología.

> *Dicen que en comarcas dichosas de la Tierra, donde la naturaleza brinda con prodigalidad al hombre todo cuanto le hace falta, existen estirpes cuya vida transcurre en la mansedumbre y desconocen la compulsión y la agresión. Difícil me resulta creerlo, me gustaría averiguar más acerca de esos dichosos.*
> Freud, S. (fragmento de la correspondencia con Einstein)[1]

El superyó {Über-Ich} -junto al ello y al yo- son parte de la gran renovación metapsicológica que Freud introdujo con la llamada segunda tópica en *El yo y el ello* (1923a). Sin embargo, sus vestigios pueden encontrarse en previos

---

[1] Cito en Mesa redonda: *"El malestar en nuestra cultura": violencia- delincuencia.* Revista de la AEAPG. N+23, 1997. Buenos Aires.

artículos de la obra freudiana. Por ejemplo en La moral sexual cultural y la nerviosidad moderna, donde ya aborda el antagonismo entre la cultura, las restricciones que impone vivir en sociedad y las exigencias pulsionales.

¿Qué nomina Freud con este concepto? En el Diccionario de Laplanche y Pontalis (1996) define al Superyó como:

"Una de las instancias de la personalidad, descrita por Freud en su segunda teoría del aparato psíquico: su función es comparable a la de un juez o censor con respecto al Yo. Freud considera la conciencia moral, la autobservación, la formación de ideales, como funciones del Superyó.

Clásicamente el superyó se define con el heredero del complejo de Edipo; se forma por interiorización de las exigencias y prohibiciones parentales" (p.419).

Así, podemos seguir ciertos lineamientos del capítulo anterior, en el cual se trabajó la formación del superyó como correlativa a la declinación del complejo de Edipo; renunciando a sus deseos edípicos e interiorizando la prohibición.

Las principales funciones del superyó

¿Qué es el hombre?
Es esa fuerza que termina siempre
por balancear a los tiranos y a los dioses.
Albert Camus Cartas a un
amigo alemán (1948)[2]

Tomando en cuenta la constitución del Superyó que Freud (1933) propone en sus últimas conferencias, le atribuye a esta instancia las funciones de conciencia moral, autoobservacion y formación de ideales.

Las dos primeras funciones Braier (2000) las vincu-

---

[2]   En Mandet, E. Una siniestra y reveladora experiencia al visitar los campos de concentración de Auschwitz- Birkenau (Trabajo inédito).

la sosteniendo que "observar" implica criticar, lo cual es función de la conciencia moral. Freud (1933) al referirse a la instancia observadora sugiere que observar no es sino una preparación del enjuiciar y castigar y así colegimos que otra función de la instancia tiene que ser lo que llamamos nuestra conciencia moral.

Además, en el punto VII de su obra *El malestar en la cultura de 1930*, Freud fundamenta que la conciencia moral *se comporta con severidad y desconfianza tanto mayores cuanto más virtuoso es el individuo, de suerte que en definitiva justamente aquellos que se han acercado más a la bondad, son los que más acerbamente se reprochan su condición pecaminosa. Tal es así que mientras al individuo le va bien, su conciencia moral es clemente y permite al yo emprender toda clase de cosas; cuando lo abruma la desdicha, el individuo se mete dentro de sí, discierne su pecaminosidad, aumenta las exigencias de su conciencia moral, se impone abstinencias y se castiga mediante penitencias.*

La tensión entre Yo y el Superyó, (en su función de conciencia moral), genera el sentimiento de culpabilidad.

Acerca de la formación del ideal/es del Yo...

Ana Berezin afirma que en nombre de los ideales se han desplegado las mejores potencialidades creativas, pero que en nombre de esos mismos ideales, también se han cometido los mayores actos de crueldad. Afirma que traumatismo y espanto son íntimamente solidarios, en cambio la angustia es señal de cierta protección, un grado de ligazón psíquica que se logra y que en cambio el espanto lo deja inerme.

Pero comencemos con una definición del Diccionario sobre Ideal del Yo: "*es un término utilizado por Freud en su segunda teoría del aparato psíquico: instancia de la personalidad que resulta de la convergencia del narci-*

sismo (idealización del Yo) y de las identificaciones con los padres, con sus substitutos y con los ideales colectivos. Como instancia diferenciada, el Ideal del Yo constituye un modelo al que el sujeto intenta adecuarse." (Laplanche y Pontalis, 1996, p. 181).

En algunos artículos Superyó e Ideal, aparecen como sinónimos; sin embargo en Introducción al narcisismo (1914) aparece como una formación intrapsiquica que sirve de referencia al yo para apreciar sus realizaciones.

También en Psicología de las masas y análisis del Yo (1921) se sitúa en primer plano el ideal del Yo, lo que le permite describir el fenómeno del enamoramiento, la dependencia frente a un hipnotizador y la sumisión a un líder; casos en los cuales se coloca el ideal del yo en otro sujeto.

Es interesante señalar que Freud distingue entre las funciones del Ideal del Yo y la conciencia moral, generando dos sentimientos diferenciados como resultado de la tensión entre el yo y el Superyó: mientras la conciencia moral desarrolla como sentimiento la culpabilidad, el ideal del yo desarrolla el sentimiento de inferioridad.

Freud (A.E.T. XIV, p.98): *además de su componente individual, este ideal tiene un componente social; es también el ideal común de una familia, de un estamento, de una nación.*

Entonces nos advierte que la imposición puede provenir del contexto en el cual el individuo está inmerso. Dice Volnovich en el prólogo de Cultura represora y análisis del Superyó (2013): "Más bien parecería que los nuevos tipos de dominación remiten a una tiranía sin tirano" (...) Ya no solo intenta controlar, someter, sujetar, reprimir, amenazar a los ciudadanos para que obedezcan a las instituciones dominantes. Ahora, simplemente destruye, disuelve las instituciones de modo tal que las nuevas generaciones, (...) quedan sueltos, caen blandos, precarios, móviles, livianos, bien dispuestos (...) para ser consumidos a toda prisa y, más aún, para ser descartados de prisa".

Freud nos recuerda que la insatisfacción por el incumplimiento del ideal desencadena cambios a nivel de la economía libidinal.

Solo para ilustrar una dinámica inter-instancias, el estudio psicoanalítico de la melancolía muestra una afección en la cual las autoacusaciones, autodesprecio, tendencia al autocastigo, son resultado de que la instancia critica que se ha separado del yo por escisión podría demostrar su autonomía (Freud, Duelo y melancolía, 1917) y condena. En el estudio de la melancolía Freud señala al Superyó como un cultivo puro de pulsión de muerte.

Al referirse a Superyó, dice el Dr. Grande (1997) en su lectura de Freud: *Nunca lo hubiéramos sospechado: un inconsciente represor* (p. 202).

Uno de los argumentos que ofrece el superyó al yo, cuando le ordena su ley y exige sumisión total, es la recuperación de la supuesta unidad primitiva que el yo anhelaría recobrar.

Freud desconfiaba del brillo de los ideales, porque aunque permiten crear lazos, requiere atender a los excesos que ese lazo reclama. Y como pregunta el mismo Freud en El malestar en la cultura, ¿Quién puede prever el desenlace?

Lo siniestro y algunas características más de la relación entre el Yo y el Superyó

La visión es espantosa, porque lo que se mueve son sombras, nada más que sombras. Encantamientos y fantasmas, los espíritus infernales [...] acuden a la mente y es como si ante ti se materializase el arte malévolo de Merlín.[3]

---

[3]   Gorky, Máximo: En Los escritores frente al cine, Ed. Fundamentos, Madrid, 1981.

¿A qué refiere lo siniestro?

Para abordar el tema, introduzco al lector en un texto en el cual el Dr. Mandet (texto inédito) propone un ´viaje´ (que él mismo visitó) por los campos de concentración de Auschwitz-Birkenau.

Pensando acerca del nazismo y los siniestros hechos acaecidos en la Europa de fines de la década del 30 y principios del 40 desde una perspectiva psicoanalítica dice que: "(…) Lo que hoy acontece al visitarlos es extremo, penetrante, impredecible y trágico. (…) La atmósfera que nos rodeaba era de un intenso respeto, así como se percibía el temor que producía la vivencia de un tiempo pasado, siniestro e ilusoriamente recreado en el presente. Marcel Proust diría que podríamos parecer historiadores que emprenden la búsqueda de alguna forma de verdad oculta hasta ese momento: "Son huellas persistentes del pasado, difíciles de percibir en el presente y que se dirigen, en su presentación, casi directamente al espíritu, exaltándolo con el asombro de aquello que retorna de un tiempo enterrado".

Para Freud el asesinato del Padre de la Horda Primitiva determina el fundamento de la ley y la instauración del lazo social, con la evidente connotación de un más allá del principio del placer absoluto e imposible. Sin embargo siempre podrán instaurarse figuras o estados que se arroguen el derecho de tomar decisiones gozantes que repiten delitos contra la humanidad. Se trataría del capricho narcisista del amo para perpetuarse en la complejidad institucional.

"La amarga vivencia de haber asistido a los campos de Auswichtz-Birkenau enfrenta, (…) a un enigma asociado a lo irracional en el humano, en apertura a una cruel y despiadada experiencia".

Notas al margen:

El problema de la mala fama o fama de ´malo´, del Superyó.

Freud invita con su obra El Malestar en la Cultura a pensar acerca de los recursos que despliega la cultura para coartar la agresión que le es antagónica. Y afirma que la neurosis es enemiga de la cultura, inclusive cuando la cultura empuje a sofocar las pulsiones agresivas.

Dice: *la neurosis, hasta donde llega y quien quiera que sea el afectado por ella, sabe arruinar el propósito cultural, y así en verdad promueve el trabajo de las fuerzas anímicas sofocadas, enemigas de la cultura, de suerte que la sociedad no puede anotarse una ganancia obtenida a costa de sacrificios ; no tiene derecho a adjudicarse ninguna, puesto que paga la obediencia a sus abundosos preceptos con el aumento de la nerviosidad [ ]Parecido déficit en la compensación se observa también tras la sofocación de otras mociones hostiles a la cultura, no directamente sexuales. Por ejemplo, si alguien, por violenta sofocación de una inclinación constitucional a la dureza y la crueldad, ha devenido un hiperbueno, la energía que se le sustraerá será tanta que no pondrá en obra todo lo que corresponde a sus mociones compensatorias, y en definitivo hará menos bien del que habría llevado a cabo sin sofocación.*[4]

La cultura crea lazos, intenta reunir a los individuos, y no sólo por intereses de auto conservación. Reúne y promueve acciones, ideas, etc. como expresiones de Eros, metas inhibidas en su fin y el encauzamiento de la agresión al servicio del grupo cultural. Esto es cuando la pulsión se encauza con destinos sublimatorios. Pero también ( ) es evidente que no se obtiene un beneficio cultural por

[4]   Freud, S. (1976) La moral sexual cultural y la nerviosidad moderna. Amorrortu editores. Tomo 11, p. 180-

medio de la moral superyoica, aunque ésta quiera imponerse con el argumento de que es por tu bien. Más bien,
como lo dijo Freud en varias oportunidades, la cultura se
perjudica con la sofocación tanto de Eros como del instinto agresivo, derivado del instinto de muerte. ( ).(Treszezamsky, 1997, p.100).

El planteo señalado destaca que el habitual uso de referir a un superyó ´protector´, no es posible siguiendo
la obra freudiana, y sostiene que el superyó sólo tiene
efectos prohibitivos y punitivos. La supuesta función protectora, seria resultado de un yo -ubicado en posición masoquista- que resigna la libido de sí mismo, se considera
incapaz de valerse por su cuenta, y por lo tanto atribuye
su supervivencia y bienestar a una supuesta acción benévola del superyó.

Sin embargo, se encuentran otras versiones como la de
Braier (2000): Me resisto a ver al superyó exclusivamente
como un reservorio de la pulsión tanática. Es cierto que
hay pasajes en la obra de Freud que parecen avalar tal
idea, que no me es posible compartir. Como cuando en El
yo y el ello señala que el superyó sería un puro cultivo de
pulsión de muerte.

De este modo, algunas lecturas de Freud comprenden
aspectos benévolos del superyó, remitiéndolo al Edipo
sólo como su heredero sin sostener la pregnancia de la
insistencia pulsional. Verán entonces que las versiones,
son variadas y hasta divergentes.

El problema de la virtualidad y la representación (tanto de sí mismo como de mundo)

Como plantea *Silvina Ferreira dos Santos* (Cuadernos
Tópica Nº: 18 *Adolescencias, Problemáticas clínicas
actuales* Junio 2020) "Si la vida virtual implica una subversión de las nociones con las que nos representamos
y pensamos al mundo (ubicuidad, instantaneidad, pro

cesamiento cognitivo hipertextual, atención más global y fluida, modo diverso de configurar lo público y lo privado, etc. ¿qué incidencia tiene el nuevo contexto socio cultural que habitamos en la constitución del aparato psíquico? ¿De qué modo la invención de la vida virtual, entramada con la realidad material y psíquica fuerza a reformular las propuestas tópicas freudianas?

Por otro lado, en el periódico Pagina12, -día 28 de marzo 2020- se publicó un debate entre filósofos contemporáneos, en relación a la pandemia actual por COVID 19. De allí destaqué como reflexión que: *"quizás la sensación de seguridad quede reservada para la realidad virtual"*. Así, con este resquemor provocado por el virus, retomar las rutinas de ir a un parque, entrar a baños públicos, shoppings, o simplemente entablar contacto físico con un otro, despertaría señales de alerta (angustia ante un peligro latente) por la posibilidad de un contagio.

La teoría del apego fundamenta que la búsqueda de la proximidad es una necesidad para adquirir protección y así desarrollar el sentimiento de seguridad. En estos tiempos de incertidumbre, en los cuales las certezas se encuentran 'extraviadas´, ¿Qué modalidades de contacto, permanecerán y cuáles se trasformarán para el armado de lo psíquico?

¿Cómo pensar la construcción de modelos en los cua¬les lo virtual forme parte de los elementos esenciales para generar el entramado fundante de lo humano?

Por último, y sólo con fines de provocar nuevos pensamientos, el *Dr. Carlos Weisse* (2020) afirma que *"En la época actual, cuando amenazados de muerte por la pandemia y desbordados de angustia, (...) vemos surgir en las redes sociales, en los celulares y en distintos medios de comunicación la apelación al chiste al humor*

[5]   Weisse, C. (2020) El malestar en la cultura en la época del coronavirus. (Trabajo inédito).

y a la comicidad". El chiste, el humor y lo cómico como recursos del juego con las palabras que abren un lugar lúdico en el seno del lazo social.

El problema de la polisemia y complejidad de un concepto.

Para ello, citaré el comentario de Winnicott[6] a una conferencia que dió Sandler, sobre el concepto del superyó. En su trabajo, el profesor Sandler (1960) comienza haciendo una reseña del desarrollo del concepto de superyó en los escritos de Freud y luego muestra de qué manera el concepto fue ganando en complejidad a través de la obra de otros autores -en particular de los propugnadores de la psicología del yo y también de Melanie Klein.

A ese texto, Winnicott comienza diciendo: *"(...) Debo plantear ahora la siguiente pregunta: ¿tenemos que estudiar el desarrollo de las ideas de Freud tal como se expresaron (al final) en el término superyó y aceptar lo que a nuestro juicio quiso decir Freud y limitar nuestro uso del término "superyó" de manera de no apartarnos de lo que, según creemos, fue su intención? ¿O, por el contrario, debemos estudiar ideas similares y tratar de ampliar el significado del concepto de superyó a fin de abarcar otros fenómenos? Confío en que en este debate los oradores no queden empantanados en una pulseada entre quienes quieren mantener puro el concepto de superyó de Freud y quienes quieren enriquecerlo o degradarlo. Al hablar, siempre debemos tener presente que un concepto no es una cosa, sino sólo la manera que empleamos para hablar de una cosa. (...)"*.

Llamó mi atención, la crítica en la cual Winnicott señala que Sandler en su trabajo- se refirió al superyó como si fuera una cosa en vez de un concepto sobre un fenóme-

---

[6]   Este artículo data de 1949, y está incluido en Collected Papers: Through Paediatrics to Psycho-Analysis, Londres, Tavistock, 1958; Nueva York, Basic Books, 1975; Hogarth Press, 1975.

no. Y en particular, este autor prefiere no referirse al Superyó, sino que tomó el concepto, y lo comprendió como un modelo de mentalización que promueve el falso self del individuo.

El problema del valor de las concepciones filosóficas o religiosas

Freud manifiesta que la mayoría de las personas perciben los sistemas religiosos o los conocimientos científicos como regalos divinos y no como creaciones paulatinas de los seres humanos. De este modo, cuando los hechos acontencen de modo imprevisto, -como un terremoto que hace temblar la tierra, un tifón que arrastra todo, las enfermedades y los virus que impactan en el mundo con la amenaza de la muerte-, el desvalimiento de lo humano se pone en evidencia.

Interesante reflexión la de Freud (1927) que sostiene que ante la endeblez y desamparo, el ser humano convierte a las fuerzas naturales en fuerzas sobrehumanas, les otorga carácter paterno/ divino, y así obtiene la protección necesaria para aliviar sus temores.

Freud señala que los creyentes imaginan la providencia como un padre poderoso exaltado, ya que solo un padre con esas características es capaz de comprender sus necesidades, enternecerse ante sus ruegos y aceptar su arrepentimiento. *"Su técnica consiste en reducir el valor de la vida y en deformar delirantemente la imagen del mundo real, medidas que tienen por condición previa la intimidación de la inteligencia. A este precio, imponiendo por la fuerza al hombre la fijación de un infantilismo psíquico y haciéndolo participar en un delirio colectivo "* (Freud 2004: 30).

Relevante es destacar entonces la preocupación de Freud de que el psicoanálisis no fuera considerado una religión ni una concepción del universo.

"Cuando Freud investigaba la religión, se refería a las cuestiones problemáticas de la técnica. Considero que en la clínica se trataría más o menos de lo mismo, si nos encontráramos con ritualización, rigidización, repetición vacía; implementación de cánones, que sólo estarían al servicio de lo adaptivo, de la obediencia, serían las cuestiones que transformarían a nuestra ciencia en una religión, con su séquito de obedientes. Esto que parece una verdad de Perogrullo acecha y lo vemos cuando se sigue una teoría determinada y se la eleva al rango de credo. Cuando se sigue a un determinado creador de teoría o trasmisor de la misma y se lo eleva al rango de Dios." (Frenkel. P; 2014)

A continuación, el artículo de la Mag. Perla Frenkel tomando el contexto, pone a trabajar la relación entre trauma y superyó.

Superyó, trauma y tiempo

Perla Frenkel

*Para todas las cosas hay sazón
y todo lo que se quiere
debajo del cielo, tiene su tiempo;
Tiempo de nacer, tiempo de morir;
Tiempo de plantar y tiempo
de arrancar lo plantado;
Tiempo de destruir y tiempo de edificar;
Tiempo de llorar y tiempo de reír;
Tiempo de abrazar y tiempo
de alejarse de abrazar;
Tiempo de agenciar y tiempo de perder;
Tiempo de guardar y tiempo de arrojar;
Tiempo de amar y tiempo de aborrecer;
Tiempo de guerra y tiempo de paz.*
Eclesiastés (Capítulo III, versículos 1 al 8)

¿En qué tiempo estamos?

Escribo este trabajo a finales del mes de marzo del 2020. Son tiempos en que la situación que nos atraviesa denominada pandemia por el virus circulante COVID19 convoca mi escritura.

Nos inundan el no saber, las noticias verdaderas y falsas, desconcierto y perplejidad. Situación de desamparo que nos deja expuestos a nuestras máximas angustias. Momentos en que como analistas apelamos a todos los recursos para sostener y sostenernos en la trama del deseo que mueve nuestra práctica. Entonces, la pregunta por el Superyó y sus efectos es imperiosa.

Estamos en tiempos de inundación de lo traumático,

en una situación donde el estar en aislamiento por la cuarentena nos mueve a preguntarnos y tal vez a retomar algún tema que abordamos en otros momentos; eso me ocurrió y aquí lo comparto.

¿Cómo pensar la relación entre superyó y trauma?

El superyó intervendría en una trama compleja en la que se sostiene un malentendido temporal. En ésta lógica, el trauma no es algo que sucedió; es algo que sigue siendo.

El hallazgo de frases, palabras, giros, puestos en otro lugar dan cuenta de la emergencia de eso que sigue siendo, de lo traumático. Se trata de frases, de palabras que suelen ser de otros. El sujeto las pronuncia como si fueran propias, pero cuando preguntamos quién lo dijo, surge el desconocimiento. No sólo suelen ser de otros, a veces son dirigidas a otros. Así es que lo extraño y ajeno sigue con sus efectos.

Desde esta perspectiva, el trauma puede pensarse como un malentendido vinculado con el desamparo inicial del ser humano. Esa inermidad en la que es menester un otro, sea como fuere, dificulta tramitar toda pérdida. También sabemos que la pérdida es la que habilita el deseo, entonces cuando esta trama se arma, quedará un resto que emerge como superyó. La clínica permite vislumbrar el superyó en su faz inhabilitante, no pacificante, como instancia vinculada con el trauma. En efecto: si el mandato superyoico impone la inexistencia del tiempo, entonces instala un malentendido temporal por el cual nada desaparece, todo persiste. No hay procesamiento del pasado. Por esto el hecho, el de la pérdida, sigue siendo, y se sustituye, o se llena como se puede. Por esto es que puede hablarse de un malentendido temporal. En ésta lógica el trauma es algo que sigue siendo.

Aquí vale la pena recordar la diferencia entre "historie": lo conjetural, y la "gueshichte": hecho real, señalada por Freud en "Moisés y la religión monoteísta" (1939, AE 1984 Tomo XXIII). Al hablar de trauma hablamos de algo que sorprende porque presentifica lo real. Por el contrario, cuando algo se puede historizar, cuando se puede incluir ese algo en las cadenas asociativas para armar la historia conjetural, eso traumático deja de hacer efecto.

Por lo tanto, considero que cuando esta situación concluya podremos cada uno de nosotros resignificar en el aposteriori los efectos y así armar nuestra propia historia. Será en ese momento en que las huellas y las marcas que en cada uno de nosotros se activaron serán puestas en palabras. En ese tiempo peculiar, tiempo retroactivo en que lo posterior obra sobre aquello que lo precede. Así como la sexualidad el trauma necesita de dos tiempos y allí será el tiempo de la resignificación. Las marcas en su producción darán una significación nueva al ser dirigidas a alguien que escuche de otra manera, me refiero a nosotros como analistas.

El tema del Superyó es convocante por sus manifestaciones en la clínica y también al convocar la pregunta si es realmente heredero del Edipo o su fracaso. Como imperativo categórico nos muestra su carácter compulsivo que como Superyó adopta la posibilidad de eternizarlo.

Como representante de la pulsión de muerte observamos como importa la descarga y no el objeto y el modo en que siempre surge el castigo. El Superyó como instancia pone en evidencia la tramitación de la angustia que frena la pulsión. Vemos que no se desplaza y parecería que no padece los avatares de la vida, no está inscripto en la via del principio del placer sino que se trata del eterno retorno de lo mismo. Hay una insistencia del Más allá del principio del placer que se manifiesta en la pulsión a pura repetición.

Sabemos que amor, odio e indiferencia serían los velos posibles que nos permiten transitar nuestras vidas. Cuando emerge el Superyó caen los velos.

La emergencia del Superyó tiene que ver con lo altamente sexual e incestuoso. Para inscribir el principio del placer habrá que tomar como préstamo, al padre.

Como en el episodio de la torre de Babel, con la emergencia del Superyó la mezcla de lenguas es el real impedimento. Surge como evidencia la frase "no se va a entender". Y esto es el paradigma del Superyó. Una voz que no se sabe quién la emite ni que quiere decir. No se trata de la palabra sino de la liquidación de la palabra. El Superyó es voz pero no palabra.

El Superyó aparece como doble del Ello y en él se origina su fuerza. Es una pura voz, estremecedora como la voz del shofar.

En la experiencia de satisfacción el grito del bebé es a posteriori de una madre que escucha. Sino, conduce a la descarga total.

En Schreber, lo desgarrador es que no escucha su propio grito. Liquida la palabra, liquida el encadenamiento de la palabra. El sujeto se abisma como objeto directo del verbo. Esto es gramática, no retórica. Ejemplo, si decimos "tú eres el que me seguirá" aquí el sentido es unívoco (sos eso, objeto directo).

Cuando Freud plantea los desarrollos a partir del 20 podemos realizar una particular lectura de las claves del psicoanálisis así vemos el dinamismo de la teoría y la praxis centrada en el eje pulsional. Y así diremos, que la vicisitud pulsional es la que crea al objeto. En Duelo y melancolía podríamos decir que brillo o sombra del objeto no son sino lecturas de las vicisitudes de la pulsión.

En Moisés y la religión monoteísta Freud se pregunta: ¿de dónde surge la pasión en lo humano por la verdad? entonces, frente a la concepción religiosa que procede del amor a Dios, Freud opone la mutación e introduce la figura del padre.

Es entonces, en este movimiento que el Superyó aparece como el medio por el cual el masoquismo primario se sirve de la figura de un padre que exige llevar el alma a un grado más elevado y aniquilamiento de sí. Surge así la paradoja: se reclama la sumisión del Yo al Superyó por puro amor que de él se espera. Allí queda el yo aniquilado. En esta paradoja vemos un estado sin pensamiento, sin lenguaje que culmina en un puro silencio. En esta sumisión por amor se queda sometido a la máxima crueldad.

El Superyó anuda masoquismo, pulsión de muerte y culpa´.

Un poco de historia

Freud plantea el concepto de superyó, en 1923 en *"El yo y el ello"*.

Para su génesis considera: desvalimiento y dependencia infantil, complejo de Edipo y sexualidad en dos tiempos.

Pero ya, en el 1900 los sueños punitorios aparecen como cumplimientos de deseos, pero ¿para quién?, años después dirá, para el superyó. Los hechos desgraciados, las torpezas y los accidentes narrados en la "Psicopatología de la vida cotidiana" (1901), también darán cuenta de los castigos, que en nombre del destino, se le imponen al sujeto.

En 1914, en *"Introducción del narcisismo"*, desarrolla los conceptos de ideal del yo y de conciencia moral, como una función intrapsíquica, narcisista. Allí no discierne la diferencia entre yo ideal e ideal del yo, sí relaciona el narcisismo con la creación del ideal. Al observar que el "... adulto normal muestra amortiguado el delirio de grandeza que una vez tuvo, y borrados los caracteres psíquicos desde los cuales hemos discernido su narcisismo infantil.". Se pregunta *"¿Qué se ha hecho de su libido yoica?"* (Freud, "Introducción del narcisismo", 1914, AE 1984 Tomo XIV).

Y contesta: *"...no quiere privarse de la perfección narcisista de su infancia, y si no pudo mantenerla, por estorbárselo las admoniciones que recibió en su desarrollo y por el despertar de su juicio propio, procura recobrarla en la nueva forma de ideal del yo. Lo que él proyecta frente a sí como su ideal, es el sustituto del narcisismo perdido de su infancia, en la que él fue su propio ideal."* *(Freud, "Introducción del narcisismo", 1914, AE 1984 Tomo XIV).*

Vemos que la formación del ideal, es una formación narcisista que favorece la represión y aumenta las exigencias del yo.

"La incitación para formar el ideal del yo, cuya tutela se confía a la conciencia moral, partió en efecto, de la influencia crítica de los padres, ahora agenciada por las voces,[1] *y a la que en el curso del tiempo se sumaron los educadores, los maestros y, como enjambre indeterminado e inabarcable, todas las otras personas del medio (los prójimos, la opinión pública)."* (Freud, *"Introducción del narcisismo"*, 1914, AE 1984 Tomo XIV).

Luego dirá: *"...quizás es justamente este factor, la conducta del ideal del yo, el que decide la gravedad de la neurosis."* (Freud, "El yo y el ello", 1923-1925, AE 1954 Tomo XIX).

Y va señalando las consecuencias *"...pues esa necesidad de castigo es el peor enemigo de nuestro empeño terapéutico".* (Freud, *"Nuevas conferencias de introducción al psicoanálisis"*, "32ª conferencia: Angustia y vida pulsional", 1932, AE 1991 Tomo XXII).

"...al parecer, este factor, la necesidad inconsciente de castigo, interviene en toda contracción de neurosis". *(Freud, "Nuevas conferencias de introducción al psicoa-*

---

[1]   El subrayado es propio.

nálisis", "32ª conferencia: Angustia y vida pulsional", 1932, AE1991 Tomo XXII).

"...Durante el trabajo analítico no hay impresión más fuerte de las resistencias que la de una fuerza que se defiende por todos los medios contra la curación y a toda costa quiere aferrarse a la enfermedad y el padecimiento. A una parte de esa fuerza la hemos individualizado, con acierto sin duda, como conciencia de culpa y necesidad de castigo, y la hemos localizado en la relación del yo con el superyó." (Freud, "Análisis terminable e interminable", 1937, AE 1991 Tomo XXIII).

"Duelo y melancolía" (1915) excede el estudio de las afecciones que menciona, y nos enseña acerca de la constitución del yo. Lo vemos así escindido,

"...una parte del yo se contrapone a la otra, la aprecia críticamente y la toma por objeto" (Freud, "Duelo y melancolía", 1915, AE 1984 Tomo XIV). En la melancolía vemos el paradigma de la severidad y crueldad del superyó, para con un yo inerme identificado con el objeto resignado, al cual no se puede perder porque devendría en una pérdida del yo.

"La sombra del objeto, cayó sobre el yo, quien, en lo sucesivo pudo ser juzgado por una instancia particular como un objeto, como el objeto abandonado". (Freud, "Duelo y melancolía", 1915, AE 1984 Tomo XIV). Se paga con la escisión y se introyecta un objeto que se incorpora en su totalidad, que funcionará siempre con un sesgo de extrañeza (voces imperativas, mandatos insensatos).

Señalamos hasta aquí el carácter narcisista del superyó y el precio que paga el yo con su escisión.

Desde el nacimiento de la teoría, parricidio, culpa y castigo marcan el eje freudiano en torno a la cuestión del padre.

No olvidemos que Freud escribe *"La interpretación de los sueños" (1900) como reacción frente a la muerte de su padre.*

Ya en la correspondencia a Fliess en la "Carta 50", (2 de noviembre de 1896), Freud narra un sueño en el cual pide dis-culpas por llegar tarde al entierro de su padre. En ese sueño aparece un cartel que dice: "Se ruega cerrar los ojos." (AE 1988 Tomo I). No se sabe quién lo dice ni de dónde proviene. Si pide dis-culpas, ¿de qué culpa se trata? el deseo de muerte hacia el padre encuentra así su expresión y convoca un castigo.

Nos preguntamos, el pedido de indulgencia expresado en "se ruega cerrar los ojos". ¿A quién se dirige?

La muerte de un padre. ¿En qué posición deja al hijo?

Insistencia del desamparo. El desvalimiento y la dependencia infantil dejarán su huella. Desde el "Proyecto…" (Freud, 1895), el desamparo aparece como fuente de los "motivos morales" (AE 1988 Tomo I), la necesidad del otro nos pone a su merced, así, el desamparo y el desvalimiento inicial son marcas en el orillo que nos hacen necesitados de un otro.

Insistencia del desamparo que se dará frente a la naturaleza, el cuerpo y la ley.

Pero hete aquí que son condiciones de la humanización, el desamparo, el complejo de Edipo y la sexualidad en dos tiempos.

¿Qué aporta la instauración de la ley? Viene a prohibir el cuerpo de la madre, prohibición del incesto y parricidio. Su representante es el padre.

En la lectura habitual hablamos de declinación del Edipo e identificación. ¿De qué identificación hablamos? Queremos diferenciar la identificación primaria previa a toda carga de objeto, en la cual hay incorporación del otro; de la identificación secundaria, en la cual del otro se tomarán rasgos. La una remite al yo ideal, la otra al ideal del yo. Pasaje de la perfección omnipotente narcisista a la apropiación de rasgos. Se transmuda el ajeno material identificante que funcionaba como profecía u oráculo en el oro historizante del sujeto.

En el complejo de Edipo intervienen ambas identificaciones, queremos subrayar la identificación primaria, cuyos efectos son sustantivos en la formación del superyó.

Freud destaca los efectos de las primeras identificaciones como los más universales y duraderos, marca del padre, más resistentes a la movilización. Siempre queda, en esta operatoria, un resto no asimilado, por lo cual, lo intrusivo de esta identificación es proclive a la fijación; a diferencia de las secundarias, que son parciales, a rasgos, y que permiten sustituciones.

En la identificación primaria se trata de un más allá del inconsciente, tomado como segunda transcripción, según el modelo de la "Carta 52" (1896).

Articulamos la identificación primaria, fundante, a la enigmática frase del "Proyecto..." (1895): "Fuente de los motivos morales" (AE 1988 Tomo I). Decimos entonces, que el desamparo inicial y la necesidad del otro nos ponen a su merced. El Protopadre (urvater) todopoderoso se incorpora, no se asimila, y queda un resto que se hace oír. Ruidos, voces imperativas, mandatos insensatos.

En *La interpretación de los sueños* (1900), aparecen los sueños punitorios, la censura, los ruidos, que rompen la cadena asociativa, y que como la censura rusa, deja espacios tachados.

Esto que es marca, ruido, cosa, (no representación de cosa), tiene que ver con el Ello. Emergencia del superyó ligado al Ello pulsional, insistencia de repetición, desmezcla pulsional que se opone a posibles ligaduras, emergencia de la pulsión en su versión más mortífera, que busca la descarga total.

Volviendo a la pregunta acerca de la instauración de la ley, recordamos brevemente las hipótesis freudianas expresadas en "Tótem y tabú" (1912) y en el "Moisés..." (1939): La ley es consecuencia del asesinato del padre.

En "Tótem y tabú" (1912) hay un protopadre, todopoderoso, el "Urvater", que podríamos pensar como un antes del padre; al cual los hermanos en alianza, matan.

De este asesinato surge la culpa como lazo social entre los hermanos. Surge así, a través del asesinato del padre, el padre como lugar de la ley. Ahora ellos se prohíben, hay añoranza, se cumplirán sus preceptos, se espera de él amparo y se obedece, "obediencia de efecto retardado (nachträglich)" (Freud, "Tótem y tabú", 1912, AE 1988 Tomo XII). Para que advenga la ley es necesario que el asesinato del padre (acto) se convierta en la muerte del padre (simbolización del acto). La figura padre muerto dispara la obediencia retroactiva y se instala la ley. De este modo se realiza el pasaje de la idealización a la castración para operar desde allí como Ley del padre que ordena, posibilita, pacifica, normativiza y habilita. Hay idea de finitud, incesto y parricidio como fantasía. El otro no es todopoderoso sino que está sujeto a la ley.

El ejemplo sería las exigencias que desde el Estado nos plantean para evitar empeorar la pandemia.

Diferenciamos entonces, esta ley simbólica de los imperativos superyóicos que son arbitrarios, insensatos, afirmados en un poder omnipotente, no pacificante, sin límites, ante los cuales hay obediencia y temor. Incesto y parricidio serían posibles, se busca la completud, se niega la falta, el sujeto paga con su ser

Esta es la raíz del Edipo que al prohibir incesto y parricidio anuda el deseo a la ley del padre. Del padre terrible queda un resto que no se puede simbolizar, cuyo retorno se teme. Son los agujeros de la ley por donde se filtra la identificación al padre de la identificación primaria, y, dada la añoranza y el temor, surge la disposición a sometérsele.

"... ¿quién otro que el padre pudo ser en la infancia "el gran hombre"?". Se pregunta Freud en el "Moisés y la religión monoteísta" (1939, AE 1991 Tomo XXIII).

"Uno se ve forzado a admirarlo, tiene permitido con-

fiar en él, pero no podrá dejar de temerlo." (Freud, "Moisés y la religión monoteísta", 1939, AE 1991 Tomo XXIII).

En "El yo y el ello" Freud dirá del superyó: *"Mediante su institución, el yo se apodera del complejo de Edipo y simultáneamente se somete, él mismo, al ello. Mientras que el yo es esencialmente representante del mundo exterior, de la realidad, el superyó se le presenta como abogado del mundo interior, del ello."* (Freud, "El yo y el ello", 1923, AE 1984 Tomo XIX).

El superyó "Es el monumento recordatorio de la endeblez y dependencia en que el yo se encontró en el pasado, y mantiene su imperio aun sobre el yo maduro." (Freud, "El yo y el ello", 1923, AE 1984 Tomo XIX).

"Entre los vasallajes del yo, acaso el más interesante, es el que lo somete al superyó." (Freud, "El yo y el ello", 1923, AE 1984 Tomo XIX).

En el "Esquema del psicoanálisis" dirá: "Como precipitado del largo período de infancia durante el cual el ser humano en crecimiento vive en dependencia de sus padres, se forma dentro del yo una particular instancia en la que se prolonga el influjo de estos. Ha recibido el nombre de superyó. En la medida en que este superyó se separa del yo o se contrapone a él, es un tercer poder [2] que el yo se ve precisado a tomar en cuenta." (Freud, 1938, AE 1991 Tomo XXIII).

Culpa y deuda convocan al sacrificio. Para reconciliarse, hay que dar la propia vida, culpa de sangre, posición masoquista, necesidad de castigo. ¿Qué otra cosa vemos sino en las excepciones, los que fracasan al triunfar, los que delinquen por sentimiento de culpa, en las impulsiones y en los actos más violentos; sino una necesidad de castigo? Quienes desafían a los representantes de la ley, por ejemplo yéndose de vacaciones en época de pandemia. Buscan condena y muestran de este modo, la emergencia de un superyó feroz que los empuja a realizar actos, como

---

[2]   El subrayado es propio.

el de la mujer que viniendo del exterior en viaje en su auto, al pedirse que éste se detenga le escupe en la cara al policía, para así encontrar castigo. La culpa es anterior, desconocida para el sujeto y despierta la irreprimible necesidad de ser castigado. El acto violento no es entonces, expresión de un superyó débil, muy por el contrario, es el superyó en su versión más cruel.

Dice Freud: *"En muchos delincuentes, en particular los juveniles, puede pesquisarse un fuerte sentimiento de culpa que existía antes del hecho (y por lo tanto no es su consecuencia, sino su motivo), como si se hubiera sentido un alivio al poder enlazar ese sentimiento inconsciente de culpa con algo real y actual."* (Freud, "El yo y el ello", 1923, AE 1984 Tomo XIX).

Erotismo y culpa que dan cuenta de la posición pasiva ante un padre todopoderoso, imaginario. Posición masoquista que a veces, en el discurso del paciente, es expresada como los azotes del destino, posición masoquista, entonces, como llamado al Otro.

Leemos en Braunstein: *"El superyó, como instancia que vigila y sanciona las transgresiones, como código legal y penal y como fuerza jurídica y policial, ordena dentro de cada uno el suplicio, comanda la intranquilidad, exige satisfacciones que no son las de las necesidades ni las de las demandas, y marca al deseo como peligroso e incolmable. Esgrimiendo la amenaza de castración en los hombres, y la del abandono amoroso en las mujeres hace sentir sus imperativos de sacrificio, de deuda impagable, de posesión subyugante ejercida por el Otro."* (Braunstein, "Goce", 1998, Editorial Siglo XXI 1998).

Leemos en Freud la cita de Goethe: *"Lo que has heredado de tus padres adquiérelo para poseerlo.*[3]*"* (Freud, "Tótem y tabú", 1912, AE 1988 Tomo XIII).

---

[3] Goethe, *Fausto*, parte I, escena 1. Freud volvió a citar estos versos en su *Esquema del psicoanálisis* (1940, págs. 208-209)

De la herencia habrá que apropiarse, parte recibimos, reconocemos, y parte se resistirá a tal apropiación.

Es sólo por el atravesamiento de la ley, que como ya dijimos, es ley del padre en tanto su representante, que hay acceso a lo simbólico. La tramitación edípica deja este saldo. Lo que resiste a la simbolización, a la apropiación, tendrá que ver con el superyó, con las fallas de la ley.

Se trata del superyó en tanto representante del ello, resto de la identificación primaria. Aquello de lo que nos podemos apropiar tiene que ver con lo que del ello devino inconsciente. En esta legalidad, hay posibilidad de interpretación, en tanto se puede pasar de las voces y los ruidos, que con el devenir de los enlaces y las asociaciones en el trabajo analítico, podrán ser palabras. El analizante ya no oye pasivamente, sino que dice, se hace oír. En el trabajo analítico, en transferencia, el sujeto pasa de obedecer mandatos a reconocer una ley en la que porque no todo se puede, algo se puede.

Para Lacan el superyó *"...constituye una parte de los mandatos interiorizados por el sujeto. Pero es un enunciado discordante, exorbitante con relación a la ley pacificadora de lo simbólico. De este modo, el superyó es también el que empuja al sujeto a ir más allá del principio de placer. Le prescribe más bien el goce. Esto obliga, por otro lado, a distinguir el superyó del ideal del yo."* (Chemama, "Diccionario del psicoanálisis", AE 1996).

El aporte de Lacan está dado por la diferenciación que hace entre ideal del yo y superyó y en señalarlo como imperativo de goce.

El superyó que nos presenta Lacan tiene que ver con la voz, como lo plantea en el Seminario 10 "La Angustia" (1962-1963). Lo ejemplifica el sonido estruendoso del shofar y encuentra la relación con el recuerdo del sacrificio que Abraham estaba dispuesto a hacer de su hijo Isaac. Igualmente, el sonido del shofar remite, ya lo había señalado Theodor Reik (1919)[4], al bramido del animal al que se le ha dado muerte, es la misma voz del padre, de ese ausente habrá que acordarse y de su asesinato que el sacrificio repite. La voz es la del padre interdictor condenado a la muerte y se la vincula con los imperativos del superyó.

Se tratará entonces de buscar reinstalar la cuestión del deseo que en Melanie Klein se considera por la vía de la fantasía inconsciente y que Lacan coloca como subsidiario de la pulsión de muerte, en su lectura de retorno a la conceptualización freudiana; que surge de la experiencia de satisfacción. Hemos de recordar que en búsqueda de "Constancia" se encuentra "Nirvana". A la pulsión habrá que ponerle freno para evitar la descarga total. Algo pulsa más allá de toda legalidad simbólica. El resto indominable que conmina es el superyó como doble del ello.

El epígrafe que consideré para el inicio me resultó significativo pues condensa los tiempos que en este momento nos atraviesan. Esto me lleva a la reflexión esperanzada que también esto pasará. Así es que en el Versículo 22 del mismo Capítulo III, el Eclesiastés culmina con estas palabras que elijo: *"Así que he visto que no hay cosa mejor que alegrarse el hombre con lo que hiciere; porque ésta es su parte... "*.

Será el humor y la posición sublimatoria quienes lograrán acotar la muerte brindándole un marco erótico.

---

[4]   En su artículo "El shofar" (el cuerno del carnero) expuesto ante la Sociedad Psicoanalítica de Viena el 5 de enero de 1919

Bibliografía

Braunstein, Néstor, *Goce*, Editorial Siglo XXI, 1998

Chemama, Roland *Diccionario del psicoanálisis* A.E., 1996

Freud, Sigmund, *Proyecto de una psicología para neurólogos* (1895)

A.E., 1988, Tomo I, *Fragmentos de la correspondencia con Fliess. Carta 50*

A.E., 1988, Tomo I, *Fragmentos de la correspondencia con Fliess. Carta 52*

A.E., 1988, Tomo I, *La interpretación de los sueños* (1900)

A.E., 1979, Tomo V, *Tótem y tabú* (1912)

A.E., 1988, Tomo XIII, *Introducción del narcisismo* (1914)

A.E., 1984, Tomo XIV, *Duelo y melancolía* (1917 [1915])

A.E., 1984, T. XIV, *Lo ominoso* (1919)

A.E., 1990, Tomo XVII, *Más allá del principio de placer* (1920)

A.E., 1992, Tomo XVIII, *El yo y el ello* (1923)

A.E., 1984. Tomo XIX, *Inhibición, síntoma y angustia* (1926 [1925])

A.E., 1979, Tomo XX. *El malestar en la cultura* (1930 [1929])

A.E., 1990, Tomo XXI. *Nuevas conferencias de introducción al psicoanálisis* (1933 [1932])

    31ª conferencia. *La descomposición de la personalidad psíquica*

    32ª *conferencia. Angustia y vida pulsional*

A.E., 1991, Tomo XXII, *Esquema del psicoanálisis* (1940 [1938])

A.E., 1991, Tomo XXIII *Moisés y la religión monoteísta* (1939 [1934-1938])

A.E., 1991, Tomo XXIII, *Esquema del psicoanálisis* (1940 [1938])

A.E., 1991, Tomo XXIII

Frenkel, Perla . *Guernica XXVII Congreso interno y XXXVII Symposium* A. P. A., 1999, *Lo que sigue siendo*

XXIX Encuentro anual de discusión y XIX Symposium A.E.A.P.G., 2001

XXIV Congreso F.E.P.A.L., 2002, *Tesis de Maestría en Psicoanálisis*

Del sometimiento supeyoico a la posibilidad sublimatoria

U.N.L.M., 2007

Frenkel Perla, Lauriña Cecilia, Porque no todo se puede, algo se puede

XXIX *Encuentro anual de discusión y XIX Symposium* A.E.A.P.G., 2001, XXIV Congreso F.E.P.A.L., 2002

Frenkel Perla, Mandet Eduardo, Vaqué Mónica

De exilios y márgenes en psicoanálisis. Acerca de más allá del principio de placer Ediciones de poesía y psicoanálisis, 2003

Garma, Angel y Elisabeth *La escotomización del sometimiento al uperyó en la teoría de Freud del narcisismo*

Revista de Psicoanálisis A.P.A. Vol. 33 N° 4 de 1976

Gerez Ambertín, M. *Las voces del superyó*, Editorial Manantial, 1993

Klein, M., *Primeros estadios del conflicto de Edipo y de la formación del superyó*, Revista de Psicoanálisis A.P.A. Vol. 1 N° 1 de 1943

Lacan, J. El Seminario. Libro 1, *Los escritos técnicos de Freud* (1953/954), Editorial Paidós, 1995

El Seminario. Libro 2, *El Yo en la Teoría de Freud y en la Técnica Psicoanalítica* (1954/1955), Editorial Paidós, 1995

El Seminario. Libro 7, *La Ética del Psicoanálisis* (1959/1960) Editorial Paidós, 1988, *El Seminario. Libro 10, La angustia* (1962/1963), Editorial Paidós, 2006

Reik, Theodor, *El ritual* (1919), Editorial Acme Agalma, Bs. As., 1995

Santa Biblia Versión Casiodoro de Reina (1569)

Editorial Sociedades Bíblicas Unidas

*Libro Eclesiastés o El Predicado*r (Cap. III:1 al III:8 y III:22)

Mag. Perla Frenkel

Lic. en Psicología U.B.A.
Profesora de estudios bíblicos
Miembro titular en función didáctica A.P.A.
Mag. en Psicoanálisis U.N.L.M.
Profesora titular maestría A.E.A.P.G.- U.N.L.M.
Profesora de Instituto Angel Garma A.P.A.
Miembro del Comité de evaluación de trabajo de promoción a miembro titular A.P.A.
Coautora de:"De exilios y márgenes en psicoanálisis, Acerca de Mas allá del principio de placer""Adolescencia hoy"
Mail: frenkelperla@gmail.com

Segunda parte

La constitución psíquica: versiones posfreudianas

Sobre algunas versiones posfreudianas

Graciela Jaimsky

Presentación

En este apartado, me limitaré a introducir las principales corrientes posfreudianas sobre la constitución psíquica. Y dado que mi formación, presenta el sesgo de las propias filiaciones - conscientes e inconscientes-, traslado al libro el estilo que sostengo en los seminarios, dándole "la palabra" a colegas invitados, quienes – dada su experticia en la materia, comparten algunos trabajos representativos de cada línea en particular.

Introducción

> *( ) cada teoría tiene su propio Freud.*
> Smola (2009)

El psicoanálisis nació historizando. Trazar líneas, señalar nociones clave de cada devenir pos-Freud, es necesario para reconocer los diferentes lenguajes que habitan dentro del/ los psicoanálisis.

El psicoanálisis todavía es joven cuando Freud publica en 1914 su Historia del movimiento psicoanalítico. Una historia que es la de un movimiento, no la de una doctrina, y menos aún la de una institución. Con anterioridad a este escrito, ya muchos de sus textos adoptaban un modo de narración histórica[1]. El uso del término movimiento, parece al menos, ilustrativo de un lema

---

[1] Pontalis,j.-B. (2005): *Ese tiempo que no pasa*. Topia editorial. pág. 53

freudiano: el pensamiento psicoanalítico se trata de un movimiento atravesando el tiempo.

Si contemplamos panorámicamente el desenvolvimiento de la ciencia psicoanalítica se nos impone una línea divisoria muy nítida que coincide con el ocaso de la vida de Freud. Sin embargo, podemos considerar que tomar como punto de partida 1939, podría ser ciertamente parcial o arbitrario, ya que con anterioridad, fuertes corrientes cuestionadoras de aspectos básicos del psicoanálisis venían gestándose y, las más de las veces, dando a luz encendidas polémicas (los replanteos de Jung, Adler y Ferenczi son hitos en la historia de nuestra disciplina). Aun así, debemos reconocer que los años de la Segunda Guerra mundial son harto significativos: a partir de los ´40 comienzan a delimitarse algunos paradigmas de las escuelas psicoanalíticas que hoy podemos reconocer. Green, A. (1975) también señala que desde la muerte de Freud, y aun antes, sin duda, ya no es posible referirse a la teoría psicoanalítica en singular"[2]

Green (2004) centra sus observaciones para pensar el desarrollo del psicoanálisis después de la Segunda Guerra en cuatro regiones: Norteamérica, Sudamérica, Inglaterra y por último, Francia. En su artículo Breve historia subjetiva del psicoanálisis…, hace una breve reseña que permite visualizar la imposibilidad de agotar la expansión producida después de Freud. Cada escuela ha intentado sostenerse sobre ciertos aspectos de la obra freudiana que le permiten armar un modelo de la constitución psíquica, en un esfuerzo de síntesis que opera seguramente por recortes y exclusiones.

---

[2]   Nemirovsky, C. (2007): *Winnicott y Kohut*. Grama ediciones. pág. 30.

Un Panorama de las principales corrientes posfreudianas

M. Klein

Nació en Viena en 1882, y murió en Londres en 1960. En la época en que murió su madre, inicio su análisis con Ferenczi y Abraham (su segundo analista) fue quien la alentó a analizar niños.

Entre las nociones destacadas de su conceptualización se encuentran: a) las posiciones psíquicas (esquizoparanoide, depresiva), b) el estudio de la ansiedad, como emergente de los impulsos agresivos tempranos, c) la envidia, celos, voracidad y gratitud, d) las fantasías, las cuales podían ser analizadas a través del desarrollo de una técnica psicoanalítica de niños basada en el juego. Además, la importancia otorgada a la trasferencia en la que se dramatizan relaciones intrapsiquicas con objetos internos persecutorios, permitió el abordaje de pacientes gravemente perturbados y el posterior desarrollo de teorías de la envergadura de Bion, Rosenfeld, Bick, Tustin y Meltzer, entre otros.

Una caracterización vivencial de esta corriente, parecería meternos en un mundo de gran intensidad afectiva, emociones y fantasías, que Hinshelwood compara con el estudio de particulas subatomicas que estudia la fisica.

Desde esta corriente posfreudiana, nos trasmitirá su pensamiento psicoanalítico la Lic. Verónica Ginocchio. Articulo: *"Aventuras y desventuras de un infante (o cómo llegar a Viena sano y salvo).*

"Entre" Klein y Winnicott

A continuación, encontraremos el trabajo de la Dra. Marité Cena: Una comparación entre la Teoría de M. Klein y D. Winnicott. En el mismo presenta el fecundo modo en que un autor Winnicott- se apropia de los conceptos de su maestra Klein-, y elabora su teoría del desarrollo emocional temprano y posteriores conceptualizaciones.

D. Winnicott

Nació en Plymouth en 1896, Inglaterra. Especialista en pediatría, disciplina que ejerció hasta pocos años antes de su muerte, en 1971. Sus posturas lo ubican como el líder más importante del grupo Intermedio de la Sociedad Psicoanalítica Británica, de la que fue presidente dos períodos.

Entre las nociones destacadas de su conceptualización, se hallan: a) la función de una madre suficientemente buena (que aporta sostén, manipulación y presentación de objetos), b) un ambiente facilitador, confiable y predecible, para proveer c) las necesidades del self además de las instintivas, d) el uso de un objeto y objetos y fenómenos transicionales, e) el lugar de las paradojas en la constitución psíquica, entre otros. Es relevante que a diferencia de otros analistas mencionados, Winnicott no adscribe a la hipótesis freudiana de la pulsión de muerte. Parte de un planteo vitalista, y en este sentido la vida no es expresión de un instinto, sino que se manifestaría como expresión de un impulso vital.

Su pensamiento se caracteriza por un pensamiento novedoso, creativo, expresado mediante un lenguaje personal, que "alcanza el ser".

A continuación, representando esta corriente, escribe la Mgr. Alicia Levin, su artículo: "Estructuración del psiquismo, el lugar de la creatividad. Apuntes de la teoría de D. Winnicott con el cual pone a reflexión la creatividad como elemento necesario para la construcción psíquica.

Jacques Lacan

Lacan nació en París 1901 y falleció en 1981. Fue un médico psiquiatra y psicoanalista.

Logra con su profundo conocimiento filosófico (Jaspers, Nietzsche, Spinoza, etc.) una síntesis entre la clínica psiquiátrica y el psicoanálisis.

En sus escritos abordó temáticas afines a la filosofía, la literatura, la lingüística y el arte. Impartió seminarios semanales a los que asistieron pensadores como Roland Barthes y Claude Lévi-Strauss. Ferviente seguidor de Freud, Lacan fundó la Escuela Freudiana de París en 1963 y la Escuela de la Causa Freudiana en 1981.

Entre sus nociones se destaca, el estadio del espejo, la distinción entre goce y deseo, su tesis de que el inconsciente está estructurado 'como' un lenguaje, la constitución subjetiva como una estructura dinámica organizada en tres registros (imaginario, simbólico, real), el objeto a, entre otros.

El psicoanálisis francés, (con los discípulos de Lacan, como Mc Dougall, Laplanche, Green, entre otros) despierta interés, en parte por la extensa base filosófica en su formación psicoanalítica.

Es frecuente compartir la idea de que la lectura de Lacan es notoriamente difícil, compleja. En este sentido, compartir los escritos de la Lic. Nora Rabinovich *"La constitución del sujeto y el deseo y el de la Dra. Mabel Fuentes, La cesión de los objetos a durante la infancia y su rol en la estructuración del psiquismo"*, nos acercan versiones cuya capacidad de trasmisión, permite acceder amigablemente a una comprensión de la constitución psíquica desde esta línea teórica.

Autores representativos de la corriente americana. En particular los estudios de Stern y una conceptualización que fundamenta la observación microanalítica de díadas.

En el psicoanálisis norteamericano predominó una perspectiva psicoanalítica de la Psicología del yo, la denominada Ego-psychology,- cuyas postulaciones han sufrido diversa suerte y han llegado a tener "mala prensa" (Smola, 2009). Sin embargo, los desarrollos actuales de la Self-psychology, Kohut, Bowlby y luego con los estudios de D. Stern, se reconocen en la perspectiva americana notables avances en la comprensión del desarrollo madurativo, especialmente con los aportes del campo de la investigación.

D. Stern, (1934-2012) fue un psiquiatra y psicoanalista norteamericano, especializado en el desarrollo infantil , cuya conceptualización permitió establecer puentes entre el psicoanálisis y los modelos de la Psicología del desarrollo.

Entre las nociones destacadas, se encuentra infante observado y clínico, entonamiento afectivo, sintonía, el mundo interpersonal del infante, entre otros.

Para profundizar sobre el enfoque relacional de este autor, el artículo de la Lic. Judith Roitenberg : *Perspectivas del Desarrollo Psíquico - El enfoque de D. Stern presenta la rica y productiva conceptualización alcanzada.*

Además de Stern (1985) y dentro de un paradigma relacional, con el artículo de la Lic. Pía Vernengo,la Lic. Vanina Huerín y la Dra. Constanza Duhalde, XXXX compartimos la visión que los investigadores en primera infancia, como Beebe y Lachman (1988), Sameroff y Emde (1989), Brazelton y Cramer, (1993) y Tronick, (1989), entre otros, aportaron nuevos conocimientos sobre la vida afectiva de los infantes y el modo en que la relación con el otro humano es fundante de la constitución psíquica.

Para dar lugar a los autores en las diferentes versiones posfreudianas, cito a S. Bleichmar con una propuesta respecto al futuro del psicoanálisis:

"(...) Se trata, en este sentido, de conjugar en un movimiento mismo contenidos y procesamiento de los mismos, ofreciendo una perspectiva que inevitablemente constituye una toma de partida, otorgando un modelo de lectura que permita al otro ir más allá de la posición que uno mismo haya asumido, permitiendo realizar tanto con el discurso freudiano como con el propio, un movimiento de metabolización, apropiación y ruptura en las coagulaciones e impasses que arrastre" (Bleichmar, S. 2000).

Se trata de sostener una teorización viva, abierta a versiones que pongan a trabajar la subjetividad en la época.

Aventuras y desventuras de un infante
(o cómo llegar a Viena sano y salvo)

Verónica Ginocchio

> *"Mis primeras experiencias fueron de algo tocante a lo que luego oí que era "yo". Los cambios en la presión del fluido que me rodeaba variaban desde lo que "Yo" llamaba placer a lo que "Yo" llamaba dolor".*
> (Bion, Memorias del Futuro).

Advertencia 1: Las hipótesis kleinianas aquí expresadas no constituyen una descripción derivada de la observación del lactante. Corresponden a fantasías inconscientes inferidas a través del juego de niños pequeños en sesión, y de las singularidades de la transferencia en pacientes niños y adultos, incluyendo sueños y otras formaciones del inconsciente.

Advertencia 2: Los aportes de la Escuela Kleiniana de Psicoanálisis conforman una espiral que parte de la obra de Melanie Klein, y es transformada por el pensamiento de psicoanalistas posteriores, dentro de los cuales se destacan especialmente Wilfred Bion y Donald Meltzer. Tener en cuenta que el escenario kleiniano que aparece en el imaginario popular -que corresponde a los escritos de M. Klein hasta 1932- no expresa ni agota la posición de los psicoanalistas que en la actualidad se inscriben en esta línea.

Para ubicar la obra de Klein en el mapa psicoanalítico me gustaría citar un artículo de Roger Money Kyrle (1968), que describe tres etapas en el enfoque de la enfermedad mental, y nos ayudarán a identificar distintos puntos de vista acerca del aparato psíquico:

• *La enfermedad mental es el resultado de las inhi-*

biciones sexuales. Aquí nos encontramos con los aportes fundantes de Freud (1905, 1914, 1917 [1915]) con las problemáticas ligadas a la sexualidad infantil, el narcisismo, la angustia, que marcan el inicio del pensamiento psicoanalítico y las líneas de abordaje para el tratamiento de las neurosis.

• La enfermedad mental es el resultado de un conflicto moral inconsciente. Ya contamos aquí con el punto de vista estructural freudiano (Freud, 1923, 1926 [1025]), su segunda tópica y segunda teoría de la angustia, y sumamos aquí, el primer aporte de la escuela Kleiniana (1916, 1926, 1929, 1932). Para esta autora, el superyo se va esbozando tempranamente, y atraviesa un sinuoso camino hasta convertirse en el heredero del Complejo de Edipo. Se trata de hallazgos clínicos en niños muy pequeños, que ya presentaban sueños de angustia, auto-reproches y miedos muy intensos. Sobre el final de este período es que recién se va a sumar la hipótesis de la pulsión de muerte, como un factor que incrementa la potencia del sadismo, que corresponde a la libido pregenital.

• *La enfermedad mental es el resultado de malos entendidos y concepciones ilusorias inconscientes.* Luego de El psicoanálisis de niños (1932), y con los capítulos VIII y IX como antecedentes de la posición esquizo-paranoide y depresiva respectivamente, Klein empieza a formalizar su teoría de las posiciones. Cada una de las posiciones describe un mundo particular que habita el infante: cómo se concibe la frustración, la ausencia, qué es una madre, un padre, un hermanito, y de qué están hechos los deseos que salen de su interior. Es en este sentido, y sumando los aportes de Meltzer (2011) y Bion (1988), que se puede pensar el aparato psíquico a la luz de los vínculos de conocimiento, y de geografías que recortan mundos singulares.

En los albores de la vida mental .... Y de la vida psicoanalítica de M. Klein....

Hasta 1932, Klein venía pensando la estructuración del aparato psíquico con la teoría de la libido, apoyada en los desarrollos de Karl Abraham (su segundo analista). Abraham (1924) había terminado de organizar los desarrollos de la evolución de la libido, vinculando con mucha riqueza -desde el punto de vista genético- las distintas etapas libidinales con la construcción de las funciones mentales, los rasgos de carácter y la psicopatología. Puesto que Abraham no incluye en sus desarrollos la pulsión de muerte, Klein tampoco la toma. Los padecimientos que va a observar en niños pequeños: intensos temores, autorreproches persistentes, terrores nocturnos, van a ser interpretados a la luz de las organizaciones pregenitales.

En esta versión del desarrollo mental, la capacidad de amar se funda en la fase oral de succión en el vínculo primario con la madre, los futuros desarrollos genitales se apoyarán en ella.

Del pecho al cuerpo materno

La frustración, junto con el apremio de la vida, irá fundando lentamente la realidad. (Freud, 1911). Con ella emergen a su tiempo los objetos de las organizaciones pregenitales[1] (Freud, 1913).

Las pulsiones: oral canibalística y anal expulsiva, se organizarán alrededor del cuerpo de la madre, en una relación de posesión, indagación, sentimientos amorosos y hostiles, denominada *fase de sadismo máximo*. El cuerpo materno será la sede de todo lo que interesa al infante (Klein, 1928). ¿Qué hay adentro de los ojos, orejas,

---

[1] En la Disposición a la Neurosis Obsesiva Freud describe por primera vez a las organizaciones pregenitales. Allí destaca la existencia entidades que son objetos, pero que no están investidos con libido genital, sino pregenital. Estos objetos conformarán para Klein los estadios tempranos del conflicto edípico.

boca, pecho, panza de mamá? ¿Qué puede fabricarse en el cuerpo? ¿Qué entra y sale del niño y de esos otros difusos que van emergiendo? Interrogar sin palabras, con los ojos, con la boca, con las manitos, con la urgencia de la frustración, todo ello activa la pulsión epistemofílica, y abre las puertas a los estadios tempranos del conflicto edípico.

Resumiendo:

• Las frustraciones inevitables con el pecho, van impulsando el pasaje del pecho al cuerpo materno + las preguntas nacientes (sin palabras) acerca de los bebés + la emergencia lenta de una función reguladora del acceso a la madre (figurada en la fantasía inconciente como pene paterno dentro del cuerpo de la madre) = conformarán la fase femenina.

• La concepción singular del cuerpo materno y sus contenidos: (heces-pene-bebés) estará determinada por las vicisitudes que se heredan de la relación con el pecho.

• Los deseos se expresan especialmente a modo de posesión, y son comunes al niño y a la niña. Es decir, que las primeras fuentes de envidia, primero dirigidas al pecho, se extenderán a todo lo que el cuerpo materno es capaz de alojar y producir. La envidia al pene será el resultado de un desarrollo posterior, en la etapa genital infantil. Estos deseos estarán más o menos impregnados de hostilidad en función de la capacidad del ambiente para recibir y metabolizar las inquietudes del infante.

• Se van desarrollando versiones de un superyo naciente, acompañante y regulador del acontecer edípico. Así, podemos partir de un superyó muy primitivo esencialmente vengativo, que se continua en otro que prohíbe el sadismo, y avanza a otro que exige la devolución de las posesiones maternas, para llegar al superyo que prohíbe el incesto, y que luego insertará al niño en la cultura de un modo más abstracto [2]. Todas estas versiones le dan una cualidad compleja a esta instancia.

Para seguir avanzando....

Tenemos hasta aquí: Fase oral de succión ↔ Fase de sadismo máximo.

Si la fase oral de succión resultó suficientemente satisfactoria, consolidándose una relación satisfactoria madre-bebé, las actividades de apoderarse, investigar, morder, etc. tendrán una cualidad más amorosa que destructiva. Esto facilitará el avance a la conservación del objeto y el control de los impulsos. Si el período oral de succión ha sido más frustrante y está menos arraigado el vínculo amoroso con la madre, la fase de sadismo máximo -y los estadios tempranos del conflicto edípico- va a funcionar a predominio sádico, el avance estará más influido por la amenaza que por el deseo libidinal.

Hay un momento en que el niño se enfrenta con la necesidad de conservar al objeto. Los mecanismos predominantes ya no van a ser "incorporo y expulso" (al modo del yo de placer), sino que surgirán otros movimientos de control sobre sí y los objetos. Entonces, de la fase de sadismo máximo se va saliendo con la decisión crucial entre "mi mamá o mi satisfacción inmediata", entre el amor de objeto y la tendencia a la descarga: ¿vale la pena regular la descarga para darle un regalito a mamá? Esta es una zona de corte entre el narcisismo y el amor al objeto.

En la búsqueda del amor del objeto se podrá seguir avanzando a la fase genital, escenario del desarrollo más avanzado del Conflicto Edípico.

↔Fase anal retentiva↔ Fase genital.

---

[2] Los estadios temprano en la formación del superyo son descriptos por Klein (1929, 1932) a partir de descubrimientos clínicos en niños pequeños que parecían padecer una severa influencia superyoica en edades por debajo de los cinco años. Es decir, *que habían sabido y padecido* al superyo antes del sepultamiento del Complejo de Edipo.

Entonces, hasta 1932, el conflicto psíquico y el desarrollo de la capacidad de amar girarán predominantemente alrededor de la tensión entre las pulsiones pregenitales y genitales (estas últimas, apoyadas en el vínculo primario con el pecho, correspondiente a la fase oral de succión).

Klein se va haciendo kleiniana .... la teoría de las posiciones

Vamos a ir viendo que, a partir de 1932, se va a ir produciendo un pasaje desde un punto de vista genético a uno más estructural. Las posiciones, que en el inicio necesitan una historia, luego se irán alternando en la vida mental, formando parte de un equilibrio económico -en el sentido que le da Meltzer (2011) -: una política interna de distribución al modo de una política económica.

Entonces,

Oral de succión ↔Fase de sadismo máximo

↓

Posición esquizo-paranoide

La posición esquizo-paranoide (Klein, 1946) surge a partir de una escisión fundante, que sucede a la deflexión de la pulsión de muerte, y que produce una primera organización del mundo. Esa primera organización marca el nacimiento de objetos parciales, es decir, un mundo de aliados y enemigos omnipotentes. Serán aliados u objetos parciales buenos, aquello que gratifican, y conformarán el pecho bueno. Serán enemigos u objetos parciales malos, aquellos que frustran y se adjudicarán al pecho malo. Esta lógica binaria del psiquismo naciente es esencial para la preservación de la experiencia de satisfacción, central para que sobrevivan el cuerpo y el deseo.

El mundo y los objetos

El funcionamiento de objetos parciales constituye un primer modo de organización de la experiencia. El bebé necesita contar con un ser maravilloso capaz de resolver todo lo que le pasa, y mantenerlo/mantenerse escindido de otras dificultades. Cuando se produce un desequilibrio, el psiquismo temprano no tiene capacidad de concebir la idea de frustración, sino que percibirá algo más parecido a un ataque[3]. La conservación de la experiencia de satisfacción, escisión mediante, es fundamental para la supervivencia de la mente, y del cuerpo.

Aclaramos que se trata de un no-yo difuso, no de objetos claramente recortados, del mismo modo que no hablamos de un yo constituido, sino de algunas tendencias a la integración y no-integración/desintegración.

En distintos artículos Klein aclara que piensa en un bebé plácido y satisfecho la mayor parte del tiempo. No piensa un bebé atormentado, sino un bebé que vive las experiencias iniciales de malestar: le duele la panza, quiere a su mamá, tiene frío, tiene hambre, miedo en "modo pesadilla". Por supuesto, si el ambiente tiene una respuesta baja o inadecuada a lo que el bebé necesita, entonces sí tendremos un bebé atormentado.

Además de caracterizar a los objetos parciales a través de la lógica bueno=gratificación/malo=frustración, los objetos parciales tienen otras características que le dan al mundo una atmósfera particular:

• Transparencia: se puede entrar y salir omnipotentemente de ellos. El niño o adulto va a poder afirmar con certeza acerca de ellos. La fantasía -figurada como meterse dentro del objeto- implica saber acerca de sus pen-

---

[3] Pensemos en una persona narcisista, y digámosle que no a algo, posiblemente conozcamos a una fiera enojadísima, que ya no nos mira amigablemente. Esto se ve en sesión, cuando se va resquebrajando un vínculo inicialmente idealizado, cómo surge una versión dolorosamente hostil. O en los niños y sus berrinches extremos, motivo frecuente de consulta

samientos, intenciones y actos; tomar rasgos, funciones o lugares sorteando la receptividad, Pensemos en un paciente paranoico que siempre "sabe" y encuentra modos de confirmar sospechas, en quien teme ser robado o no se siente dueño legítimo de sus aptitudes, etc.

• Referidos al yo: todo lo que el objeto hace, dice u omite tiene intenciones explícitas dirigidas al yo, no existe la noción del objeto vinculándose con algún otro objeto.

• Son simétricos al yo: el objeto tiene las características que el yo tiene en un momento dado. Si el yo está enojado, serán objetos malos, si está tranquilo y satisfecho serán objetos buenos o idealizados. Se trata de una escena en espejo, donde sólo a partir del trabajo de la madre (o del analista) es posible introducir alguna diferencia.

• No se pierden ni se dañan. Son objetos que pueden multiplicarse o tornarse vengativos, pero no sufren ni mueren.

• No se ausentan. Los objetos parciales están siempre presentes. Un objeto bueno que no está, se transforma en un objeto malo presente. [4]

El yo, el mundo y los objetos

La incorporación paulatina del objeto bueno va a funcionar como núcleo del yo. Es decir que allí, en el corazón de la experiencia de satisfacción y en relación con el objeto irá emergiendo un yo.

Algunos factores entran en juego para que esto ocurra:

La receptividad de la madre -o de quien o quienes estén ejerciendo la función materna- que debe resolver no

---

[4]   Pensemos en la percepción que un niño puede tener de una maestra que le pone un límite. Si se siente atacado, adoptará una actitud hostil. Entonces, cuanto más le marquen el límite, más atacado se va a sentir, y menos podrá entender lo que le indican. Explicitar en la escuela la vivencia persecutoria que algunos chicos tienen en relación a las normas puede ayudar para que el límite funcione. Los enunciados transmitidos bajo este punto de vista, tendrían que poder refutar estas vivencias de objeto hostil, auto-referido, que incita al niño a defenderse.

sólo los problemas derivados de eros, sino también aquellos derivados de la pulsión de muerte.

Esto último va a ser especialmente incluido a partir de Envidia y Gratitud (Klein, 1957). La envidia, en tanto voz de la pulsión de muerte, tiende a borronear la escisión entre experiencia de satisfacción y frustración, en tanto -paradójicamente- se vive como una frustración que la gratificación provenga del objeto y no de sí mismo y, por lo tanto, obstaculiza la capacidad de amar al objeto que se necesita. Entonces se va perturbando la receptividad para las experiencias de gratificación.[5]

El yo, ocupado en su propia supervivencia, opera con mecanismos básicos como la escisión, la expulsión y negación -denial, repudio- de lo displacentero -vivenciado como la destrucción del objeto, puede quitarse emociones y ponerlas en otro lado -a través del mecanismo de identificación proyectiva, o adherirse a un objeto idealizado, que le brinda la fantasía de estar omnipotentemente protegido.

Así, a través de la introyección y proyección, al yo se le irá armando un primer mundo, mágico, maravilloso y perturbador, que incluye un yo con una sede inestable, por la predominancia del mecanismo de identificación proyectiva. (Klein, 1946).

La identificación proyectiva es un mecanismo por el cual un *aspecto escindido de la personalidad es depositado en otro objeto*, de modo que la sede del yo se hace variable. El uso de la identificación proyectiva da cuenta de lo difuso de las fronteras del yo y los objetos, del adentro y del afuera, de los sentimientos propios y ajenos. Produce confusiones, en principio confusiones geográfi-

---

[5] La escisión queda perturbada de la misma manera en que un paciente puede no tolerar las interpretaciones que siente que lo ayudan y produce una reacción terapéutica negativa. (En lugar de sentirse satisfecho por lo que el analista puede darle, se siente humillado por lo que él mismo no puede auto-proveerse, con lo cual el analista pasa a ser alguien que le genera más malestar que alivio, la posibilidad de construir una experiencia *buena* se va desdibujando).

cas (sujeto-objeto), y luego confusiones zonales (de zonas erógenas) (Meltzer, 1987). Sus consecuencias pueden ser una invasión destructiva del objeto, su toma de posesión y control, la indagación del objeto, o un modo primitivo de comunicarse con él.

El primer destinatario de la identificación proyectiva, descrita por Klein, es el cuerpo de la madre. Bion (s.f.), enfatizando la sed de dar sentido a la experiencia, planteará a la mente de la madre como el puerto al que la identificación proyectiva debería alcanzar.

Se trata del vehículo por el cual la mente de la madre es capaz de ir construyendo sentidos para la experiencia, de promover a un soñante, y de donar el deseo de vivir por sobre la pulsión de muerte. La capacidad de reverie (Bion, s.f.), que resolverá lo vehiculizado a través de la identificación proyectiva, será la fuente ambiental que promoverá la posibilidad de ir avanzando hacia otros mundos, menos inquietantemente mágicos.

La construcción de realidad es un largo proceso que se irá definiendo en este vínculo, de modo paulatino. Ampliando lo dicho por Freud (1911), Ferenczi (1913) describirá de modo sutil, el camino a recorrer desde el principio de placer al principio de realidad. Desde un período de omnipotencia incondicional (intrauterino) →período de omnipotencia alucinatoria mágica (realización alucinatoria de deseos) →período de omnipotencia con ayuda de gestos mágicos (una "deidad" nos satisface atendiendo a la alteración interna) →período animista (donde se atribuye a los objetos del ambiente una vida anímica similar a la propia, estableciéndose relaciones simbólicas con ellos) →período de pensamiento y palabras mágicas (donde se avanza hacia el control de los objetos y se inicia la apropiación de un lenguaje) →período del sentido de realidad.

El establecimiento de relaciones simbólicas es el punto de partida para ir desarrollando el interés por un mundo más amplio, y es movido tanto por la angustia como por el deseo de hallar nuevos objetos de satisfacción. Es aquí donde comienza a aparecer un lazo con los indicios que la realidad le va presentando al aparato psíquico. Asimismo, surgen los sentimientos de duelo por la caída paulatina de la omnipotencia inicial. Y es entonces que de a poco el mundo va ampliándose y complejizándose, y se va gestando otra posición. La identificación proyectiva irá modulándose para ir pasando de una ecuación simbólica -el símbolo y el objeto son equivalentes- a un símbolo propiamente dicho -donde el símbolo representa al objeto-[6.]

Para habitar el mundo de los símbolos es necesario que se vaya modificando el modo de instalarse en la experiencia, y así emergerá la posición depresiva (Klein, 1934, 1940).

↔Fase anal retentiva↔ Fase genital.

↓

Posición Depresiva

El mundo y los objetos

Este largo proceso, que va desde el cambio de punto de vista que implica aprender a sentarse, seguir a los objetos con la mirada y luego con las manitos, encontrar cosas debajo de una frazadita, adueñarse de las cosas que se pueden chupar, morder, tirar, "hablar" y hacerse entender cada vez más, conmociona mucho el centro de gravedad del niño. A ello se suma la incorporación del tiempo a través de la sucesión de escenas de satisfacción que siguen a momentos de displacer.

La madre, vista a cierta distancia, se empieza a recortar como un habitante de un paisaje más amplio, se la

---

[6] Mientras la ecuación simbólica cumple la función de negar la ausencia del objeto, el símbolo propiamente dicho abre la posibilidad de tolerarla. (Segal, 1989)

puede ver yendo y viniendo, de un modo más variado que desde la perspectiva de los brazos y la cuna.

Y entonces, vamos a ir viendo nuevos rostros en el infante. Van a ir apareciendo distintas maneras de mirar, de llorar, de pedir, de manifestarse, siempre que haya alguien que vaya construyendo con él esos gestos que así cobrarán valor de mensaje. Todos hemos visto como un bebé muy chiquito llora con esa mezcla de susto-enojo, y cuando ya tiene tres o cuatro meses suma otros llantos, más compungido, y pregunta con sus ojitos, y un día es capaz de enunciar en primera persona, aun en su media lengua: "estoy enojado", "quiero esto", etc., lo que nos muestra que se van dibujando las fronteras de su mundo interno.

El nacimiento de algún sentimiento nuevo, ligado a la posición depresiva, al principio es fugaz e inestable, se vuelve al mundo esquizo-paranoide, pueden surgir defensas maníacas, y lleva mucho tiempo apropiarse del propio mundo interno y tolerar la autonomía de los objetos del ambiente.

Uno de los avances centrales de la posición depresiva es la construcción del concepto de ausencia. Mientras no se construye la categoría de ausencia, la posibilidad de que un objeto represente a otro se acota a la ecuación simbólica, donde el objeto es equivalente al original.

Para que los símbolos puedan ser creados es necesario:
- Concebir y tolerar la ausencia del objeto
- Conservar las fronteras entre el yo y el objeto
- Moderar el uso de la identificación proyectiva para reconocer al símbolo como una creación propia.

Este modo nuevo de ir viendo al mundo va a llevar a una concepción de objetos distintos, que Klein va a llamar objetos totales.

• Pueden frustrar sin perder su condición de objetos buenos, es decir que el par frustración-hostilidad empieza a modificarse.

• Lo que antes era un objeto malo presente -origen de la frustración- ahora va a ser un objeto bueno ausente, una mamá añorada.

• Se puede conjeturar acerca de ellos, pero no afirmar con certezas, se hace necesario interrogarlos e interrogarse.

• Al tener autonomía, pueden interactuar con otros, con intenciones ajenas al yo del niño.

• Las acciones sobre ellos tienen otras consecuencias que no son la venganza: pueden sufrir daños, dolor, morir.

El yo, el mundo y los objetos

Así, el yo que venía ocupado sólo en su propia supervivencia, comienza a interesarse en la conservación de objetos que ya no convoca omnipotentemente como antes. De a poco se reconoce que el objeto empieza a ser necesario para la supervivencia del yo. Así se inauguran los sentimientos de "penar" por el objeto, y por las propias descargas que invaden al objeto y al vínculo. La necesidad de conservar y reparar complejiza la vida emocional del lactante, y *lo impulsa a realizar un largo trabajo que se extiende desde los 4 meses hasta por lo menos los dos años.*

No se trata de un escenario sencillo. El miedo a la pérdida y el dolor por las dificultades en este nuevo vínculo con los objetos, moviliza algunas defensas que ayudan -temporariamente- a enfrentar el penar por el objeto: las defensas maníacas escinden al mundo en objetos valiosos y despreciados, se negará la importancia a las pérdidas, y se perseguirá el control de los objetos de modo que toda pérdida pueda ser resuelta mágicamente, las propias actividades reparatorias serán idealizadas, contrastando la intensa actividad con los escasos resultados.[7]

Hemos visto en el consultorio niños y adolescentes que sacuden sus hombros ante sus problemas, y lleva mucho trabajo que lleguen a "sentir" una dificultad.

Atravesar la conmoción que implica la posición depresiva implica un giro en el pensamiento acerca de sí y de los otros, que empiezan a aparecer como otros. Esto genera pensamientos nuevos en relación a los objetos (esto es, repararlos), y la posibilidad de pensar la realidad psíquica. Y a la larga permitirá identificar las emociones, sueños y obstáculos propios como parte de la construcción de la vida propia, con la consecuente responsabilidad personal.

Llegando a Viena...
Cuando el acontecer de la posición depresiva puede experimentarse y ser recorrido, se estabiliza el objeto bueno total, ese objeto autónomo que puede irse sin transformarse en malo, y puede estar con otros objetos sin resultar atacado ni por éstos ni por el yo. Un tercero, diferente del objeto materno, rival aunque no enemigo, empieza a delinearse en el horizonte psíquico del niño.

El nivel simbólico con que se experimenta la trama edípica determinará la posibilidad de enfrentar-atravesar el conflicto, quedar atrapado en él, o romperlo sin posibilidad de pensarlo (Bion, 1985). De allí el valor de la posición depresiva como condición para el despliegue de los estadios genitales del conflicto edípico.

Entonces, dejamos atrás al niño-guerrero de la posi-

---

[7] Quien vio la película *La grande bellezza*, puede apreciar esa fiesta continua que va vaciando de sentido las relaciones y la misma existencia: lo perturbador que puede resultar la perpetuación de este tipo de defensas, así como la desesperanza subyacente.

ción esquizo-paranoide; al niño enfermero-super virtuoso de la posición depresiva, y ponemos en el centro de la escena a quien puede buscar el amor (genital infantil) por el objeto y la rivalidad, según se vayan armando las distintas configuraciones edípicas.

Otras hazañas esperan al niño, con la capacidad de amar más consolidada, con la posibilidad de sentir celos y sostener la rivalidad. Klein y sus continuadores trabajan ese largo camino que será más o menos trabajoso en función de la historia de cada vínculo y de cada familia. Es allí donde Freud nos espera con los desarrollos genitales del Complejo de Edipo.

Bibliografía

Abraham, Karl (1924). *Un breve estudio de la evolución de la libido, considerada a la luz de los trastornos mentales. En Psicoanálisis clínico.* Lumen, Hormé.

Bion, W. (1985). *Sobre la arrogancia. En Volviendo a pensar.* Hormé.

Bion W.(s.f.). *Aprendiendo de la Experiencia.* Ediciones Paidós Ibérica, S.A.

Bion, W. (1988). *Elementos de Psicoanálisis.* Ediciones Hormé.

Ferenczi, Sandor (1913). *El desarrollo del sentido de realidad y sus estadios.* En Obras Completas.

Freud, S. (1905) *Tres ensayos de teoría sexual.* O.C. Vol. 7. Amorrortu.

Freud, S. (1911) *Formulaciones sobre los dos principios del acaecer psíquico.* O.C. Vol. 12. Amorrortu.

Freud, S. (1913). *La predisposición a la neurosis obsesiva. Contribución al problema de la elección de neurosis.* O.C., Vol. 12. Amorrortu.

Freud, S. (1914) *Introducción del narcisismo.* O.C. Vol. 14. Amorrortu.

Freud, S. (1917 [1915]). *Duelo y melancolía.* O.C. Vol. 14. Amorrortu.

Freud, S. (1923). *El yo y el ello.* O.C. Vol. 19. Amorrortu.

Freud S. 1926 [1025] Inhibición, síntoma y angustia. O.C. Vol. 20.

Klein, M. (1921) El Desarrollo de un niño. En Obras completas, Tomo 1. Paidós.

Klein, M (1926) *Principios psicológicos del análisis infantil.* En Obras completas, Tomo 1. Paidós.

Klein, M. (1928) *Estadios tempranos del conflicto edípico.* En Obras completas, Tomo 1. Paidós.

Klein, M. (1929) *La personificación en el juego de los niños.* En Obras completas, Tomo 1. Paidós.

Klein, M. (1932) *El psicoanálisis de niños.* En Obras completas, Tomo 2. Paidós.

Klein, M. (1934) *Una contribución a la psicogénesis de los estados maníaco-depresivos.* En Obras completas, Tomo 1. Paidós.

Klein, M. (1940) *El duelo y su relación con los estados maníaco-depresivos.* En Obras completas, Tomo 1. Paidós.

Klein, M. (1946) *Notas sobre algunos mecanismos esquizoides.* En Obras Completas, Tomo 3. Paidós.

Klein, M. (1957) *Envidia y gratitud.* En Obras Completas, Tomo 3. Paidós.

Meltzer, Donald (1987). *El proceso psicoanalítico.* Hormé, Paidós.

Meltzer, Donald (2011). *Estados sexuales de la mente.* Spatia.

Money Kyrle, Roger (1968) *Cognitive Development.* En The Collected Papers of Roger Money-Kyrle. Clunie Press.

Segal, Hanna (1989). *Notas sobre la formación de símbolos. En La obra de Hanna Segal.* Paidós.

Lic. Verónica Ginocchio

Psicóloga. Trabaja con niños y adolescentes.
Ex Docente UB y Fundación Kamala.
Docente en Carreras de Maestría y Especialización de AEAPG-
UNLAM.
Docente en el Curso Superior "Versiones contemporáneas de la
infancia y la adolescencia," AEAPG.
Co-autora de Niños del Psicoanálisis (AEAPG, 2005) y Adolescen-
cia, hoy (AEAPG, 2013).
E-mail: veronicaginocchio@gmail.com

Una comparación entre la Teoría de Melanie Klein y Donald D. Winnicott

Marité Cena

Para desarrollar este tema vamos a tomar cuatro puntos:

1) Una teoría del desarrollo en ambos autores, o sea cómo se constituye la persona y la realidad
2) Una teoría de los objetos, o sea cómo se constituye en ambos el mundo simbólico
3) La teoría del juego en ambos autores
4) Una teoría dela situación analítica y de la técnica.

Creo que es importante en primer lugar antes de desarrollar estos cuatro puntos, ubicar a ambos autores. Es decir a Melanie Klein como una de las creadoras o fundadoras del psicoanálisis de niños, maestra de Winnicott que fue su supervisora muchos años y él como un discípulo, que en un punto comienza a replantearse la teoría aprendida y a hacer su propio camino.

Winnicott recibe influencia de Hartman y Krist y también de la psicología psicoanalítica de base genético-evolutiva de Spitz y Malher y en el campo socio-cultural de Erikson.

Tambien mantiene algunos hallazgos de M. Klein respecto a los puntos cruciales del desarrollo, así también mantiene el concepto de posición depresiva kleiniana y la define: "como un logro que implica un grado elevado de integración personal, así como la aceptación de la responsabilidad de toda la destructividad ligada con la vida instintiva y con la ira ante la frustración". También mantiene el concepto de fantasía inconsciente, concepto que a mi juicio conserva todavía hoy todo su vigor toda su potencialidad y no ha sido aún reemplazado por otros de tanta eficacia teórica y clínica.

Otros puntos de la teoría kleininana se van modificando en sus manos y asi encontramos conceptos que pierden fuerza como la importancia fundamental de la vida pulsional que en Klein es génesis de todas las angustias y que en Winnicott eta mediatizada por al poderosa acción de la madre. De esta madre tan inasible conceptualmente como poderosa en su acción sobre el niño y que es capaz de generar – para Donald Winnicott- la más temida de las afecciones infantiles, es decir, la psicosis.

Winnicott dimensiona el poder materno en las fases tempranas del desarrollo, pone en sus manos el destino final de la salud o enfermedad infantiles. En cambio Klein dimensiona la potencialidad instintiva constitucional y privilegiada como correctora a la experiencia analítica, por sobre toda otra experiencia.

En ese sentido, la experiencia analítica, dice Klein, debiera ser universal en los niños, ya que es la única garantía de salud y sólo cuestiones de otro orden lo impiden.

En la teoría D. W. se pierde uno de los hallazgos de la teoría kleiniana, la del Super Yo precoz, aquel fraguado en el punto máximo de sadismo, creador de severa patología, reacio a toda experiencia y a veces "aún a la experiencia psicoanalítica", algo así como la roca viva del Freud donde se pierde o se estrellan los esfuerzos de la cura.

No es casual que éste concepto se diluya en la teoría de Winnicott, así como el de agresión y el de la culpa, ya que hay un punto de disidencia muy fuerte en ambos autores, y es la importancia que cada uno otorga a la vida instintiva. Éste no acepta el instinto de muerte y la agresión como destructividad, como un corolario del instinto de muerte.

Para Klein, la agresión deforma la realidad, distorsiona la realidad, para él en cambio la agresión funda la realidad.

Pienso que es importante insistir en este tema.

En Winnicott no podemos hablar de agresividad como destructividad. En la vida mental primitiva, no hay distinción Yo, No-Yo y para hablar de destructividad, dice él, debe haber una intencionalidad destructiva, y sólo hay una intención, cuando hay un Yo que se reconoce como tal y un objeto al que va dirigido tal efecto.

Considera que, desde fuera de la estructura parece que el bebe tuviera estados agresivos contra la madre; pero esto es para el observador, para la intencionalidad del observador. Dentro de la estructura madre-bebe, hay una serie de estados agresivos, no destructivos, que son efecto de varias situaciones que Winnicott categoriza como: movilidad, actividad, decatectización, tensión instintiva, y lo que él llamó amor cruel.

El bebé desea poseer al objeto y como tal despliega todo su amor instintivo. La madreen un principio debe aceptar el ataque instintivo, el amor cruel, para que el bebe pueda dar libre expresión a su demanda.

Esto garantiza la creación del verdadero self, y la posibilidad de dar rienda libre a su necesidad sin tener que adaptarse prematuramente al medio.

Cuando la madre falla lo que se produce en el infante no es un aumento de la agresión, sino un estado catastrófico producto de esta falla ambiental. Se produce un trauma, o sea un estado de desorganización o un estado de pánico. Creo que esto es bastante importante, conceptualmente es diferente tanto de Klein como de Freud; digamos que es como si Winnicott tomara no tanto el Freud de "Mas allá del principio de placer" sino aquel Freud donde habla de impulso de conservación libidinales y donde la agresión surge como consecuencia de la frustración.

En los primeros momentos el ataque instintivo no implica la crueldad en el sentido de autodestrucción, sino directamente la exigencia libidinal del instinto de posicionarse del objeto, de poseerlo completamente; en ese sentido dice que la madre debe tener la capacidad de soportar el ataque instintivo del niño y que sólo paulatinamente debe oponerle una resistencia. En la oposición de la madre a este ataque instintivo es donde va a aparecer la primera distinción Yo, no-Yo , las primeras ideas que el niño va a tener de que hay un Yo efector de impulsos y un no-Yo que se está resistiendo a esa acción de él. Comienza entonces el fantaseo agresivo; es el comienzo del objeto interno en Winnicott, del objeto fantaseado, lo qeu se llama el objeto subjetivo y de las fantasías destructivas contra el objeto.

En la medida que estas fantasías no encuentran un apoyo real, o sea la madre no se muere, ni se enoja, ni se va, sino que persiste, no se destruye, entonces se funda la realidad.

En este sentido es muy diferente el concepto de agresión en Klein, que en Winnicott. En Klein, la agresión deforma la realidad, en Winnicott la agresión funda la realidad si es manejado de este modo por la madre.

También la posición depresiva es un logro del binomio madre-niño. Él considera que no podemos hablar de culpa en primer lugar, sino de una fase de inquietud. El sentimiento de culpa para Winnivott sería como el lado negativo de lo que como fenómeno positivo es el sentimiento de inquietud y que lleva al individuo a la responsabilidad.

Hablar de culpa estaría más cerca de hablar de melancolía, de hablar de angustia y de hablar de una angustia más ambivalencias, para Winnicott.

En la clínica correspondería a las cavilaciones obsesivas a personas que quieren reparar y que quieren atacar y que se angustian y sienten culpa y sienten culpa frente a sus impulsos agresivos, porque todavía perdura la ambivalencia; es decir, que para él la culpa estaría más cerca de la patología de algún modo.

Prefiere entonces Winnicott utiliza el término inquietud porque dice que le parece que implica una mayor integración, un mayor crecimiento, o sea la posibilidad del ser humano, de ver los daños hechos o visualizar la acción de sus instintos. La capacidad de sentir inquietud, lo llevaría a un sentimiento positivo de responsabilidad con relación al objeto. También para él, existe un periodo de pre-inquietud o un estadio pre-compasivo en el desarrollo temprano.

Donde no hay distinción Yo- No Yo, no puede haber compasión por el objeto.

En Klein, sabemos cuáles son los pasos pensamos que es innecesario repetir el esquema de la posición esquizoparanoide y la posición depresiva en ella, pero queremos dejar algunas cuestiones puntualizadas.

Una de ellas es el hecho que para M. Klein el arribo a la posición depresiva es un logro yoico. Depende de lo constitucional, del quantum de amor vivido, el quantum de odio y agresión con el que se parte y a su vez como también de la interacción con el medio.

De cualquier modo, creemos que los términos o los conceptos con lo que M. Klein se maneja en este punto, son fundamentalmente modificados o son trabajados por Winnicott con una mentalidad o un criterio proveniente de la psicología del Yo.

Creo que es claro que, para M. Klein, todo el desarrollo del ser humano tiene que ver con la angustia, es decir, el hecho de estar herido desde el nacimiento por el instinto de muerte, produce, según las posiciones, la angustia persecutoria y la angustia depresiva.

Estas angustias signan todo el desarrollo y están presentes toda la vida; son las angustias por el duelo, las angustias del penar por el objeto, las angustias de sentirse perseguido por él.

Creo que éste es un punto muy importante, porque es como si para Melanie Klein en principio, no hubiera un ser humano sano. Con el decurso y a través de un proceso de proyección-introyeccion , se va curando, se va integrando, donde es fundamental que la madre reciba la proyección thanática del bebe y le devuelva amor cuya introyección forma un yo integrado, y su Yo se va fortificando y, de este modo, puede manejar las ansiedades que despiertan en él esta lucha pulsional.

En Winnicott, a diferencia de Klein, hay en principio la posibilidad de un niño sano, de un desarrollo sin angustias, o por lo menos no con las angustias psicóticas que planteaba Klein

Hay una línea predeterminada de un desarrollo normal para Winnicott, sin angustias, o por lo menos, depende de la provisión ambiental que éste niño se pueda desarrollar sanamente y con una cantidad de angustia totalmente tolerable. Si un niño tiene angustias impensables, si tiene una fractura catastrófica, no es porque haya una pulsión de muerte por detrás, sino porque ha habido una falla seria en la provisión ambienta, fundamentalmente en el vínculo madre-hijo.

Acá encontramos el pensamiento de Winnicott mucho más cerca del pensamiento de la psicología del Yo como decíamos, o del de Anna Freud que al de Melanie Klein, aunque él siga trabajando conceptos como el de fantasía inconsciente.

Para Melanie Klein, no habría la posibilidad alguna de evitar el conflicto, la angustia psicótica en los primeros momentos, y todo el desarrollo esta signado por la ansiedad.

En el pensamiento de Winnicott, se va perfilando hacia el establecimiento de un área libre de conflictos a lo largo del desarrollo.

La teoría de los objetos, o cómo se constituye en ambos autores el área simbólica.

Pienso que en éste punto se va a ver con más claridad lo que dejamos anteriormente, es decir, cómo se va perfilando en Winnicott, ésta idea de un área intermedia libre de conflictos.

Vamos a ver, en primer lugar, el pensamiento de Klein, con relación a éste tema.

Para Klein, la realidad psíquica, o sea los objetos internos, y la realidad externa, es decir los objetos externos, se van constituyendo al mismo tiempo, es decir se va creando un espacio interno que se puebla con objetos, y un espacio externo que no preexiste para el niño. EL pecho no es entonces, un objeto real exterior que el niño va a aprehender a conocer, sino un objeto en principio para ser proyectado, o sea deformado por la proyección, fundamentalmente como habíamos visto por la pulsión agresiva. EN ese sentido, es una creación subjetiva del bebe, por lo menos es un encuentro entre una proyección subjetiva y esto que está aquí afuera que llamamos el pecho real de la madre.

El primer objeto externo, no tiene características reales en un sentido empírico concreto, sino proyectivo.

Por el juego de la proyección y la introyección, éste objeto va a ser incorporado al mundo interno como objeto interno, pero a través de un pasaje donde también sufre modificaciones, es decir no va a ser exactamente igual éste objeto interno-pecho al objeto interno proyectado, sino que va a sufrir una modificación por la respuesta que, en éste caso la madre proporciona.

Baranger dice que el objeto interno aporta fantasías y el objeto externo aporta experiencias, y que uno reenvía al otro permanentemente.

En un primer momento lo percibido y lo fantasmáticamente proyectado se confunden. La conquista de un mundo objetivo compartible, no deformado y la posibilidad de una integración del objeto, así como de una integración yoica, son para M.Klein, correlativos. Hay un dualismo en el pensamiento de Klein, relativo a la existencia de dos mundos, el mundo interno y el mundo externo, en una permanente interrelación, y además diríamos en una creación simultánea.

En la posición o fase esquizo-paranoide, el proceso de simbolización, es descripto pot Klein como una serie de desplazamientos que el niño va haciendo, en tanto huye del objeto persecutorio primario, y busca objetos sustitutos que si bien representan al objeto primario, de algún modo están más alejados de él, y que le permiten sentirlo como menos persecutorio.

Se producen así, una serie de desplazamientos y el encuentro en la realidad exterior de objetos que representan al primero, pero que no lo son, pero en tanto representantes de ese primer objeto persecutorio, también van a ser motivo de ansiedad y de angustia. De este modo, el niño huye hacia otros objetos que están cada vez más alejados del primitivo. Se van creando así, toda una serie de objetos sustitutorios en base a éste proceso que Klein llama de ecuación simbólica en la fase esquizo-paranoide.

El mundo del hombre, no es un mundo de objetos reales, sino un mundo fundamentalmente simbólico, dicho de otro modo, es un mundo donde no encontraríamos nunca objetos reales, no simbolizados, a no ser en la psicosis.

El verdadero símbolo, es un logro de la posición depresiva, en la posición esquizoparanoide, hay sólo ecuaciones simbólicas.

El símbolo por excelencia para Klein, es la palabra, que está en el lugar del objeto, denunciando su ausencia. Si el niño tiene angustias depresivas intensas, y no puede desprenderse de su objeto originario, queda adherido a esa realidad concreta y tiene dificultades en la simbolización.

Para ello el proceso de sublimación, está estrechamente unido al proceso de duelo, y a la capacidad yoica de soportar la ausencia del primero, y de reparar al objeto después.

El manejo de la angustia persecutoria y de la angustia depresiva, consecuencia de la lucha pulsional de amor y odio, es una presencia permanente en el pensamiento de Klein. Está en la base de cada acontecimiento vital, en la formación de la patología, en la creación del símbolo.

En Winnicott, esta concepción va perdiendo terreno a favor de la creación de un espacio "más allá de lo pulsional": un lugar transicional que esta fuera del Yo y de la realidad; zona aconflictiva por excelencia, zona de descanso del ser humano y cuya creación posibilita el acceso al mundo simbólico.

Al dualismo kleiniano sigue este pensar tridimensional de Winnicott. Es esencial que el ser humano arribe a este tercer espacio transicional, para que podamos hablar de que está sano y culturalizable. El hallazgo de Winnicott del espacio transicional y de los objetos transicionales, constituye una verdadera creación. Fue reconocido por J. Lacan como "una verdadera intuición" y consiera que el objeto transicional fue precursor de su objeto "petit a".

Winnicott ubica en este tercer espacio aconflictivo al juego, la creación artística, la religión y el mundo de la cultura.

La posibilidad de crear o arribar este mundo de objetos trasnicionales esel pivote entre el individuo sano y enfermo.

El objeto transicional es un objeto pre-simbólico, pero posibilita la formación del símbolo. Es el "como si", es la zona donde confluye el fenómeno mágico por un lado y el de los fenómenos perceptuales por otro. Es también un logro del binomio madre-niño, el logro de una madre que sabe ilusionar primero para desilusionar después.

Si el niño cuenta con el objeto transicional, puede preservar el objeto ausente (la madre), puede soportar su ausencia, puede también preservarlo de sus fantasías de ataque. Es una característica del objeto transicional, el que no deba ser un objeto concreto consolador solo para mitigar la angustia, aunque el objeto transicional la mitiga.

Desde el punto de vista del desarrollo, este momento de la ilusión - desilusión lleva a la creación de los fenómenos transicionales y del objeto transicional y esto es previo a la situación depresiva.

En este sentido, encontramos otra diferencia importante con relación a Klein: la formacion del símbolo; esta en la posibilidad de la creación del objeto transicional, pero no hay un proceso de duelo implicado en ello, sino por el contrario. Podriamos decir, que la posibilidad para expresar reacciones de duelo sin melancolía, sin patología, justamente está en la creación de éste espacio transicional, en tanto recubre lo que Winnicott llamó el "gap", se recubre.

En Klein, el "gap" no se recubre, se simboliza.

Los objetos transicionales rellenan la ausencia, la hacen soportable, y permiten con su creación, la futura creación del símbolo.

No hay nada más opuesto en cierto sentido como conceptualización en Winnicott y en Klein, que este punto, es decir el punto relativo al proceso de la formación del símbolo.

Otro punto de disidencia importante, lo vamos a encontrar en las teorías del juego en ambos autores, que es lo que pasaremos a exponer a continuación:

Teoría del juego
Desde lo más íntimo de la teoría kleiniana es decir desde su teoría de la angustia, surge uno de los mayores ha-

llazgos técnicos, el psicoanálisis de niños, basado en el juego.

El ser humano juega para repetir, pero también juega para elaborar; despliega en el juego ese fascinante mundo de imagos que, a través de las personificaciones, cobran vida.

Al leer los historiales de Klein, desfilan ante nosotros figuras arquetípicas: el padre castrados, el brujo, la diosa madre nutricia, el hada, la mujer fálica, la bruja, y todos los demonios y dioses que, como constelación imaginaria, son patrimonio de la humanidad en sus mitos, poemas, dibujos, cuentos y que, Klein tiene el genio de traerlos al interior de la sesión.

Pretender analizar niños sin juego, es desde Klein, como analizar adultos sin palabras, el jugar en la sesión del niño, es como el soñar en el adulto, la vía regia de acceso al inconsciente.

El despliegue de los personajes del juego, son como un espejo del mundo interno para un observador analítico, y también un diagnóstico del estado de los objetos internos y de la ansiedad.

El no jugar del niño, es un dato semiológico para Klein, implica un alto grado de perturbación.

El juego nos muestra como un reflejo de las fantasías sexuales y agresivas del niño, en tanto para Klein, todo juego es pulsional, es decir, contiene expresa y simboliza, el mundo sexual del niño. La pulsión es el motor del juego, y su efecto es aliviar tensiones, disminuir la ansiedad, externalizar y desplegar en múltiples personajes, lo que tan trabajosamente es mantenido por el Yo: la síntesis de aspectos imaginarios contradictorios.

Para Winnicott, el tema del juego debe ser estudiado en sí mismo, y debe ser complementario del concepto de sublimación del instinto. Es totalmente opuesto a Klein en este punto, y dice expresamente : "el juego no debe relacionarse con la actividad masturbatoria", dice Winnicott "yo he señalado que cuando el niño juega , falta en esencia el elemento masturbatorio, o para decirlo con otras palabras, que si la excitación física o el compromiso instintivo resultan evidentes, cuando el chico juega, el juego se detiene, amenaza, lo pulsional siempre esta presente en el niño que juega, pero si el umbral de estimulación pasa al de excitación, el juego se interrumpe , surge la angustia y descarga masturbatoria.

Con relación a Klein, dice que ella no hablaba del juego en general,, sino del uso del juego en la técnica psicoanalítica.

Winnicott considera que lo natural en el hombre es el juego y el fenómeno altamente refinado del siglo XX es el psicoanálisis. En este sentido, insiste que lo universal es el juego y para él corresponde a la salud y facilita el crecimiento; conduce relaciones de grupo, puede ser una forma de comunicación en psicoterapia, y por último, el psicoanálisis lo ha convertido en una forma especializada al servicio de la comunicación consigo mismo, con el terapeuta y con la propia patología.

Winnicott considera que el juego tiene diversos modos de expresión, puede servir para expresar agresión, puede servir para aliviar tensiones, o para controlar la ansiedad, y puede ser usado psicoanalíticamente. Pero lo básico del juego o el verdadero juego, es para él el juego creativo, y está en el área de la transicionalidad y de los fenómenos transicionales.

Winnicott considera que el juego es una experiencia siempre creadora, es una experiencia en el continuo espacio-tiempo, una forma básica de vida. Es de por sí, autocurativo, es una forma de terapia. El niño al jugar, está manipulando fenómenos exteriores, pero poniéndolos al servicio de los sueños. Justamente esta sería la precariedad de los fenómenos transicionales, esa situación que nace en el punto de ilusión- desilusión en el punto delicado equilibrio, donde surge el objeto transicional, y luego, el jugar y los juguetes.

Me gustaría sistematizar lo que Winnicott dice con relación al juego, como una serie que va, desde el vínculo con la madre hasta el juego independiente.

Winnicott considera que para que haya juego, primero se debe dar entre el niño y la madre.

La madre recibe señales, y responde al mismo. En segundo lugar, dice él, la madre introduce nuevos elementos en el juego y ve como el niño responde a ellos.

En tercer lugar, entre la madre y el niño, se va creando esa zona de juego creativo donde ambos inventan,

En cuarto lugar, el niño pasa a jugar a solas. Para explicar este fenómeno, Winnicott toma el concepto de Anna Freud de constancia objetal. Klein hablaría de la internalización de una imagen nueva y reparada de la madre.

Para Winnicott, el hecho de que el niño pueda jugar a solas, se debe a que se ha establecido un área de confiabilidad en sus objetos internos, externos, y transicionales.

El objeto transicional puede dar paso al juguete, también puede sufrir una degradación y convertirse en un mero consolador, también puede erotizarse y convertirse en un fetiche.

El jugar del niño de Winnicott en sesión, es diferente al jugar del niño de Klein.

Podríamos decir que, la sesión de Klein, el niño juega, juega solo, expresa sus fantasías inconscientes, y el analista interpreta. Es decir, hay un analista que sabe, de la fantasía inconsciente y un niño que juega y que a su vez va asociando en el juego, y va dando material par que el analista intervenga con su saber.

El juego del niño de Winnicott en sesión, nunca es un juego solitario: el niño y el analista juegan juntos, y entre ambos crean un espacio, que es el espacio de la transicionalidad, es el espacio de la ilusión. El analista y el niño juegan y crean escenas aun aquellas "que nunca ocurrieron", como desarrollaremos en el punto siguiente.

Trataremos de dar una síntesis del esquema de M. Klein, en relación a la situación analítica, y su teoría de la técnica.

Ya sabemos que ella, tuvo una posición que antuvo durante toda su vida, en relación al análisis de niños, y que constituyó una fuerte polémica con relación a la teoría de Anna Freud, y que es la siguiente: para Klein, no hay diferencias entre el análisis de niños y el de adultos. Considera que, si ponemos al niño en condiciones adecuadas, o sea sin influencias pedagógicas, podemos desarrollar un análisis con todas las de la ley, es decir con el desarrollo de la trasferencia como en el adulto, y con el uso privilegiado de la palabra del analista.

Sabemos también, que fue la creadora de la técnica del juego como la via de acceso del niño al tratamiento. Con relación al concepto de Melanie Klein, de trasferencia, sabemos que para ella se establece de entrada la trasferencia positiva y negativa, no hay que esperar que se instale a través del proceso analítico. La noción de trasferencia de Klein, es el "aquí y ahora" lugar de reedicion del desarrollo de la primitiva vida pulsional objetal. El analista recibe las identificaciones proyectivas del niño, y devuelve, a través de las interpretaciones esta proyección, corrigiendo las deformaciones imaginarias de la sexualidad infantil. Sabemos también que, para Klein, la interpretación debe ser rápida y certera para ella, y que debe ir directamente a la fantasía inconsciente. El motivo de este ir directamente al punto de urgencia, es que se va a producir a través de la interpretación, un alivio de la tensión y de la culpa inconciente, y esta va a ser la base del afianzamiento de la alianza terapéutica.

Sabemos que, fundamentalmente, su discepancia con Anna Freud, está en este punto, es decir, para M. Klein no hay alianza terapéutica yoica posible, la única garantía de que el proceso analítico continúe y tengamos al niño como aliado, es el alivio de la culpa inconsciente.

A través del juego, y de la asignación de roles, que el analista juega en la sesión, junto con la interpretación, el niño va progresando desde las identificaciones muy primarias y sádicas, hacia identificaciones más bondadosas y adecuadas a la realidad. En este sentido, la severidad del Super Yo de aquel que habíamos hablado como creador de severa patología, disminuye y aumenta la fortaleza yoica en el manejo de los impulsos.

La necesidad de interpretar la trasnferencia negativa se basa en el hecho de que, de lo contrario "se actua afuera"; por otro lado sabemos que el analista idealizado es el corolario del persecutorio.

Las figuras que proyecta el pacietne sobre el analista en la trasnferencia son las que ha introyectado en su temprana infancia, de modo que aca, podemos hablar del análisis como una "reedicion", pero también como una "Nueva edición" que permite este vinculo.

La elaboración de las ansiedades paranoides y depresivas, traen una mayor integración del Yo, y una modificación del carácter.

Klein considera que, el tiempo de análisis debe ser el mayor posible. La experiencia analítica es privilegiada con relación a cualquier otra experiencia, de modo que, a mayor tiempo de análisis , mas garantía de salud. En el niño que se analiza, es fundamental que el juego sea reemplazado por el lenguaje.

Las resistencias en el análisis de un niño, se manifiestan de diversas maneras. Pueden aparecer como crisis de angustia, interrupciones en el juego, desconfianza, aburrimiento, y a veces agresion.

En la técnica kleiniana predomina el abordaje de la fantasia inconcientey de los objetos del mundo interno del niño. El suceder del proceso analítico pasa por la integración y no por el recuerdo.

Klein enfatiza la disociación, y minimiza la represión; enfatiza el valor de la fantasía inconsciente en desmedro de la reconstrucción histórica.

Enfatiza la importancia de la identificación proyectiva, en desmedro de la identificación descripta por Freud.

Descentra el campo del Edipo como estructurante y del deseo inconsciente, en favor de la angustia. El sujeto del análisis produce una neurosis, casi como una creación predominantemente subjetiva, y desde una perspectiva pulsional, más que significativa.

Las diferencias que podemos establecer con Winnicott, las encontramos prácticamente en todos los puntos abordados. En primer lugar, tenemos que recordar que Winnicott hace una clasificación de los pacientes, diferente a la conocida hasta entonces.

EL considera que hay 3 grupos de pacientes que son los siguientes:

1) los pacientes que funcionan como dentro de un grupo de las psiconeurosis. Las dificultades que traen son de orden interpersonal; predominan las defensas como la represión, y en el material se manejan con relatos y sueños-

En el caso de los niños con juegos. En este caso Winnicott recomienda el psicoanálisis ortodoxo.

2) El segundo tipo de pacientes, son aquellos que están en un estadio intermedio, o sea, que han comenzado el proceso del llegar al ser completos, en el sentido de haber comenzado a arribar a la posición depresiva, pero aún no ha quedado esto resuelto o establecido completamente. Son pacientes que se manejan sobre todo con la disociación y la proyección, están fundamentalmente relacionados con su mundo interno, imaginario, y son propensos a psiconeurosis. El trabajo analítico se hace sobre todo, como un proceso de discriminación mundo interno-mundo externo., y la necesidad de la creación del como si, del espacio transicional.

En este tipo de pacientes, él considera que es fundamental el uso de las técnicas de psicoterapia.

En tercer lugar, tenemos los pacientes en estado de no integración, o en estados de disociación esquizoide. En este tipo de pacientes, no hay angustia manifiesta, hay angustia latente y difusa. Son pacientes que no han llegado a la posición depresiva, deducimos la angustia por el estado de riesgo y de desconexión con el que nos encontramos, y de allí que hablamos de angustia esquizoide. Cuando hay persecución, hay un mayor grado de organización.

La técnica que usa en estos casos, es una técnica diferente, donde el analista se debe centrar en las primeras fases del desarrollo. Se basa en la posibilidad de hacer una regresión útil con el paciente. Winnicott hace una evaluación del paciente en el sentido de la capacidad de hacer una regresión, de tener un cierto sostén yoico, y la necesidad de un medio ambiente especializado. A esta técnica, él la llama de conducción. Se trata de llevar al paciente a un estado regresivo tal que sea posible lograr como rehacer todo un proceso de desarrollo que fue fundamentalmente patológico.

En ese sentido, aparece una nueva posibilidad para el paciente psicótico, el esquizoide grave, pacientes border-line, y hablamos del análisis o del proceso analítico, ya no como un proceso de reedición, como seria en las psiconeurosis, sino de re-desarrollo.

Es que para Winnicott, podemos rehacer lo mal hecho, lo insuficientemente hecho o lo no hecho. El regreso a lo real, es necesario si la psicosis debe curar. EN el caso de la psicosis entonces, para él no es posible un tratamiento tradicional u ortodoxo, que reservaba para la psiconeurosis. Acá la diferencia con Klein es tajante, recordemos que Klein trata un niño psicótico casi exclusivamente por medio de la interpretación.

Winnicott habla de establecer condiciones para que el derrumbe sea posible, y a partir de allí se rehaga o se recubra ese hueco de experiencia. La técnica utilizada no es fundamentalmente la de la interpretación, sino al de metaforizar un holding materno. En el caso de un niño psicótico, diríamos que el niño y el analista juegan juntos y así crean entre los dos, una escena que nunca ocurrió.

Encontramos también, una noción de trasferencia diferente a la conocida. La trasferencia que se establece sobre todo con este tipo de paciente. La transferencia que se establece sobre todo con este tipo de pacientes, es una trasferencia de la dependencia, diferente como concepto a la tradicional, o sea, como un proceso en el cual se reeditan situaciones con los objetos primarios, desde el punto de vista de la catectización libidinal esta trasferencia no libidinal, sino de la dependencia, lo es de los procesos más tempranos del desarrollo, donde la integración y fortaleza yoica, no pasa por una buena satisfacción libidinal, a lo Freud o Klein, son a los cuidados de una madre, :"suficientemente buena", es decir a todo lo que él conceptualiza como proceso de sostenimiento o sostén.

Con relación a la interpretación, considera que no es el único instrumento válido en la acción terapéutica. La interpretación en ese sentido, no debe ser formulada para Winnicott, hasta que el paciente no logre un estado de total confianza. En los estados de regresión, la interpretación es solo vivida como una orden y como un sometimiento. La interpretación de hacerse recién cuando el paciente adquirió el cómo sí, la transicionalidad la situación de verdadera confianza, desde donde emerja el self verdadero. De modo que, para él, no se trata sólo de entender "el contenido del material" sino de trasmitir una interpretación en aquel momento en que prácticamente casi ya es formulada por el paciente.

Recordemos la diferencia con Klein, en el sentido de que, para ella, la interpretación, debe ser rápida, certera, e ir directamente al material inconsciente.

El hecho de que Winnicott, abordo pacientes graves, le

permitió desplegar, una serie de recursos técnicos para el abordaje de estas patologías, que no respondían bien al psicoanálisis clásico. En ese sentido, debemos mencionar, "las sesiones a pedido" que diferencia de las sesiones regulares, también "las sesiones de duración indefinida", como el método más apropiado para el tratamiento de los estados regresivos graves.

Con este punto, cerramos nuestra exposición, pensando que si bien un estudio comparativo puede ser más exhaustivo, hemos tocado algunos puntos básicos de la diferencia entre ambos autores.

Dra. Marité Cena

Médica, Prof. de Pedagogía y Filosofía del Instituto Profesional del
Profesorado. Psicoanalista. Asesora Académica y Docente del Curso
Superior de Psicoanálisis con Niños y Adolescentes de la AEAPG.
Ex Integrante de la Comisión Directiva de la Institución 'Referencia
Bs As'. Supervisora externa del Área de Internación Psiquiá-trica
de Niños y Adolescentes en el Htal. de Niños Ricardo Gutiérrez
(1980-1992). Profesora invitada de la Carrera de Especialización en
Psicoanálisis con Niños de UCES. profesora invitada de la Carrera
de Postgrado "Psicoanálisis con Niños y Ado¬lescentes" UBA.
Co-autora en Donald D. Winnicott, Alicia Levín compiladora, Ricar-
do Vergara Ediciones 2020
E-mail: martel33@hotmail.com

Estructuración del psiquismo, el lugar de la creatividad. Apuntes de la teoria de Donald D. Winnicott

Alicia Rut Levín

En el presente texto se investigará la noción de *creatividad* según las postulaciones de D. Winnicott. Este concepto aparece en los escritos del autor cuando expone su teoría acerca del desarrollo emocional primitivo; por ello, es posible encontrarlo tanto en trabajos dedicados a este tópico, como desplegado a lo largo de toda su obra.

Sin dudas, este autor ha sido una de las figuras más destacadas del psicoanálisis pos freudiano. Su teoría trata principalmente el tema de las relaciones humanas, en particular entre la madre y el bebé. Sus aportes más reconocidos han sido los conceptos de *objeto y fenómenos transicionales,* junto con la descripción de la zona intermedia de experiencia, donde ubica la experiencia cultural en la vida adulta.

Se puede llamar *"nuevo paradigma"* a la metapsicología de Winnicott, ya que utiliza categorías propias no solo para nombrar los temas teóricos del psicoanálisis freudiano, sino también para abordar el concepto de *individuo sano* y su relación con la creatividad. Como toda teoría psicoanalítica, esta incluye nuevas definiciones de persona, sujeto y su psicopatología, como por ejemplo los términos *relación, función, intersubjetividad, espacio intermedio, objeto subjetivo, objeto transicional, gesto espontáneo, agresión, y falso y verdadero self.*

El término "creatividad" que nos ocupa implica que el pensamiento psicoanalítico no ha sido ajeno a la relación entre la historia de la cultura y la subjetividad. En 1930, Freud plantea la condición del hombre en el "malestar en la cultura", postulando una condición sufriente y conflictiva para la naturaleza humana. En este sentido, la represión es el precio a pagar para acceder a la cultura.

En 1960, Winnicott establece una distinción entre *cultura y experiencia cultural*. Llamará cultura a las tradiciones, costumbres, mitos, leyendas, cuentos, etc.; es decir, formas de registro que se transmiten de una generación a otra. En cambio, ubica a la experiencia cultural del lado de cada creador, señalando el estado de ilusión creativa, del juego que cada uno puede hacer posible según su capacidad de mantener la paradoja inaugural de la existencia humana.

Es necesario recordar que para este autor en el origen no hay sujeto, sino un estado disociado de soledad no traumática. El medio ambiente favorecerá su gesto espontáneo, su espejarse en el rostro materno y establecerá una lógica de objeto subjetivo que se sostiene en el movimiento paradojal. Y dentro de esta paradoja, se encuentra frente a la primera definición de *creatividad*.

La transicionalidad es un punto de llegada del psiquismo: de forma omnipotente el bebé crea el pecho, pero la madre deberá estar ahí, disponible para ser hallada/encontrada. Es por ello que lo realmente traumático no es esconderse, sino no ser hallado. Es decir, el objeto es creado por mí, pero en verdad es hallado y creado a la vez.

Junto con la definición de la primera paradoja winnicottiana, se señala la importancia de la agresión en la constitución del psiquismo, así como la posibilidad de utilizar de la creatividad primaria, la fuerza vital, denominada por Bergson *"élan vital"*. Para Winnicott, la creatividad es inherente a la naturaleza humana y existe como potencial a ser desarrollado en el transcurso de la vida de todo individuo, mientras existan las condiciones necesarias que lo permitan. Estas condiciones son otorgadas por el suficiente cuidado y amparo del ambiente. En tal sentido sostiene el autor:

> *Por lo menos hasta que sepamos algo más, debo partir de la base de que existe un potencial creativo y de que en la primera lactación teórica el bebé tiene una contribución personal que hacer. Si la madre se adapta suficientemente bien, el bebé presume que el pezón y la leche son resultado de un gesto que surgió de la necesidad, de una idea que se montó en la cresta de la ola de tensión instintiva[1].*

El origen de la creatividad, según Winnicott, se remonta a los primeros momentos de la vida, cuando el bebé, sumergido en la absoluta dependencia de los cuidados maternos y en la cúspide del fenómeno ilusorio, siente que crea el pecho que estaba ahí para ser encontrado. El autor explica que "el bebé crea el pecho una y otra vez a partir de su capacidad de amor, o (podría decirse) de su necesidad. Se desarrolla en él un fenómeno subjetivo, que llamamos pecho materno. La madre coloca el pecho en el lugar en que el bebé está pronto para crear, y en el momento oportuno"[2]. Esta primera experiencia paradojal será la base que permitirá al niño ir adquiriendo la sensación de ser una unidad en el espacio con una continuidad temporal; a su vez, le permite aprehenderse como artífice de su propia vida. Esta actividad creadora originaria es la que lo produce, lo transforma y le otorga la capacidad de ir modificando el mundo que va encontrando.

En "La creatividad y sus orígenes" Winnicott sostiene

---

[1]   Winnicott, D. (1993). La naturaleza humana. Argentina: Paidós. p. 158.

[2]   Winnicott, D (1985) Realidad y Juego. Argentina: Gedisa. p. 28-29.

que "resulta posible establecer el vínculo –y establecerlo en forma útil– entre el vivir creador y el vivir mismo, y se pueden estudiar las razones por las cuales existe la posibilidad de perder el primero y que desaparezca el sentimiento del individuo, de que la vida es real o significativa"[3]. Vivir de forma creativa significa no ser aniquilado por medio de la sumisión o la reacción. En cambio, el trauma es lo que ha fallado; esta noción es definida como la consecuencia de la deficiencia en la continuidad temporal del aprovisionamiento primario. Por ello, en lugar de que el yo se fortalezca paulatinamente, necesita autosostenerse para sobrevivir. Dicha creatividad primaria se patentiza en el gesto espontáneo del bebé en el uso de la agresión preintencional, que forma parte del amor primitivo, entendida como sinónimo de movilidad, exploración, sin intención destructiva.

El impulso creador aparece espontáneamente si el individuo se desarrolla de modo satisfactorio y prolonga el acto vital, útil y necesario, más allá del límite práctico porque encuentra placer en su propio ejercicio (en este sentido, se relaciona con la actividad libidinal descripta por Freud; por ejemplo el chupeteo, que se prolonga más allá de su mamada y que se realiza por puro placer, en una función vital). Winnicott destaca este placer marginal de la función vital como impulso creador, que es un "sentimiento de estar vivo", vivir la vida. Lo contrario es que el individuo carezca del sentimiento de que la vida es real o significativa.

El problema que contiene este concepto de creatividad desarrollado por Winnicott, que es tan general y se encuentra tan vinculado a la condición de salud y normalidad, es que deja de ser un problema específico de la creación en sí. De este modo, la creación es sinónimo liso y llano de salud y por lo tanto es extensivo a todo acto vital. Es decir, el problema de la creación de una obra queda

---

[3]   Op. cit. p. 98.

incólume frente a esta creatividad general postulada por Winnicott.

El impulso creador en esta teoría es la cosa en sí misma. Está presente tanto en el anciano como en el bebé y guarda relación directa con el vivir mismo. Entonces –dirá Winnicott– en esta creatividad primaria, quien crea el impulso es el bebé, dentro de la paradoja anunciada. Este devenir paradojal entre la omnipotencia del primer objeto subjetivo y los otros irá cediendo hacia la instalación de un espacio de ilusión/desilusión, que a su vez, separa y une. Dicho juego y contrajuego necesita enmarcarse en la preocupación maternal primaria, es decir, holding, handling, y la presentación del mundo. Entonces, además de satisfacción, se busca una relación de dependencia con el medio ambiente, con necesidad de no tener que reconocer dicha dependencia.

Winnicott afirma que en un espacio psíquico desinvestido no hay lugar para la representación imaginativa. El blanco del espacio psíquico, sin catexia, el negativo de la relación primaria, lejos de crear al objeto fantaseado, generará una búsqueda infinita en el replegamiento y la futilidad.

En el artículo sobre la experiencia cultural, el autor alude a la "sublimación" teorizada por Freud, a partir de la cual plantea que él no pudo ubicarla topográficamente, entonces frente a esto propone una topografía donde el juego no es una cuestión de realidad psíquica interna ni de realidad exterior. Si el juego no está ni afuera ni adentro, se pregunta dónde está. La respuesta es un tercer espacio, virtual: el espacio transicional. Este espacio es tributario del objeto transicional. Esta es la primera posesión no-yo que implica a su vez la primera experiencia de juego y el primer símbolo de la unión del bebé y la madre, que puede ser localizado en el momento de transición (en la mente del bebé) entre el estado de fusión de ellos y el instante en el que la madre es percibida como separada.

El uso del objeto implica volver al instante de unión de la madre y el bebé, que ahora están separados; pero la disposición de la imagen interna de este objeto es posibilitada por la disponibilidad de la madre exterior, separada y real que mantiene viva la imagen del objeto. Esto permite que ella pueda separarse temporalmente del bebé durante un cierto tiempo. Al cabo del mismo, el niño se angustia, pero esto se resuelve con el regreso de la madre. En el caso de que la ausencia se prolongara, se produce el trauma, experimentado como una ruptura de la continuidad existencial de la vida, de modo tal que las defensas primitivas se movilizan para defenderlo de la repetición de una "ansiedad impensable" o contra el retorno de un estado de confusión aguda que implica la desintegración del yo. Aquí Winnicott realiza una importante delimitación al decir que este objeto, símbolo de unión, se expresa en fenómenos que no tienen clímax, por lo tanto, los diferencia de los fenómenos instintivos que culminan en el orgasmo. Por el contrario, los fenómenos de la zona de transición pertenecen al área de la relación con los objetos. El autor los vincula con el amor y los caracteriza por su variación. Se sabe que lo transicional no es el objeto, sino su condición de tránsito entre ausencia/presencia. La característica de dicho objeto es tolerar la ternura y soportar la agresión. Es la primera creación no-yo.

La creatividad primaria es el gesto espontáneo, el estar solo en compañía del otro; el objeto transicional da un paso más, ya que es el primer acto presimbólico: ahora se puede sustraer la presencia de la función materna antes requerida, y debe hacerse para dar lugar al objeto que imaginariza su presencia a la manera de creación. Es por ello que para este autor no se piensa en categorías de sublimación ya que es un paso posterior, corresponde a un aparato psíquico más maduro. Se cree que esta espera es aquello que permite enfrentarse con la experiencia inicial del desamparo, el valor del objeto artístico es la posibilidad de crear un sostén del tiempo de espera, un desvío en la ruta de la repetición traumática, un camino nuevo que implique una diversión –en la múltiple acepción de la palabra–.

A la inversa de Klein, Winnicott atribuye gran importancia al papel del entorno en los comienzos de la vida de un individuo. La calidad del entorno (intercambios en el juego de un adulto con el niño) tendrá efectos en el desarrollo posterior. Por lo contrario, la madre que se fue en exceso no existe más para la inmadurez psíquica del bebé, está muerta. Queda así un espacio psíquico desinvestido; el sujeto, lejos de crear un objeto, se asegura llenando un agujero en el plano de la fantasía, se impone deberes que lo eximen de pensar. Por ejemplo, una paciente de Winnicott se obligaba a leer y pintar como una muralla contra la amenaza de derrumbe. Su actividad del fantaseo le permitía, por efecto de la disociación, no estar presente en el mundo aunque se hallara acaparada por la actividad de su quehacer de relleno.

La madre-entorno genera una seguridad al nivel del ser antes de poder autorizarse sin riesgo a sentirse diferenciado en el plano del ser con el otro. Las posibilidades posteriores de identificación surgen de la etapa que precede a la separación del cuerpo de la madre, solo a partir de ese momento el niño "se tiene" en un cuerpo de él y puede instalarse sobre las bases de una separación lograda. Para Winnicott, el juego es un hacer y se vincula con el sueño y sus posibilidades de desplazamiento. Por otro lado, el autor apela a otra concepción de la fantasía, de la imaginación y el sueño diurno, lo que implica la capacidad de jugar y de libertad. Esta función de la fantasía se daría en un territorio creativo, donde la permutación y el desplazamiento suceden libremente. Al igual que el juego con las palabras, el sentido del humor corresponde a los juegos infantiles, a ese tiempo donde se ignora lo cómico y el placer es menos pudoroso.

El "corte epistemológico invisible", según Dannet, pasaba precisamente por aquel que renovó el interés: Winnicott. Allí donde las formulaciones y los esquemas de pensamiento anteriores suponían la afirmación de una identidad suficientemente asegurada, allí donde el pensamiento se movía sobre la paradoja del origen de la creación, el conjunto de conceptos formados en la teoría de Winnicott sobre la transicionalidad proponen una tolerancia a las paradojas que permiten mantener en suspenso la cuestión y a su vez establecer lo indecidible, necesario a su metabolización.

El concepto de encontrado/creado que formula Winnicott transforma las relaciones recíprocas de lo sexual y de la creación. La satisfacción alucinatoria del deseo que precede el proceso creador no puede mantenerse más que por el encuentro de este con una realidad creable en la medida en que confirme el proceso mismo. Desde entonces, no hay más lugar para interpretar la creación a partir de lo sexual, no es concebible sin un primer lazo orgánico con la creación. Es a partir de la inevitable distancia entre lo encontrado y lo creado –y como proceso de reducción de esta distancia–, que se encuentra la nueva definición subjetiva. Así, la creación abre la problemática de lo sexual; la sexualidad deviene entonces un caso particular de la manera en la que esta diferencia y la distancia trabajan la creación. Al deseo de crear como expresión de lo sexual se sustituye la necesidad de crear como motor de la sexualidad. Al pasaje de la creación se abre el modelo procreativo sin necesidad de tener que ser pensado a partir de lo "parcial de la perversión".

En este sentido, la simbolización aparece como el nuevo fin del aparato psíquico en el seno de su tarea de vida y sobrevida. La acción y la producción, entonces, son o deben ser subordinadas. El mundo, la vida y sus particularidades históricas deben ser encontradas y creadas; lo sexual representa la fuerza ligadora que permite su ejecución[4]. Por otra parte, la creatividad es común a todos los sujetos siempre que su medio circundante sea suficientemente bueno. Lo esencial de este objeto es la distancia entre la creación ilusoria del pecho en la mente del bebé y el pecho real ofrecido por la madre en el momento oportuno. La regulación de esta distancia es esencial para el destino del proceso de creación Es preciso tener en cuenta lo que sostiene al respecto Roussillon:

> *Dificultad de crear: La dificultad será ver la manera en que se puede cumplir este trabajo, es decir ver las condiciones de la posibilidad de su emergencia. Si la distancia entre lo encontrado y lo creado es muy excesiva, aquello que la noción de "significantes enigmáticos" propuesta por Laplanche no permiten pensar de manera suficiente, la pulsión sexual tendrá dificultad de organizarse y de asegurar su primado. La ligazón será desvalorizada por la amplitud de la tarea y dejará lugar a las formas desorganizadoras de la pulsión de muerte. En lugar de un deseo de crear, el movimiento tomará entonces la forma de una dificultad de crear o si la empresa parece perdida de entrada, de una obligación de destruir[5].*

Hay que distinguir entre la dificultad, el deseo y la obligación de crear como funciones emergentes de esa distancia entre el objeto creado y el encontrado.

En este punto, hemos diferenciado dos modalidades de proceso creador. La primera, centrada en el deseo de crear como una tentativa para reducir la distancia inevitable que se insinúa entre lo encontrado y lo creado por medio de la simbolización. La segunda, fundada sobre la necesidad de tratar de reducir una rajadura sobrevenida

---

[4]   Ibidem.

[5]   Roussillon.

en la trama de la subjetividad. En ambos casos, la actividad creadora está al servicio de la función de síntesis del yo y de la subjetividad; la actividad simbolizante que opera en la producción creadora está sometida a un trabajo de disfraz que trata de reducir la traza de la herida que motiva la tentativa.

Ahora bien, una cosa es que la actividad creadora se funde en la reducción de esta distancia, es decir, el deseo de crear; otra muy distinta es que se apoye en una tentativa de suturar, como sucede en la obligación de crear, donde hay una falla en la trama de la subjetividad y este borramiento se efectúa bajo el intento de anular todo lo que se agita en el proceso creador. En este sentido, la metaforización, que siempre conserva un lazo con el agente que lo alimenta, es diferente a querer reemplazar radicalmente esa fuente.

En el primer caso, la transicionalización de la relación con la producción creadora se efectúa también en la interioridad psíquica, el lazo es primario y se dan las condiciones para el establecimiento de un nuevo lazo secundario; en el segundo caso, la simbolización primaria no tuvo lugar –y justamente, busca efectuarse con la ayuda del dispositivo simbolizante utilizado para la producción artística o creadora–, el lazo con la producción será secundario y buscará crearse "afuera" por estar ausente en el interior.

Así la creatividad se convierte en el dispositivo simbolizante por antonomasia, reduce la distancia entre realidad interna y externa a su integración significante, o lo que es lo mismo, a la capacidad de crearlo dentro de sí. De este modo, lo encontrado debe poder ser creado, simbolizado: ser capaz de producir lo que se crea subjetivamente y de crear lo que se encuentra en tanto adquiere un significado para el sujeto.

Winnicott considera a la agresión y a la destrucción como innatas y primordiales en el desarrollo emocional, pero a diferencia de Klein, las define como fuerzas que provienen y actúan como impulso de vida y que lograran expresarse en función de lo que proporcione el ambiente. Propone así a la agresión como otra vía de desarrollo altamente original y sutil, y en tal sentido no ligada a la inevitabilidad de la muerte. El autor enuncia que la agresividad en su origen carece de intención y, por lo tanto, su finalidad no consiste en hacer daño, sino que pasa a ser responsabilidad del yo en el momento en que este ha alcanzado la integración y unificación suficientes para que surja la ira. En los primeros momentos de la vida entonces, la agresión es equiparable al movimiento espontáneo que el bebé lleva a cabo cuando encuentra un ambiente que le muestre oposición y que le permitirá descubrir el entorno. Winnicott sostiene al respecto: "En su origen la agresividad es casi sinónima de actividad, es una cuestión de función parcial"[6]; "Si se pierde la agresión en esta fase del desarrollo emocional, se produce también cierta pérdida de la capacidad de amar, es decir, de relacionarse con los objetos"[7].

La madre como primera representante del ambiente es la que debe sostener y a la vez presentar oposición para que el nuevo individuo pueda ser y sentirse él mismo y la vida como real. Cuando esto no ocurre y la madre no reconoce la agresión primera del bebé como parte de su amor y solo lo siente como un acto agresivo, el infante lo registra como una intrusión. Estas intrusiones reiteradas son las que interfieren en su desarrollo espontáneo y creativo, y lo obligarán a reaccionar de manera defensiva a partir de un self falso. Sobre esto, refiere el autor: "La madre que no es suficientemente buena no es capaz de instrumentar la omnipotencia del infante, de modo que repetidamente falla en dar satisfacción al gesto de la cria-

---

[6]		Winnicott, D. (1979) *Escritos de Pediatría y Psicoanálisis*. Barcelona: Editorial Laia, S.A. p. 282.

[7]		Op. cit. 284.

tura. En lugar de ello lo reemplaza por su propio gesto, que adquirirá sentido por la sumisión del infante"[8].

El gesto espontáneo es, para Winnicott, el primer movimiento creativo que el bebé emite y que la madre debe recibir tal cual es, lo que implica el amor y la agresión sin intención provenientes del self verdadero. Postula el autor: "Periódicamente el gesto del infante expresa un impulso espontáneo; la fuente del gesto es el self verdadero y ese gesto indica la existencia de un self verdadero potencial. Tenemos que examinar el modo como la madre satisface esta omnipotencia infantil revelada en un gesto (o agrupamiento sensorio-motor)"[9].

El otro momento clave del desarrollo, la transicionalidad, según Winnicott es un lugar prioritario para la expresión y desarrollo de la creatividad. Este campo, que puede ser reconocido en la obra de los filósofos y poetas metafísicos, "no puede encontrarse, en rigor, fuera de la esfera de quienes se ocupan de la magia de la vida creadora e imaginativa"[10]. En este espacio intermedio o potencial, los términos son ilusión/desilusión y la paradoja se juega entre lo interno/externo, la unión/separación, lo creado/encontrado.

La madre empática, al adaptarse de manera suficiente a las necesidades de sostén del bebé y fallar en el momento oportuno, es decir, cuando el infante puede tolerar la falla, será quien facilite la experiencia de creación propia de este momento transicional. En este lugar intermedio, Winnicott privilegia el jugar como la actividad creadora por excelencia: "el juego es una experiencia siempre creadora, y es una experiencia en el continuo espacio-tiempo, una forma básica de vida"[11]. En este sentido, el jugar solo

---

[8] Winnicott, D. (1999) *Los procesos de maduración del ambiente facilitador*, Argentina: Paidós. p. 189.

[9] Op. cit. p. 188-189.

[10] Winnicott, D (1985) *Realidad y Juego*. Argentina: Gedisa. p. 14.

[11] Op. cit. p. 75.

es tal si incluye en su esencia la idea de movimiento, en el cual irrumpe la vida instintiva o la intrusión del medio ambiente: "si la excitación física o el compromiso instintivo resultan evidentes cuando un chico juega, el juego se detiene, o por lo menos queda arruinado"[12]. Se puede inferir entonces que la creatividad propia de la transicionalidad se interrumpe cuando la pulsionalidad invade este territorio.

Al referirse a esta experiencia creativa del jugar, tanto del niño como del adulto, Winnicott diferencia el juego definido por reglas que lo ordenan de aquel que se desarrolla libremente, señalando que este último, justamente por carecer de reglas, puede aparecer y ser sentido como enloquecedor. El autor expresa que "es preciso considerar los juegos y su organización como parte de un intento de precaverse contra los aspectos aterradores del jugar", aclarando además que "lo natural es el juego, y el fenómeno altamente refinado del siglo XX es el psicoanálisis"[13]. El juego comienza en este campo potencial entre la madre y su bebé, madre que será percibida como digna de confianza si tiene por motivo su amor, "su amor-odio o su relación objetal y no formaciones de reacción"[14].

En etapas posteriores del desarrollo, el niño juega sobre la base del supuesto de que la persona a quien ama y en quien confía "se encuentra cerca y que sigue estándolo cuando se la recuerda, después de haberla olvidado"[15]. El infante siente que la madre refleja lo que ocurre en el juego, se encuentra solo en presencia de alguien. Aparece aquí otra de las paradojas centrales del pensamiento de Winnicott: estar solo mientras alguien más está presente.

La oportunidad de vivir esta experiencia inaugura la

---

[12] Op. cit. p. 62.

[13] Op. cit. p. 65.

[14] Op. cit. p. 65

[15] Ibidem.

"capacidad para estar solo" y hace referencia a un tipo de relación que Winnicott denomina "relacionalidad del yo", una complicación del yo donde no interviene el ello. En esta relación, dos personas están juntas, pero una de ellas o ambas, están solas. Importa la presencia del otro hasta que finalmente el niño puede permitir una superposición de dos zonas de juego y disfrutar de ella. De esta manera, queda preparado el camino para el jugar juntos en una relación.

Winnicott postula que los fenómenos transicionales y el juego se extienden y alcanzan su ampliación en el vivir creador del hombre y en todas sus "experiencias culturales", que resultan imposibles de pensar sin tener en cuenta la tradición heredada. Sostiene el autor: "en campo cultural alguno es posible ser original, salvo sobre la base de la tradición. (...) Me parece que el juego recíproco entre la originalidad y la aceptación de la tradición como base para la inventiva es un ejemplo más, y muy incitante, del que se desarrolla entre la separación y la unión"[16].

Es por ello que Winnicott llega a postular que el psicoanálisis es la posibilidad de "introducir enriquecimientos" en esa zona de superposición entre el juego del niño y el de la otra persona. En tal sentido afirma:

> *La psicoterapia se realiza en la superposición de las dos zonas de juego, la del paciente y la del terapeuta. Si este último no sabe jugar, no está capacitado para la tarea. Si el que no sabe jugar es el paciente, hay que hacer algo para que pueda lograrlo, después de lo cual comienza la psicoterapia. El motivo de que el juego sea tan esencial consiste en que en él el paciente se muestra creador*[17].

Al definir las experiencias que se producen en la transi-

---

[16]   Op. cit. p. 134.

[17]   Op. cit. p. 80.

cionalidad, Winnicott otorga un valor fundamental al elemento de confianza, sin el cual sería imposible la creación y desarrollo de esta zona. Esta confianza que tiene su origen en un suficiente cuidado ambiental, se extiende y se hace imprescindible en el ejercicio de la función analítica. Es en este sentido que el autor expresa: "La fe del bebé en la confiabilidad de la madre, y por lo tanto en la de otras personas y cosas, permite la separación del no-yo y el yo. Pero al mismo tiempo se puede decir que la separación se evita al llenar el espacio potencial con juegos creadores, con el empleo de símbolos y con todo lo que a la larga equivale a una vida cultural"[18]; "Los analistas deben cuidar de no crear un sentimiento de confianza y una zona intermedia en la cual puedan desarrollarse juegos y luego inyectar en esa zona, o llenarla de interpretaciones que en rigor provienen de su propia imaginación creadora"[19].

Para Winnicott, de este modo, la posibilidad de usar el objeto no significa su explotación, sino el desarrollo del potencial creativo, de modo que esta relación autoriza al individuo a sentirse libre para ser creativo y reconocer su propia vida como distinta de la del objeto. Por lo tanto, la existencia y la vida creativas dependerán de la capacidad y el riesgo que pueda correr cada individuo en destruir al otro en su fantasía.

Entonces, para el autor el concepto de creación es inseparable de la vida misma, ya que la creatividad tiene su origen en los comienzos mismos de la existencia y se expresa en los diferentes momentos del desarrollo, alcanzando su máximo despliegue cuando el individuo habita el terreno de lo transicional, donde el jugar en sus múltiples manifestaciones y derivados reúne una importancia primordial.

Para terminar, se podría pensar que así como el primer "dale que" del juego corresponde al acto de la función del

---

[18]   Op. cit. p. 145.

[19]   Op. cit. p. 137.

medio ambiente, dando la vivacidad interior que necesita un bebé para crear el objeto subjetivo, no se podría dejar de mencionar que las creaciones diabólicas de la naturaleza humana corresponden, entre otras cosas, al déficit inicial de no poseer en qué y en quién anclar la existencia.

Una alumna de la Maestría en Psicoanálisis de esta casa, *María del Carmen Castro*, en su Seminario acerca de la posición del analista en la teoría de Winnicott, dice:

> *Se puede vivir, sin estar vivo, acotado, acatando una existencia obediente, sin sueños propios, bajo el pensar de los otros quienes prometen la felicidad en cajita. (...) Pensar en la creación en Winnicott, es pensar en un hijo que atesora un objeto, si miles de otros lo hicieron antes que él, con un código inscripto, pero esto no cuenta. La madre está ahí, sostiene al hijo y a la ilusión de lo subjetivamente propio. Madre e hijo van siendo. (...) Quizás sea en el "entre" la opulencia y la exclusión donde esté la posibilidad de rescatar ese espacio potencial sagrado. ¿Será posible contribuir desde la práctica psicoanalítica a que ese sujeto único confíe cree, creándose, sacudiéndose las apariencias y los discursos ajenos para encontrar su pequeña pero propia creatividad cotidiana?*

En síntesis, la existencia de este espacio subjetivo en el bebé, este origen signado por la pura ilusión y omnipotencia, es el cimiento de la vida de un individuo, que intenta arribar al estado de persona y, como tal, establecer diferentes relaciones con personas y objetos de la realidad.

Bibliografía

Freud, S. (1976). *"Más allá del principio del placer"*, en Obras completas. Buenos Aires: Amorrortu Editores. Vol. 18.

Freud, S. (1976). *"El malestar en la cultura"*, en Obras completas. Buenos Aires: Amorrortu Editores. Vol. 21,

Levin, Alicia (2001). *Trauma civilización y barbarie: la creatividad.* Seminario dictado en el encuentro de la AEAPG. Buenos Aires.

Levin, Alicia (2001). *Figuras de lo Traumático. Creatividad, sublimación, elaboración.* Simposium AEAPG.

Phillips, A. (1997). *Winnicott.* Argentina: Lugar editorial.

Winnicott, C. (1978). *"Donald Winnicott en persona"*, en Donald W. Winnicott. Buenos Aires: Editorial Trieb.

Winnicott, C. (1991). *"Una reflexión sobre D.W.W."*, en Exploraciones psicoanalíticas I. Argentina: Paidós.

Winnicott, D. (1919). *"A Violet Winnicott"*, en *El gesto espontáneo. Cartas escogidas* D.W. Winnicott (1990). Argentina: Paidós.

Winnicott, D. (1952). *"A Melanie Klein"*, en *El gesto espontáneo. Cartas escogidas* D.W. Winnicott (1990). Argentina: Paidós.

Winnicott, D. (1952). *"A Roger Money Kyrle"*, en *El gesto espontáneo. Cartas escogidas* D.W. Winnicott (1990). Argentina: Paidós.

Winnicott, D. (1954). *"A Anna Freud"*, en *El gesto espontáneo. Cartas escogidas D.W. Winnicott* (1990). Argentina: Paidós.

Winnicott, D. (1985). *Realidad y Juego.* Argentina: Gedisa.

Lic. Alicia Rut Levin

Licenciada en Psicología (UBA). Posgrado en Psicoanálisis (AEAPG). Master en Psicoanálisis (UNLAM-AEAPG). Co-coordinadora del Área Pensando desde Winnicott (AEAPG). Profesora titular en UNLAM-AEAPG. Ex secretaria científica de AEAPG. Ex presidente de AEAPG. Autora de varios textos de psicoanálisis contemporáneo desde Freud, Winnicott y posfreudianos. Integrante del espacio del malestar en la cultura AEAPG. Co-directora de investigación UNLAM-Conicet acerca de las nuevas parentalidades.
Compiladora del Libro Donald D. Winnicott Ricardo Vergara Ediciones 2020
E-mail: alicialevin52@gmail.com

La cesion de los objetos *a* durante la infancia y su rol en la estructuracion del psiquismo

Mabel Fuentes

Pensar en la estructuración psíquica implica conocer a qué apunta esa estructuración, cuál es el producto final, por así decir, qué es lo que tiene que quedar constituido al llegar a la adultez.

Desde Freud hablamos de la constitución del aparato psíquico. Lacan, en cambio no utiliza la noción freudiana de aparato, él apunta a la estructuración en términos de sujeto. Sujeto sujetado, dividido en relación al objeto que lo causa, según la fórmula del fantasma. El fantasma es en esta teoría, el axioma de todos los enunciados del inconsciente.

El término "aparato psíquico" que acuñó Freud es deudor de la física y la biología de su época. Lacan extrae la noción de sujeto de la Filosofía y la resignifica a la luz del inconsciente freudiano. Ya no es el sujeto cognoscente o percipiente. La subjetividad está marcada por la división subjetiva, entre lo que es accesible para la consciencia (Inc. y Prec.) y lo que es del orden del Inc. sistemático de Freud, cuyo funcionamiento sigue los procesos primarios (condensación y desplazamiento). Así el sujeto barrado ($) es el sujeto del inconsciente, el sujeto del deseo.

Pero el sujeto en Lacan tiene su contrapartida forzosa, que es el objeto, el objeto **a**. Esos dos términos forman la fórmula del fantasma en su mutua implicación.

$ si y sólo si objeto **a** y viceversa. Objeto a si y sólo si $

(doble implicación o implicación recíproca en lógica). Se escribe así:

$$\$ <> \boldsymbol{a}$$

Este objeto **a**, objeto del deseo (objeto causa del deseo), es al mismo tiempo el objeto de la pulsión, bajo sus distintas formas: el pecho, las heces, la mirada, la voz, el falo. De él dice Lacan, que es su única invención. "Este objeto a lo designamos con una letra. Tal notación algebraica tiene su función. Es como un hilo destinado a permitirnos reconocer la identidad del objeto en las diversas incidencias en las que se manifiesta."[1] Se trata de un concepto central que articula -junto con la noción de sujeto- la idea del fantasma fundamental como organizador de toda la vida psíquica, que se escribe en su fórmula ($\$<>\boldsymbol{a}$).

Respecto a este objeto a, Lacan prefiere usar la palabra objetalidad, para que no se confunda con objetividad, término propio de la clásica oposición sujeto-objeto. Al decir de Lacan, el a es el objeto del psicoanálisis, el único, y le dedica todo un Seminario, el 13 (1965/66). No se superpone con la noción de objeto en Freud, aunque hace pie en los objetos de las pulsiones parciales que él describe. Estos objetos (pecho, heces, mirada, voz) le brindan un soporte corporal, pero para que devengan objeto a debe efectuarse sobre ellos una operación lógica. Es así, mediante esa operación, que el objeto de la pulsión puede llegar a funcionar como objeto del deseo, objeto causa del deseo, en el fantasma. ¿En qué consiste esa operación? En un corte, corte efectuado no sobre el viviente mismo sino sobre el hablante.

¿Cuáles son los niveles de esta experiencia corporal donde se produce el corte que constituye al a como causa del deseo? Algunos de ellos fueron enunciados por Freud:

---

[1]   (Lacan. Seminario 10). 9 de enero de 1963 pág. 98

objeto oral, anal, fálico. Esta lista -dice Lacan- tiene que ser completada. "En esta entidad tan poco aprehendida del cuerpo, hay algo que se presta a esta operación de estructura lógica que nos queda por determinar. Es el seno, el escíbalo, la mirada, la voz: estas piezas separables, sin embargo, profundamente ligadas al cuerpo. He aquí de lo que se trata en el objeto *a*."[2] Estos aparejos del cuerpo -así les llama- son lo "listo para proveer" lo que el fantasma está listo para llevar (vestir).[3]

La relación del hombre con su deseo, sólo se despliega plenamente por una suerte de despedazamiento del cuerpo propio, por un corte que Lacan llama separtición (partición en el interior). Es un corte de naturaleza significante e implica también a la imagen del cuerpo. El objeto a es lo que agujerea los tres registros: real, simbólico e imaginario. Es una falta que comparten el sujeto y el Otro. Si el sujeto sólo puede constituirse en el campo del Otro (tesoro de los significantes), necesita igualmente de la falta en el Otro, para tomar de allí su propia falta. El objeto a habita en esa falta compartida. Sólo podemos constituirnos como deseantes a partir del deseo del Otro. Si el que ocupa ese lugar de Otro para el niño/a (habitualmente la madre en primer término) no deja ver su falta, se complican las vías para una estructuración neurótica. Es menester que el niño/a genere un interrogante acerca del deseo de la madre, que no haya una respuesta demasiado consistente a esa pregunta, para que pueda ir armando su propio fantasma. Ese fantasma es la respuesta que se puede construir a lo largo de la infancia y la adolescencia a la pregunta ¿Qué quiere el Otro de mí en tanto moi (yo)? "Quiere eso" es una respuesta formulada en términos de pulsión. ¿Qué clase de objeto quiere ella que yo sea? Su

---

[2]   Lacan, J.: (2002) [1966-1967] Seminario 14: La lógica del fantasma. Inédito. Texto de la clase 1 del 16-

[3]   11-66. Documento de trabajo para circulación interna de la E.F.B.A. Traducción: Carlos Ruiz. "Prét a porter", en francés.

muñequita, su cruz, su soretito, pincelan trazos acerca la pulsión escópica y anal, por ej.

Entonces, estamos hablando de la función que la percepción de la castración materna -y en última instancia castración del Otro- tiene en la constitución del infantil sujeto.

Recordemos que la castración en Lacan difiere de la amenaza de castración freudiana, la castración en esta teoría, es lo que habilita el deseo. No se refiere de manera exclusiva al órgano viril, el falo está en una lista de la que participan objetos ligados a las pulsiones parciales; el pecho, las heces, la mirada y la voz. Como vemos esas pulsiones ya fueron mencionadas por Freud, la única que Lacan agrega a la lista es la pulsión invocante, cuya meta es "hacerse oír".

Es necesario recorrer cada uno de estos pisos de la castración para acceder a constituirse como sujeto deseante, sujeto-en-falta-de. La falta, la falta estructurante es el motor del deseo.

Ahora bien, hay tiempos de la constitución del sujeto, tiempos instituyentes que concluirán con la construcción de un fantasma fundamental y su sellado. Ese sellado del fantasma marca el pasaje entre el final de la adolescencia y el comienzo de la adultez. Uno de estos tiempos instituyentes es la infancia. Durante la niñez es esperable que se instaure la represión para dar como resultado una neurosis, en el mejor de los casos. El complejo de Edipo en la neurosis puede llegar a un feliz desenlace gracias a la intervención paterna que permite que el niño, la niña, puedan sustraerse a seguir ocupando el lugar del falo faltante de la madre, que es el inicio para todo ser hablante. Se entra en la estructura significante mediante el deseo del primer Otro al que se le dirige la demanda. Demanda que surge de la necesidad alimenticia, pero que rápidamente se sexualiza, según el concepto de apoyatura freudiano.

Función paterna mediante, que desaloja al niño de ese

lugar de falo para la madre, se puede devenir sujeto del inconsciente, hacer metáfora.

Eso se evidencia cuando los niños empiezan a tener efectos de inconsciente. Por ej. son capaces de hacer un chiste (el chiste como formación del inconsciente), tener sueños con la deformación propia de la represión, tener un lapsus. Antes de eso en lugar de hablar, "somos hablados por el Otro". Doy el ejemplo de la sobrinita de una paciente, de 3 años, que andaba por la casa restregándose las manos y suspirando "¡Así es la vida!". Mi paciente decía: "Tan pequeñita ... ¿qué puede querer decir eso para ella...? Sólo repite lo que suele murmurar mi hermana.

Cuando somos adultos, el Otro nos habita como inconsciente. En lugar de hablar, somos hablados, pero ya no en bruto y en directo como en el caso que mencionaba recién. Hay una producción propia del sujeto, que se ha vuelto capaz de sustituir los significantes maternos por otros -tomados del lenguaje- que resignifican los primeros, los escuchados. A eso se llama hacer metáfora, producir un sentido nuevo, una nueva significación gracias a que la represión está operativa. Eso nos lleva a la definición lacaniana de que "Un significante es lo que representa un sujeto del inconsciente para otro significante". De lo que surge que el sujeto no es una sustancia inmanente, no está allí ligado a la noción de "ser". Es un sujeto evanescente que se produce en el decir. Es lo que queda representado entre un significante y otro de una cadena significante. El inconsciente pulsa en el decir, y el sujeto aparece -cuando el inconsciente produce una de sus formaciones- y luego desaparece nuevamente. No es que esté allí todo el tiempo.

Si bien una vez instaurada la represión infantil postedípica en niño queda a resguardo de la psicosis, no con esto queda completada la estructura psíquica.

Para establecer ese corte que separa al sujeto de su Otro, es necesario ceder cada uno de los objetos que implicaron la alienación previa[4]. Es necesario efectuar un doble corte: uno del lado del sujeto en constitución y un segundo corte del lado del Otro. Hay tiempos de la castración que se cumplen en relación a la serie de los objetos a durante la infancia.

A partir de la pubertad, hay una nueva vuelta de la castración en la cuál es necesario volver a ceder cada uno de los objetos de la pulsión, para hacer el pasaje adolescencia-juventud, y disponer de los recursos del fantasma. Recordemos que el fantasma como recurso, implica la posibilidad de angustiarse. Antes de disponer de un fantasma, las patologías se muestran en forma de un goce[5] más crudo, que muerde sobre el cuerpo, por ej. bajo la forma de expresiones psicosomáticas, adicciones, impulsiones, anorexia, bulimia, etc. Cuestiones relacionadas con lo que desde Freud se piensa como lo no ligado a las representaciones.

Volvamos a la cuestión de los pisos de la castración relacionados con el corte entre el sujeto y el Otro, que son la génesis del objeto a como causa de deseo. Quisiera remarcar la diferencia entre cesión (del verbo ceder) y la pérdida del objeto. En la cesión el niño es activo, la pérdida puede ser vivida como "algo que el Otro me hace" es decir, como privación o frustración.

La cesión del objeto durante la infancia se lleva a cabo predominantemente a través del juego.

---

[4]   Alienación y separación son dos operaciones lógicas entre el sujeto y el Otro que dan como resultado la génesis del objeto a como causa de deseo. Lacan desarrolla estas ideas en el Seminario 11.

[5]   Goce en Lacan no hay que entenderlo como disfrute. Es lo opuesto al placer. Es displacer, y especialmente un más allá del principio del placer. Es la búsqueda de satisfacción pulsional que arrastra al sujeto al sufrimiento, al dolor, y eventualmente al daño corporal y la muerte. La angustia, por su parte, tiene un lugar de pivote, intermedia entre goce y deseo. Su emergencia nos indica un pasaje entre uno y otro. En un principio Lacan indica que "es la sensación ante el deseo del Otro" para terminar afirmando que "hay angustia ante la inminencia de la cesión de un objeto". De lo que se concluye que esa cesión implica pérdida de goce a favor del deseo.

¿Qué quiere decir ceder el objeto mediante el juego? Comencemos con el objeto de la pulsión oral: es el pecho. En algún momento donde la necesidad alimentaria ha perdido su urgencia (aunque subsista aún) el bebé puede interrumpir la mamada, jugando a tomar y soltar el pecho, siempre y cuando la madre lo permita. Se trata de algo como un precursor del juego del fort-da que Freud menciona en su "Más allá del principio del placer". Este primer juego con el pecho, que seguramente continuará con el chupete u otro elemento, le permite al infans probar sin el dramatismo de una pérdida "en serio" la vivencia de la falta.

Jugar con la falta del pecho, rechazarlo y luego desearlo y volver a tomarlo porque sigue allí. Para que esto pueda ocurrir, el pecho tiene que permanecer ofrecido, ofrecido para ser tomado y dejado. Si la madre se fastidia y concluye que "no tiene más hambre" o "ya no está comiendo" o "está jugando" connotado con un juicio de valor negativo, e interrumpe la situación (una madre que sólo ve al niño en la dimensión de la necesidad), probablemente el niño comience a llorar, ese llanto...cómo entenderlo... ¿como descarga, como llamado...como un indicador de la subsistencia de la necesidad alimentaria incompletamente satisfecha...?

Tenemos derecho a conjeturar que se ha sentido privado del objeto por el Otro.

Puestas así las cosas, por quien tiene el mayor poder de decisión, aparece la figura del Otro caprichoso, aquél que tiene el objeto, que puede darlo o negarlo a voluntad (Otro sin barrar, sin castración). Por lo tanto, sólo se puede demandárselo y acomodarse lo mejor posible al deseo de aquel Otro (aquella, la madre) a quien se le supone tenerlo.

A la inversa, podemos inferir que cuando la madre permite que el niño juegue con el pecho, está consintiendo que el niño lo haga suyo (de él). Para consentir en esto, la actitud de la madre frente a su propia castración tiene que haberse tramitado suficientemente como para que no se identifique al pecho que porta, admitir que, durante la lactancia, el pecho es un objeto que está en el cuerpo de ella, pero que pertenece a los dos, es el órgano de intercambio.

Lacan, piensa toda esta serie de objetos cesibles (objetos de la pulsión parcial) sobre el modelo de la placenta, no es una parte ni del futuro bebé, ni de la madre, está entre los dos, cuando en el parto los cuerpos se separan, la placenta sigue su propio destino, va a parar al tacho de basura, es lo que ya cumplió su función, un resto. Para ello son necesarios dos cortes: del lado de la madre la placenta se desprende y es expulsada, del lado del niño alguien corta el cordón umbilical. Luego resta un proceso, del cual queda una marca, el ombligo.

Pensando sobre esta base las formas del objeto a, el corte para que la cesión sea posible, lo hace el significante, en la única persona en la situación que en ese momento se encuentra en disposición de él, a esas alturas, la madre. En ella se opera el corte del lado del Otro, porque ocupa ese lugar para el niño, sujeto en constitución.

Este juego del bebé con el pecho es el primer signo de un futuro sujeto, la madre podrá aceptarlo como tal y ofrecer el pecho con vistas no sólo a que el niño se alimente, no sólo como una actividad libidinal compartida, sino que lo ofrece también para que pueda irse destetando y pasar a la alimentación sólida, y para hacer esto tiene que haber metaforizado la ecuación imaginaria niño igual falo. Implica que tiene en cuenta el incipiente deseo del niño, aún en ciernes, que acepta que el crecimiento involucra fases en las que lo que ella ofrece pueda ser rechazado, y que eso da indicios de la alteridad del niño. Una "buena" madre es la que puede sostener la investidura libidinal, aunque el niño sea otro.

La cesión de esta serie de objetos, implica un doble

corte, uno del lado de quien ocupa el lugar del Otro, y el segundo del lado de aquel que está recorriendo el camino de la subjetivación.

Ceder el objeto implica dejar caer la suposición de goce, la creencia en que ese objeto hace gozar al Otro. Esa creencia hay que irla tramitando en relación a cada una de estas formas del a, ya que el goce es imposible. No sólo está prohibido por la Ley, sino que es imposible. El acceso al goce sería la muerte, la satisfacción total de la pulsión de muerte. En el plano lógico la supresión definitiva del sujeto del deseo, donde el ser del sujeto quedaría absolutamente alienado al objeto *a* que es para su Otro. El niño/a encarna con facilidad el objeto *a* en el fantasma materno.[6] (Lacan, 1969).

Volvamos a la cuestión de cómo se cede el objeto oral (el pecho y sus sucedáneos: mamadera, chupete, etc.). El bebé mayor jugará a escupir la papilla, a jugar con ella en lugar de comérsela, y en todos estos casos fracasará en su intento de ceder el objeto si la madre se fastidia demasiado pronto y toma un rol demasiado activo en la pérdida del objeto.

Lo mismo ocurre si llega la noche y la madre todavía está con la cucharita.... Es decir, si la madre es quien demanda que el bebé "la coma". Una madre que se siente rechazada porque el chico escupe, o cierra su boca ante la cucharita, tiende a producir más anorexia que deseo oral, es decir, la inhibición del deseo oral que está en el extremo opuesto a la angustia. No hay angustia, no hay deseo, no se efectiviza la castración, no hay avance en el camino de la subjetivación. Sabemos que la madre obtiene en el hecho de alimentar una satisfacción pulsional y narcisista, como la que obtenía de niña jugando a alimentar a sus muñecos. Es claro que los muñecos no se negaban (salvo

---

[6]   Según los momentos de la enseñanza de Lacan el niño/a ocupa el lugar del falo que es el objeto de deseo de la madre (Seminarios 4 y 5). Más adelante se refiere al sitio que el hijo/a ocupan como objeto a en el fantasma materno.

que necesitara jugar a eso) y su niño real, a veces sí. También puede ser para la madre un imperativo superyoico: "tienes que nutrirlo bien para ser una buena madre". El desafío es renunciar a la satisfacción narcisista (tener una buena imagen de sí misma como madre) y al cumplimiento con el superyó en aras del respeto que el niño como futuro sujeto le merece. Ese respeto nace del amor, según la frase de Lacan *"el amor permite al goce condescender al deseo"*. (Lacan, 1963).

Entre los dos y los tres años, inician habitualmente los padres la educación esfinteriana. Y así hacen aparecer el objeto anal como objeto de litigio entre el sujeto y el Otro. Las heces están en el cuerpo del niño, pero la demanda del Otro (lugar que ocupan los padres) que busca hacerlas entrar en su órbita, es un reclamo para que el niño las considere ajenas, las "suelte". No es sólo que salgan de su cuerpo, es demandarle que deje de considerarlas suyas, e incluso que las rechace, que les quite valor al final del proceso. Es una vía de ingreso al mundo compartido de los que se privan de "hacer" dónde y cuando quieren. Se le pone el ejemplo de los chicos grandes, de mamá y de papá, todos entregan su caca al inodoro y él debe entrar en las generales de la ley.

Sin embargo, el niño no cede el control sin reticencias. Ya que controlar esfínteres significa dejar que el Otro los controle, que el Otro decida. Y es privarse de un placer pulsional de descargar, de aliviarse cuando la necesidad corporal lo solicita. El niño/a tiene que interrumpir un juego, por ej. para ir a la pelela, cuando antes podía aliviar esa tensión en el pañal, sin dejar de jugar.

La madre demanda cuestiones de tiempo y lugar, quiere que el niño "empiece a pedir", ahí donde justamente el niño no necesitaba pedirle nada a nadie. Es "a la hora del Otro" dice Lacan, punto de rebeldía que se hace tan notable luego en la neurosis obsesiva del adulto. El pequeño impondrá sus condiciones, avisará, pero pedirá "caca en el pañal" o en la pelela sí, pero en el inodoro no. O no avisará y sorprenderá a sus padres con excrementos fuera del lugar indicado. El hecho de que haya que negociar con él, implica su existencia como otro sujeto.

Si la madre se enfurece, complica el corte. Si es demasiado complaciente y nunca exige esas condiciones higiénicas que posibilitaran que cuando asista a la escuela sea un niño más, uno entre otros, entonces la privación no se produce. El niño/a "triunfa" sobre los padres. Lo pongo entre comillas porque esa supuesta victoria implica que los padres conserven su bebé, que la socialización se haga difícil, motivo para estar incómodo y apartado en el jardín de infantes, causal para no ir a la casa de un amiguito. O sea, para no desprenderse de los padres ni ligarse libidinalmente a otros exogámicos.

Frente a la demanda del Otro, el único deseo que puede instalarse, dice Lacan, es el deseo de retener, otra vez nos encontramos con la inhibición de la función, como respuesta a la demanda del Otro.

Constipación o diarrea, no dar el objeto, o darlo cuando el Otro no lo espera, ¿es que el Otro goza cuando recibe lo que demanda? Hay elogios acerca del tamaño o la abundancia, pero también es el prototipo de todo lo que es a rechazar, lo sucio, lo ajeno, lo que no se toca. ¿Cuál es el punto de angustia? Dejar de creer que ese objeto del don, ese regalo, puede hacer gozar al Otro. Ese es momento previo a la cesión del objeto. Muchas de las consultas por niños, están ligadas a enuresis o encopresis, un lazo no cortado con el Otro, un objeto no cedido, como un pedazo de cuerpo que todavía los une.

En cuanto a la mirada como objeto a, hay que distinguirla de la visión y de los ojos. Es el lugar desde el cual me imagino mirado por el Otro, un punto brillante, objeto central en la génesis del Ideal del Yo. Para desear una mirada del Otro, aquél que ocupa su lugar debe deponer la mirada, como se deponen las armas, dice Lacan. De la mirada del hipnotizador, de la mirada que todo lo ve (el niño que cree que sus padres conocen sus pensamientos) se sale jugando a las escondidas. Recuerdo un niño de seis años, cuyos padres habían consultado por enuresis y fobias, que pasaba toda la sesión escondiéndose entre almohadones o mantas, o bajo el escritorio, y donde por supuesto, mi posición como analista era buscarlo sin encontrarlo, lo que le producía mucho placer. Su escondite se prolongaba hasta que la madre venía a buscarlo, ella iba directo a donde él se ocultaba, sin comentario, sin juego alguno, siempre lo encontraba. La mirada como objeto **a**, se constituye en la medida en que puedo faltarle a esa mirada, con la construcción de la intimidad, de la privacidad, a través de los secretos y las mentiras, por ejemplo. La angustia frente a la cesión de este objeto, es el momento en que se confirma que el Otro "no me ve todo", por ejemplo, se creyó mi mentira. En los niños pequeños siempre existe esa etapa en la que las fotos los encuentran tapándose la cara con las manos o que riñen a los padres para que no los filmen como modo de rehusarse a una mirada que los toma como objeto. Objeto sobrevalorado e investido narcisísticamente, pero objeto al fin. Devenir sujeto implica sustraerse a lo que se es en un principio como objeto para el Otro.

Hay un objeto que no figuraba en Freud, rescatado por Lacan, que es la voz, correspondiente a lo que llama la pulsión invocante. La voz como objeto a, objeto causa del deseo, ¿cómo se constituye? El niño experimenta placer tanto en la emisión de su propia voz, como en escuchar la voz del Otro que se dirige a él. Recordemos aquel niño con miedo a la oscuridad, que decía a su tía "hay más luz cuando tú me hablas". Es el Otro que le habla, o le canta, o le arrulla, no es la radio, no es la televisión, no es la madre hablando por teléfono con alguien. No es el acto de la palabra, es el sonido en tanto le está dirigido. ¿Cuál es el corte respecto a este objeto? Lacan insiste que los oídos son algo que no puede ser cerrado, no se puede no oír, aunque uno se los tape con las manos (cosa tan frecuente en los niños) "no te oigo", "no te oigo" ... pueden decir. Sin embargo, como impedir el paso de los gritos de los padres peleando en la habitación de al lado, o los de una madre siempre furiosa, o aún los de un padre que siempre tiene algo que decir con cierto tono... ¿taparle la boca al Otro? (cosa que también los niños juegan a hacer) Irse a vivir a cinco mil kilómetros de distancia.... (un niño carece de la posibilidad de hacerlo) Para desear la voz del Otro, hay que poder ausentarla (¿quedarse a dormir en lo de un amiguito?) Hay pacientes que disfrutan escuchar el silencio del analista...cuando la voz ha estado demasiado presente, el deseo puede asentarse sobre el silencio. Es también la oportunidad de oírse hablar...la pulsión invocante en su versión activa consiste en el "hacerse oír" mediante el grito, el canto, la locución.... ¿Qué ocurre cuando esa emisión de voz en lugar de ser activa, es demandada por el Otro? Tenemos un niño calladito, cuyo deseo sólo puede encontrar un lugar cerrando la boca, nuevamente la inhibición en el polo opuesto a la angustia. ¿Cuál es el punto de angustia para el objeto voz? Hacer callar al Otro, lograr enmudecerlo, interrumpir su goce en ese punto. También, quedar afónicos, querer emitir la propia voz y que no salga sonido alguno, que son algunas versiones posibles de lo que puede experimentarse como impotencia respecto a llegar al Otro mediante la emisión de la voz, cuando el niño se siente ante un Otro que no quiere escucharlo. Los analistas que trabajamos con niños sabemos con qué frecuencia esta situación deviene en un niño gritón o llorón, donde se manifiesta la demanda de ser escuchado sin articularse a la palabra.

Respecto al falo como objeto a, recién puede efectivizarse su corte, y la angustia frente a su inminencia, frente a la posibilidad efectiva del coito. Lacan lo toma aquí, como órgano copulatorio, que permite la unión de dos cuerpos, y la cuestión de la detumescencia como límite. Es un objeto que queda en espera, y la resolución de la castración al respecto, generalmente acontece después de la pubertad.

Objeto diferente a todos, no responde a ninguna de las pulsiones parciales......resto de expectativa de goce después de haber pasado por los otros pisos de la castración. Objeto muy particular, respecto a la investidura narcisista que recibe, tanto por parte del que lo porta, como de la que se queja de no portarlo. El papel que ocupa el falo en la constitución del objeto *a* como causa del deseo, es esencial en la salida del estadio del espejo. La negativización del falo es un antecedente en lo imaginario de lo que deberá cederse en lo real. El varoncito deberá desinvestir el goce masturbatorio para poder colocar su expectativa de goce en el cuerpo de una mujer cuando sea grande, para que alguna parte del cuerpo de ella venga a ocupar el lugar de la causa de su deseo.

¿Cuál es el papel del falo imaginario? ¿Y por qué el falo no es el pene, aunque el pene se preste a representarlo? Aclaremos que si el pene se presta a representarlo para Lacan es tanto por su característica de saliencia del cuerpo, y por eso destaca el carácter fálico de los pezones, como sobresalientes de un plano, por ejemplo, de agua quieta; como por su peculiaridad de erección y detumescencia, es decir, un órgano que sugiere tanto la posibilidad del goce, como su límite, es decir, la castración.

El falo, cuando a partir de la pubertad el encuentro de los cuerpos en el coito se hace posible, pone de manifiesto la imposibilidad del goce, ya que el orgasmo no es el goce, es el máximo placer posible. Este límite al goce, entendido como satisfacción de la pulsión de muerte y forzamiento del principio de placer no puede hacerse presente durante la infancia.

Lo fálico en esa etapa de la vida se reduce generalmente a lo masturbatorio, o bien a algún juego sexual infantil. En esas condiciones no se llega al orgasmo, el placer preliminar se despliega sin descarga en el reinado de la fantasía, con las incomodidades propias del exceso de excitación. O hay equivalentes del orgasmo, como por ejemplo cuando un niño/a se queda dormido después de tocarse, pero no se alcanzan altos niveles de excitación, sigue más bien el prototipo de lo que Freud menciona a propósito de la neurastenia, pequeña carga seguida de pequeña descarga.

Cuando la masturbación es compulsiva, con frecuencia encontramos padres que no la acotan, incluso que permiten que se realice en su presencia, cuando lo recomendable es que el niño/a comprenda que es una actividad íntima. A veces los padres quedan fascinados con la "libertad" onanista del pequeño/a. Entonces la masturbación no es subjetivante sino al contrario porque se realiza no sólo por el propio placer, sino para encarnar ese yo ideal que no tiene que privarse de nada, al que los padres han renunciado por represión, pero que renace en" His Majesty the Baby."

Otra situación posible respecto del objeto fálico es que el niño/a sufra la estimulación por parte de una persona ajena, sea tomado como objeto de la pulsión de otro, con lo que le es arrebatada la posibilidad de subjetivar su placer.

A rasgos generales, estas son las modalidades en las se puede ir cediendo la suposición de goce durante la infancia para que los objetos de la pulsión (pecho, heces, mirada, voz, falo) puedan funcionar como causa de deseo del sujeto.

A partir de la pubertad, debería llevarse a cabo otra vuelta de la castración respecto de cada uno de esos objetos, en especial del objeto fálico, para completar la constitución subjetiva y la construcción del fantasma.

Bibliografía

Lacan, J. (1963): *El Seminario de Jacques Lacan, Libro 10. La angustia*. Editorial Paidós.

Lacan,J. (1964): *El Seminario de Jacques Lacan, Libro 11. Los cuatro conceptos fundamentales del psicoanálisis*. Editorial Paidós.

Lacan, J.: (1966-1967) *Seminario 14: La lógica del fantasma. Inédito. Texto de la clase 1 del 16-11-66. Documento de trabajo para circulación interna de la E.F.B.A. Traducción: Carlos Ruiz*.

Lacan, J. (1969) *Dos notas sobre el niño. En Intervenciones y textos 2*. Ediciones Manantial.

Mag. Mabel Fuentes

Psicoanalista, Magister en Psicoanálisis. Profesora Titular de la materia Escuela Francesa de Psicoanálisis en la Maestría en Psicoanálisis y en la Especialización en Psicoanálisis de Adultos en la AEAPG en convenio con la UnLam. Coordinadora del Área de Lecturas Lacanianas en la AEAPG. Autora de numerosos artículos sobre fantasma y clínica de borde.
E-mail: mabelfuentes@yahoo.com

La constitución del sujeto y el deseo

Nora Sternberg Rabinovich

El deseo es la esencia del hombre
Baruch Spinoza

Palabra y deseo son términos exclusivos referidos al campo de lo humano. Pero ¿cómo, lo que a partir de la concepción es un organismo vivo, se transforma en sujeto de su propio deseo?

Si el objeto del psicoanálisis, desde Freud, es el deseo; ¿cómo no plantearse esta pregunta?

Jacques Lacan, al sostener que el psicoanálisis como ciencia conjetural, parte de considerar al inconsciente estructurado como un lenguaje, se refiere a la constitución del sujeto insoslayablemente relacionada al Otro.

Se trata del sujeto desde la perspectiva del psicoanálisis despojado, como concepto, de las consideraciones que históricamente hiciera la filosofía.

El Otro, con mayúscula, alude al lugar de la cadena significante y el organismo vivo que nacerá como sujeto, es el campo en el que se manifiesta la pulsión.

La pulsión es siempre parcial, se trata de un pedazo de cuerpo que se articula a la cadena simbólica. Pedazo de cuerpo que como orificio o borde es fuente de la pulsión, mientras que su objeto se presenta anatómicamente con la posibilidad de separarse, como algo adosado o enganchado, representando una carencia, una falta y que Lacan nomina objeto pequeño a.

La obra de Francisco de Zurbarán en la que Santa Ana porta una bandeja con sus pechos cortados del cuerpo, ilustra que el objeto tiene por cualidad, ser cesible. El objeto *a* es parte de un cuerpo.

Los dibujos animados para niños muestran muchas veces personajes de los que se caen ojos de sus órbitas y desde el suelo miran o miembros del cuerpo que se desprenden para después recuperarse. El objeto de la pulsión es, junto a la meta, el empuje y la fuente, lo que señala la manera de satisfacer la pulsión, particular para cada quien.

El objeto a en la enseñanza de Lacan tiene dos caras, a saber; es causa de deseo porque falta y genera búsqueda, pero también resto de un goce irreductible, lo que modela la satisfacción pulsional posible.

En términos de Freud, el goce como concepto puede equipararse al de fijación. Se trata de una satisfacción que se alcanza bordeando el objeto, siempre igual. Satisfacción que parece dejar cautivo al sujeto tanto en el sentido de cautivarlo como en el de apresarlo ya que no se puede liberar fácilmente de él. El ejemplo del objeto fetiche es inevitable.

Las especies de objeto a son: oral, anal, la mirada y la voz, siendo el falo una modalidad particular en tanto su relación con la falta cuando se trata del falo simbólico a partir del cual se puede referir a lo ausente, *"El objeto no es un sonido que se dice sino algo que puede ser mordido, chupado, tocado, apretado, defecado, manipulado; o sea, un objeto es diferente a un significante"* (Zuberman,2016, p.13)

El objeto a no es sin referencia al lenguaje ya que la falta la introduce el significante mismo. El nombre no es la cosa pero también es lo irreductible de la sustancia gozante, del cuerpo como ser vivo.

La afirmación de Freud en su trabajo sobre la negación es indicador de lo necesario de la pérdida de cierto goce para que la realidad pueda diferenciarse del placer alucinatorio: "(...) una condición para que se instituya el examen de realidad: tienen que haberse perdido objetos que antaño procuraron una satisfacción objetiva (real)" (Freud, 1976, p.256)

Lacan señala: *"(…) en el cuerpo hay siempre, debido a este compromiso en la dialéctica significante, algo separado, algo sacrificado, algo inerte, que es la libra de carne."* (Lacan, 2006, p. 237) que el sujeto deberá perder y duelar.

Las dos citas aluden a una pérdida necesaria de goce, Lacan subraya que dicha pérdida está en relación al compromiso del cuerpo con la dialéctica significante.

Sin embargo, un goce irreductible por el significante es vivificante, no solamente porque el cuerpo está implicado en una satisfacción posible, aún más allá del principio del placer, sino porque el objeto hace al anclaje en relación a una metonimia interminable del significante.

El objeto a hace del sujeto algo distinto que ser sujeto de la palabra, que estar representado entre significantes.

Si se piden asociaciones en las psicosis, se comprueba la falta de puntos de anclaje en el discurso, dando lugar a asociaciones por simil- cadencia fonemática o por aproximaciones temporales o espaciales, parece un discurso desabonado del objeto y del inconsciente.

La no operatoria del significante del Nombre del Padre que metaforiza el deseo materno, ha tenido también como efecto, que el niño haya quedado en posición de falo materno, el objeto no ha podido recortarse y caer entre el sujeto y el Otro. El Otro no aparece atravesado por el deseo, no se pone en juego su propia carencia.

Por el contrario, si la operatoria tiene efecto y el sujeto nace como deseante, la pulsión recorrerá un trayecto de ida y vuelta alrededor del objeto siempre faltante, siempre perdido, por eso ningún objeto puede satisfacer la pulsión de forma completa ya que la falta está siempre presente en las neurosis, mientras que el objeto fetiche pareciera tener la condición de obturar dicha falta en las perversiones.

La insistencia de la pulsión señala lo que nunca puede alcanzarse del todo, pero también un modo particular de satisfacerla, ya que el objeto está en falta pero también, bordeándolo, un goce es posible.El objeto a da cuenta de un movimiento pulsional alrededor de un vacío disparando búsqueda, se trata del deseo. Se trata de reencontrar lo perdido, cuestión siempre imposible, pero también dando cuenta de una satisfacción posible.

La pulsión es parcial también, ya que no se trata de la totalidad de la vida sexual. En referencia a la reproducción no hay en el psiquismo ninguna representación. Tampoco en relación a las diferencias hombre o mujer.

En "Pulsiones y destinos de pulsión", Freud señala que en relación a la polaridad masculino-femenino, sólo puede afirmar que se apoya en la polaridad activo-pasivo. Sin embargo, se ocupa muy bien de aclarar lo relativo de esta polaridad ya que hay mujeres activas y hombres pasivos pero también que la búsqueda de la satisfacción pulsional es siempre activa aún cuando se trate de una meta pasiva. La pasividad no está considerada, en su texto, como descriptiva sino que hace a la voz pasiva del verbo, por ejemplo: ser mirado, ser chupado, etc.

Para Lacan, *"(...) las vías de lo que hay que hacer como hombre o como mujer están totalmente abandonadas al drama, al escenario, que se coloca en el campo del Otro, lo cual es propiamente el Edipo"*. (Lacan, 1977, p.210)

Longo de Lesbos, en el siglo II después de Cristo, escribe una de las primeras novelas de la Grecia antigua, "Dafnis y Cloe".

Se trata de dos niños que crecen juntos y que en la adolescencia descubren sensaciones que en su inocencia e ignorancia de la unión sexual no encuentran exutorio. Solamente cuando una mujer experimentada enseña a Dafnis esa práctica, él puede llevarla a cabo con su enamorada. Lo que ilustra muy bien que no existe representación psíquica de la sexualidad en su totalidad.

El relato alude a una figura asimilable al objeto materno del Edipo positivo, para el protagonista masculino, encarnado en la mujer que "enseña" sobre la práctica sexual.

Lacan señala que la sexualidad para el sujeto es efecto de una carencia real ya que al reproducirse por la vía sexual, está sujeto a la muerte individual; tal como plantea Freud, es un eslabón mortal en una cadena inmortal.

De allí que la pulsión, siendo parcial, sea pulsión de muerte en la segunda teoría pulsional de Freud.

Otra carencia la representa el hecho que el sujeto, para constituirse como tal, dependa del significante que proviene del campo del Otro.

El concepto de significante para Lacan se diferencia del de Ferdinand de Saussure, planteando la inversión de la ecuación en la que el sentido es el numerador y el significante el denominador. Se trata de la dominancia del significante sobre la significación. El significante no se significa a sí mismo, obtendrá sentido a partir de una cadena significante por la que será significado a posteriori. Se trata de una unidad del lenguaje relacionada con lo oído sin sentido.

Lacan amplió el concepto de significante de la lingüística llevándolo a la noción de orden simbólico. Lo oído, producto de las contingencias vitales al quedar inscripto, da al inconsciente su configuración, constituyendo una trama que se muestra como el destino del sujeto, como su marca singular.

Lo que se presenta como avatar fortuito, al inscribirse y dar su forma al inconsciente conforma la neurosis como destino del sujeto.

Freud señaló con precisión lo que denominó neurosis

de destino y en ese sentido sería lícito afirmar que toda neurosis es de destino.

La repetición, diferente de lo mismo, en las neurosis, depende de la trama que configuran las inscripciones significantes inconscientes en las que están implicadas las fijaciones pulsionales, es decir, las modalidades del objeto que se han recortado para cada sujeto de manera singular.

Cuando el Otro primordial, el que encarna ese lugar, lee en el grito del niño un llamado, no una mera descarga inespecífica expresión del apremio biológico, ese grito hace presente la demanda del sujeto. El Otro decide escuchar en ese grito un pedido, le atribuye ese sentido, lo que inscribe la pulsión para el sujeto.

El Otro lee la demanda de un sujeto. La respuesta del Otro deviene una significación del sujeto y un reconocimiento del sujeto como tal. El sujeto nacerá en *"(...) dependencia significante al lugar del Otro"* (Lacan, 1977, p.212)

Es el Otro que hace surgir al sujeto allí donde sólo había un viviente, cuestión estructural es la falta en ser del sujeto, ya que ninguna imagen y ningún predicado es completo para señalar la diferencia pura del sujeto.

Por otra parte, el grito del sujeto tiene como efecto la creación del Otro como tal. El vacío significante introduce la necesidad de un significante que venga a colmarlo, la identificación al mismo corresponde al movimiento inicial de la constitución subjetiva. El significante uno o unario, que se inscribe sobre el trazo unario, es el significante de la identificación primordial del sujeto.

El Otro es desde donde el sujeto se ve mirado y desde donde aparece el significante que nombra al grito, cuestión que se torna en una identificación constituyente mientras que el significante como lo recibe el sujeto y que lo identifica, es una identificación constituida.

Si bien el significante es tomado del tesoro significante

que como concepto implica el Otro, el sujeto hace una apropiación singular del mismo. Es la insignia del sujeto, el ideal del yo.

El significante unario indica la posición del sujeto, por ejemplo, si alguien es nominado "rey", es evidente que su posición en la vida estará signada por ese significante. En este caso es muy claro como el significante marca una posición subjetiva pero en la vida de cada quien ésto también resulta de ésa manera.

Sobre la base de la identificación constituyente se despliegan las representaciones constituídas del sujeto, lo que significa, tomando el ejemplo, que cada cual será rey a su manera, de acuerdo a las inscripciones que se hayan desplegado a partir del significante "rey".

El sujeto queda así definido como efecto del significante.

Entre el sujeto y el Otro, el proceso es circular y disimétrico, no recíproco. El sujeto llama al Otro viendo lo que aparece en el campo del Otro, cual es la respuesta del Otro a su llamado.

"El significante produciéndose en el campo del Otro hace surgir el sujeto de su significación. Pero solo funciona como significante al reducir al sujeto en curso a no ser ya más que un significante, al petrificarlo con el mismo movimiento que le requiere a funcionar, a hablar como sujeto." (Lacan, 1977, p.213)

Afirmación que le permite sostener que el sujeto es lo que un significante representa para otro significante, aludiendo a la figura de la metonimia, desplazamiento de un significante a otro. El sujeto se significa al precio de petrificarse bajo el significante pudiendo localizarse su deseo entre un significante y otro, en la apertura o hiancia entre significantes.

Señala dos operaciones constitutivas del fantasma del sujeto, a saber: la alienación y la separación.

La alienación, es como operación, circular entre el sujeto y el Otro, en relación a cómo responde éste a la demanda del sujeto, a su grito ya que al sujeto, le llega desde el Otro su propio mensaje invertido y por esto mismo no es una operación recíproca.

Esta operación condena al sujeto a no aparecer más que en la división entre significantes siendo que si aparece como sentido, sentido que se produce por efecto de la cadena significante, por otra parte queda petrificado en el sin sentido del significante ya que éste no se significa a sí mismo. El sujeto se desvanece al quedar así petrificado en un significante sin sentido.

Pero si el sujeto aparece como sentido es a costa de la pérdida del sinsentido del significante inconsciente.

División estructural e insalvable que habla de una unidad imposible ya que el hablante desconocerá por siempre su verdad porque es inconsciente.

Lacan especifica que el significante binario es la causa del desvanecimiento del sujeto debido a la operación de alienación.

El sujeto aparece, en primer lugar gracias al Otro ya que se apropia del significante que se encuentra en el campo del Otro, el significante unario; pero es en la medida en que representa al sujeto para otro significante, este segundo significante tiene como efecto el desvanecimiento del sujeto condenado a esa división.

La represión secundaria anida en el punto central del significante binario, polo de atracción que hace posible nuevas represiones.

"Si escogemos el ser, el sujeto desaparece, se nos escapa, cae en el sinsentido-si escogemos el sentido, el sentido no subsiste más que mermado de esa parte de sinsentido que es, propiamente hablando, lo que constituye en la realización del sujeto, el inconsciente" (Lacan, 1977, p.217)

Afirmación de la que se desprende una forma de efectuar la interpretación en un análisis, apuntando a los significantes sinsentido que aparecen en el discurso de un paciente, tratando de no centrar dichas interpretaciones en el sentido.

Los significantes restos de lo oído, son materia del inconsciente y tal como fueron oídos son sinsentido, son inscripciones. De allí la importancia de hacer la interpretación orientada hacia este aspecto. Es la posibilidad de afectar el destino, la neurosis.

La segunda operación constitutiva del fantasma del sujeto, la separación, tiene una modalidad distinta de la operación de alienación ya que entre el sujeto y el Otro ya no se trata de la circularidad sin reciprocidad, se trata de engendrarse, parirse como sujeto.

El sujeto encuentra el punto débil de la articulación de la pareja significante primitiva ya que en el intérvalo entre significantes se encuentra el deseo, allí lo descubre el sujeto en lo que le dice el Otro.

El deseo del Otro se presenta enigmático para el sujeto lo que lo hace remitirse a su propio punto de carencia, es decir, a su desvanecimiento al coagularse en el significante binario. En el punto de carencia que advierte en el discurso del Otro, se constituye el sujeto del deseo.

En lo que el Otro le dice al sujeto, en los intérvalos de lo que dice, el niño advierte una carencia, el Otro no puede nombrar su deseo, se le escapa entre significantes. *"Una carencia el sujeto la reencuentra en el Otro (...) en los intérvalos del discurso del Otro (...) me dice esto pero qué es lo que quiere"* (Lacan, 1977, p. 220) Se trata del recubrimiento de dos carencias, la del Otro cuando en los intérvalos entre significantes el niño lee el deseo del Otro, tan enigmático para él como para el Otro.

Entre significantes el objeto siempre faltante, se desliza. Siempre puede aparecer otro significante pero el sujeto no atrapa al objeto, éste lo causa como deseante.

Por otra parte, como fue referido antes, el objeto como

resto, es punto de anclaje del discurso que de lo contrario tendría un deslizamiento infinito.

Los *por qué* del niño son el intento de encontrar una respuesta al enigma del deseo del Otro.

A la carencia que el niño percibe en el Otro, el objeto que propone, es su propia pérdida. El Otro se presenta dividido entre significantes, tampoco puede decirlo todo, hay algo que causa su deseo y que él mismo ignora.

Si propone su propia pérdida es porque su desaparición, propia de la operación de alienación, fue la expresión de su carencia en cuanto sujeto. Esta carencia precedente responde a la carencia que advierte en el discurso del Otro.

Advertir la carencia del Otro lo hace superponer a la que sufre ya que aporta su propia barradura por efecto del significante. Carencia del Otro que le permite nacer como sujeto de su propio deseo.

 Lacan afirma que el deseo es el deseo del Otro. Solamente advirtiéndolo, el sujeto puede paradojalmente, nacer como deseante. En el seminario 5, Lacan señala que el niño desea el deseo materno, *"(...) su deseo es deseo del deseo de la madre."* (Lacan, 1999, p. 188)

Advierte, en las idas y venidas maternas que algo más allá de él es la causa de sus movimientos, inaugurando una dimensión simbólica para el niño, ya que la causa no puede ser dicha más que entre significantes entre los que se escurre.

Como operación, la separación es posible si el deseo del Otro está presente. Tratándose del nacimiento del sujeto, si la presencia del niño no obtura la carencia del Otro.

Por la operación de separación, el sujeto no se representa por un significante para otro; el sujeto es el objeto, se identifica al objeto.

"El a es aquí el suplente del sujeto- y suplente en posición de precedente. Al sujeto mítico primitivo, que

al principio tiene que constituirse en la confrontación significante, nunca lo captamos y con razón, porque el a lo ha precedido, y en tanto que marcado él mismo por esta sustitución primitiva tiene que re-emerger secundariamente, más allá de su desaparición." (Lacan, 2006, p.339)

El cuerpo, como pedazos separados, se diferencia del sujeto como lo que representa un significante para otro significante, sin embargo, por el efecto del significante sobre el cuerpo, las zonas erógenas emergen como objeto a.

El ser es el objeto. Lacan señala: *"pienso donde no soy"* y *"soy donde no pienso"* por eso sostiene que el sujeto de la pulsión es acéfalo.

El sujeto de la pulsión no está representado por un significante para otro significante sino que es sustancia gozante, ello, que Freud describe como gramática de la pulsión.

Allí donde habla, el sujeto, se desliza entre significantes en una cadena discursiva. Algunos discursos aparecen muy alejados de la sustancia.

En el decir de los psicóticos falta anclaje, la palabra es tomada por la cosa. Por la operación de separación el sujeto interroga qué objeto es para la demanda y para el deseo del Otro liberándose y en todo caso no entregándose todo él al deseo del Otro.

Dora, la paciente de Freud, presenta síntomas en el cuerpo incomprensibles si se quiere encontrar algún nexo con la situación traumática, condición indispensable para la génesis de la histeria de acuerdo a lo conceptualizado por el maestro en la época de la publicación del caso.

El relato que hace Dora de la escena a partir de la cual se manifiestan sus dolencias, no parece fundamentar la aparición de aquellas, lo que resulta enigmático.

Le ha exigido a su padre que no frecuente más a la señora K y tampoco ella desea volver a verla ni al señor K a partir de su denuncia de que éste último la ha requerido amorosamente.

Una escena anterior parece estar más acorde a tratarse de la verdaderamente traumática.

A sus catorce años, el señor K la besa y la estrecha en un abrazo que provoca la huída de Dora y la sensación de asco en lugar de excitación sexual, también, la aparición y persistencia de una sensación alucinatoria; la presión en el tórax.

Por el mecanismo de desplazamiento la presión en la parte superior alude a la presión en la zona inferior de su cuerpo a consecuencia de la percepción del órgano genital erecto del partner como evidencia de su excitación sexual.

Freud señala que su diagnóstico de histeria es apropiado siempre que en lugar de la excitación sexual que se hubiera despertado por un estímulo apropiado para ello, aparecen sentimientos displacenteros. Mecanismo que denomina *"(...) transtorno de afecto"*. (Freud, 1978, p.27)

¿Por qué se produce tal transformación?

Sería lícito suponer que al advertir la evidencia de la excitación sexual del señor K, Dora se angustia.

Freud denomina angustia virginal al sentimiento responsable de la huída de la paciente a propósito de la escena primera a sus catorce años. ¿No sería correcto afirmar que la angustia frente al deseo del Otro es siempre virginal cuando no es posible preguntarse qué soy para él?

A la demanda del Otro Dora responde con el objeto al que está fijada.

La respuesta de Dora a la pregunta sobre qué quiere el señor K de ella, es su asco y su síntoma alucinatorio. Entrega un pedazo de ella, su tracto digestivo y sus sensaciones cenestésicas lo que la exceptúa de quedar toda ella como objeto a ser gozado por el Otro.

Freud señala que la succión del pulgar ocupó, en la infancia de la paciente, un lugar destacado y atribuye a dicha práctica que el síntoma se manifieste a nivel de la mucosa oral y primer tracto de la estomacal. Se hace presente el objeto oral con su singularidad para este sujeto señalando la fijación responsable de la respuesta.

En relación a la sensación de opresión en el pecho, por tratarse de un desplazamiento de abajo hacia arriba, es posible suponer otro objeto en juego, el correspondiente al goce uretral como se manifiesta a partir del sueño en el que aparece el peligro de incendio relacionado al de mojar la cama por la noche y la excitación sexual como el fuego que abraza e invita a mojarse para apagarlo.

El sujeto queda alienado al objeto en esas manifestaciones sintomáticas pero su pregunta sobre qué me quiere el Otro pone en juego la operación de separación, lo torna sujeto de su propio deseo. Pregunta que tiene que ver con el trabajo en un análisis; *"En el momento en que el sujeto se pregunta "¿qué quiere de mí?", ya no entrega todo su ser al Otro sino meramente ese punto de fijación en el cual él es gozado por el Otro"* (Zuberman, 2016, p.19)

En el transcurso del análisis, Dora manifiesta que se le imponía la idea de cierto pacto implícito entre su padre y el señor K. Ella era entregada al señor K comprando su tolerancia con respecto a la relación de su padre con la señora K. Momento de singular importancia para el tratamiento ya que permite despejar la implicación de la propia paciente habiéndose prestado a ocupar ese lugar respondiendo a la demanda del Otro.

¿Se equivocaba Freud al sostener que el amor oculto de Dora por el señor K era el responsable de las enfermedades intermitentes de su paciente coincidentes con sus ausencias (las del señor K)?

¿Estaba efectivamente enamorada de ese hombre? ¿No es posible despejar desde allí la verdadera causa por la que Dora se prestara al juego de la enamorada sin saberlo?

Al síntoma de la tos en consonancia con la afirmación de que "(...) *la señora K sólo amaba al papá porque era un hombre de recursos, acaudalado (...)*" (Freud, 1978, p. 42) Freud contrapone otra frase; la de "un hombre sin recursos" referido a su sexualidad, es decir, Dora adivinaba la impotencia de su padre que no se refiere a la dificultad para desempeñarse en las relaciones sexuales ya que no ignora que existe una variedad de las prácticas sexuales y no objeta que la satisfacción pueda obtenerse a través de diferentes formas. La impotencia, en todo caso, está vinculada a la dificultad de poner en acto su deseo.

Freud sostiene su interpretación no sólo en el juego significante en el discurso de su paciente sino también en el goce que en la zona oral, viene la tos a procurarle; "(...) *aquellas partes del cuerpo que en ella se encontraban en estado de irritación (garganta, cavidad bucal)*" " *(...) con su tos espasmódica, que como es común, respondía al estímulo de un cosquilleo en la garganta, ella se representaba una situación de satisfacción sexual per os entre las dos personas cuyo vínculo amoroso la ocupaba tan de continuo.*" (Freud, 1978, p. 43) Tos que se hacía presente en la escena transferencial.

Momento del análisis en el que se despeja la razón por la que Dora se presta a simularse enamorada del señor K y jugar la comedia conveniente para el padre; a saber, que ella sostiene el deseo del padre.

No importa tanto cuáles son los recursos que puede el padre implementar para su unión sexual sino que importa su deseo, que pueda sostenerse deseante.

Si la señora K era objeto de su amor, objeto ginecófilo por saber sobre la sexualidad femenina y la conquista de un hombre valioso, Dora podía suponer que fuera causa de deseo para su padre.

En este punto es necesario precisar que el objeto para el psicoanálisis es pensado desde diferentes sesgos.

Como objeto de goce es con el que se ejerce una práctica específica, como fue señalado antes. Se lo muerde se lo chupa se lo defeca, etc. El objeto recorta una zona erógena, es parcial también porque nunca satisface del todo. Como objeto de amor involucra la puesta en juego de lo que no se tiene, la castración del sujeto está en juego para poder amar.

Finalmente, el objeto como causa de deseo, se fundamenta en el objeto siempre en falta que causa una búsqueda.

Solamente el hablante al estar dividido entre significantes, ignora aquello que causa su deseo y por eso mismo es humano, haciendo referencia a la frase que encabeza este trabajo.

Bibliografía

Freud S. (1976), *La negación*. En J. L. Etcheverry (trad.), Obras
    Completas: Sigmund Freud (vol. XIX) Buenos Aires : Amorrortu
    (Trabajo original publicado en 1925)
Citas en el texto:
(Freud, 1976, p.256), Freud S. (1978)
Fragmento de análisis de un caso de histeria (Dora). En J. L. Etche-
    verry (trad.), Obras Completas: Sigmund Freud (vol. VII) Buenos
    Aires: Amorrortu (Trabajo original publicado en 1905)
Citas en el texto:
1 ra cita: (Freud, 1978, p 27), 2 da cita: (Freud, 1978, p.42)
3 ra. Cita: (Freud, 1978, p.43),
Lacan J. (1977), *Los cuatro conceptos fundamentales del psicoaná-
    lisis. Seminario XI.* España: Barral (Seminario 1963-1964) (1ra.
    edición en español). Francisco Monge (trad) Texto establecido por
    J. A. Miller
Citas en el texto:
1 ra. cita: (Lacan, 1977, p.210), 2da. Cita: (Lacan, 1977, p.212)
3 ra. cita: (Lacan, 1977, p.213), 4ta. Cita: (Lacan,1977, p. 217)
5 ta. Cita: (Lacan, 1977, p.220)
Lacan J. (1999), *Las formaciones del inconsciente. Seminario V.*
    Buenos Aires- Barcelona- Mexico: Paidos (Seminario 1957-1958)
    Enric Berenguer (trad.) Texto establecido por J. A. Miller
Cita en el texto:
(Lacan 1999, p. 188)
Lacan J. (2006) *La angustia. Seminario X.* Buenos Aires- Barcelona-
    Mexico: Paidos (Seminario 1962-1963) Enric Berenguer (trad.)
    Texto establecido por J.A.Miller
Citas en el texto:
1 ra. cita: (Lacan, 2006, p.267), 2 da cita: (Lacan, 2006, p. 339)
Zuberman J. (2016), *Lo que la práctica del psicoanálisis nos ense-
    ña.* Buenos Aires: Letra Viva. Primera edición. (Clases dictadas en
    2000)
Citas en el texto:
1ra. cita: (Zuberman, 2016, p.13), 2da cita: (Zuberman, 2016, p.19)

Lic.Nora Sternberg Rabinovich

Socia plenaria de la AEAPG. Docente titular de la Aeapg en convenio con Unlam. Ex secretaria científica de la
Aeapg. Delegada de la Aeapg en Flappsip. Autora de numerosos trabajos en psicoanálisis.
E-mail: norarabinovich@gmail.com

Perspectivas del Desarrollo Psíquico.
El enfoque de Daniel Stern

Judith Roitenberg

Un modelo vincular relacional en psicoanálisis plantea la constitución psíquica abierta al entorno, como coinciden *Winnicott, Bowlby, Stern, Fonagy, Lebovici, Golse,* entre otros. Donde la Epigenética de los vínculos será transformadora del desarrollo infantil. *"Los estudios sobre la infancia han tenido un movimiento pendular desde lo intrapsíquico a lo intersubjetivo/relacional, debido a que los infantes no pueden hablar sobre su experiencia intrapsíquica y ésta se infiere viendo el comportamiento interpersonal poniendo al descubierto las capacidades de relación del bebé"* (Stern, D.2006)

La teoría psicoanalítica más reciente se ha ido orientando cada vez más hacia una postura relacional, intersubjetiva y socio-constructivista. Desde ella se ve el encuentro psicoanalítico como co-construido de manera recíproca por dos participantes..., la del paciente y la del analista, contribuyen a la forma y al contenido del diálogo que emerge entre ellos (McLaughlin, 1991).

"D.Stern [1] habla de una *"matriz intersubjetiva"* y sostiene que nuestro sistema nervioso está construido para ser captado por el sistema nervioso de otros, resonar con ellos y participar de sus experiencias, así como el otro participa de las nuestras. Las fronteras entre uno y los otros se mantienen pero se vuelven más permeables. Este diálogo creativo con la mente del otro es lo que el autor llama *matriz intersubjetiva.* Esto modifica la visión del psicoanálisis cambiando desde lo unipersonal a la psicología bipersonal...Stern sostiene que dos mentes crean intersubjetividad, pero también la intersubjetividad moldea las dos mentes…"(Stern, D. 2006). Se propone crear un diálogo entre el infante revelado por el enfoque experimental y el reconstruido por la clínica, para la resolución de la contradicción entre teoría y realidad. El enfoque científico del estudio del lenguaje no verbal de la infancia era el complemento necesario del análisis del informe verbal del paciente.

Para la psicopatología del desarrollo es necesario investigar las relaciones entre las experiencias preverbales y verbales del niño. Una preocupación central de Stern es descubrir cómo se internalizan los problemas relacionales. El modelo del desarrollo, basado en la observación directa de bebés, imbricado con el modelo psicopatológico clásico, retrospectivo e intrapsíquico (Freud, Klein, Malher) podría dar alguna respuesta. El autor describe el mundo subjetivo desde la perspectiva del bebé. Este es el aporte que quiere ofrecer al psicoanálisis. Fue aceptado por la psicología evolutiva y las neurociencias. No así por el psicoanálisis tradicional como tampoco se aceptó la teoria del Apego. Ahora comienzan a ser consideradas.

Stern despliega un recorrido intersubjetivo durante el temprano desarrollo hasta que se constituye lo intrapsíquico. Es central la experiencia relacional humana del bebe. Coincide con Bowlby en que las experiencias reales de vínculo con las figuras de apego dan lugar a la formación de modelos *operativos internos* [2] que estarían comprendidos dentro del *conocimiento procedimental*[3], acciones no atravesadas por el pensamiento. Revisando sus hipótesis podríamos mirar la transferencia desde nuevas perspectivas con nuestros pacientes de toda edad.

Sin pensarlo decimos al bebé: "Ah, eso te gusta! O "estas impaciente, verdad, me apuro un poco entonces." Gracias a las interpretaciones de las madres y de los padres, elegirán lo que van a hacer, sentir y pensar en base a esas interpretaciones. Es decir que la función misma que desempeñan los padres se relaciona con su modo de entender al niño/a. Dependerán, en gran parte de cómo fueron tratados los padres cuando eran pequeños. Es decir, las interpretaciones que los padres de los padres (abuelos) dieron a sus sentimientos y comportamientos. Las interpretaciones del comportamiento serán la guía principal para actuar de una u otra forma con el bebé y ayudarán a este a aprender de su propia experiencia.

Los padres componen algo así como una biografía para su bebé, que será armazón para la manera en que ven al bebé y del modo en que el bebé se verá a sí mismo. Pueden producirse dificultades emocionales cuando la fantasía de un padre de como es su hijo es contradictoria con lo que este hijo experimenta. Cada familia tiene reglas particulares para interpretar la experiencia personal. En algunas familias experimentar cólera es malo, en otras aceptable, hasta bastante bueno, y en otras ni siquiera se permite como experiencia legítima. El bebé descubre en parte estas reglas cuando su propia experiencia es interpretada de ciertas maneras y no de otras. Por ello la vida de cada persona se forma de un modo diferente. La sociedad también disciplina y da forma a la experiencia de sus miembros a través de las instituciones educativas y otras. Las teorías sobre el cambio en el desarrollo se inspiran y fundan en fantasías sobre la naturaleza de la experiencia infantil. Todo el que tenga trato con niños, familia, maestros, profesionales de la salud, salud mental, construyen para el niño una especie de biografía acerca de aquel.

D. Stern describe el decurso relacional a través de un modelo acerca de los sí mismos para poder dar cuenta de los saltos en el desarrollo del bebé. Éste, desde el inicio, avanza hacia un mundo de experiencias más complejo. Esos mundos que nos detalla son: 1) El mundo de los sentimientos: (Sí mismo emergente) 2) el mundo social inmediato (Sí mismo nuclear) 3) El mundo de los paisajes mentales (Sí mismo subjetivo) 4) El mundo de las palabras (Sí mismo verbal) 5) El mundo de las historias (Sí mismo Narrativo). Cada división muestra las nuevas capacidades y habilidades del infante y constituye un nuevo mundo de experiencia. Mientras madura, el bebé descubre sucesivamente cada mundo, sin dejar del todo atrás los mundos anteriores.

El mundo nuevo no sustituye a los anteriores, sino que les añade algo. Añade otra nota. Como en la música, cada nota suena de modo diferente, en presencia de la otra. De ese modo un mundo nuevo altera los ya existentes. Estos mundos a medida que son descubiertos, se superponen, tienen sus propios desarrollos, se dan al mismo tiempo, entrecruzándose y tienen sus propios desarrollos. Desplegándose desde muy temprano en cada ser humano coexisten toda la vida.

La observación de los bebés nos informa acerca de sus capacidades, muchas pre-constituidas de forma innata. Stern tiene la expectativa de promover nuevas investigaciones que abran caminos y resulten en una terapéutica eficaz. De los hallazgos experimentales construye inferencias sobre la experiencia subjetiva que tiene el infante de su propia vida social. Supone fases, como tareas adaptativas en curso del desarrollo, como consecuencias de maduración de aptitudes mentales y físicas del infante. Si estos sentidos son dañados se quiebra el funcionamiento social normal y pueden llevar a la locura o a un gran déficit social.

Stern llama *sentido* a la simple percatación, no autorrefexiva sino directa en el ámbito de la experiencia. No conceptual. Y Sí *mismo* es un patrón constante de percatación de la experiencia. Aparece con las acciones o procesos mentales del infante y es un equivalente preverbal al sí mismo autorreflexivo verbalizable. La impresión clínica de los procesos de desarrollo, visibles a través de cambios cualitativos, es que las nuevas integraciones llegan en saltos cuánticos y se producen en todos los niveles de

organización que se quieren examinar. Entre estos períodos de cambio rápido se advierten otros de descanso en
los que las nuevas integraciones parecen consolidarse. Lo
que nos hace actuar y pensar distinto respecto del bebé es
el sentido modificado de la experiencia subjetiva que está
detrás de esos cambios conductuales.

El relacionamiento social humano está presente desde
el nacimiento. Las primeras 8 semanas de un niño es una
fase vital, durante la que se encuentra constituyendo activamente un *sentido de Sí- mismo emergente*. Tiene una
vida subjetiva inicial llena de pasiones cambiantes y confusión. Experimenta estados de indiferenciación mientras
enfrenta hechos sociales borrosos presumibles como in-
conexos y no integrados. Falta aun una perspectiva abar-
cadora. Desde el mismo nacimiento los bebés buscan estimulación sensorial, tienen preferencias innatas, evalúan
diferencias de sus percepciones y categorizan el mundo
social en experiencias concordantes y contrastantes. Descubren cuales rasgos de experiencia varían y cuales son
invariantes. El aprendizaje está cargado de afecto. La tarea emocional de este periodo es la regulación afectiva.
Función a cargo de los padres. Dos componentes centrales se destacan: el proceso de *crear relaciones entre experiencias aisladas y el resultado* de esa nueva organización, que podrá concretarse en el siguiente si – mismo,
hacia los 2 meses de vida. El primer si mismo atraviesa
el proceso de la organización – que – entra – en - el – ser.
La tarea es el relacionamiento emergente que inicia como
la capacidad de crear nuevas organizaciones mentales. Es
un sentido de la organización en proceso formativo, que
será activo toda la vida.

El sentido de sí mismo formado requiere un punto de
referencia: su cuerpo. Entre los 2 y los 8 meses del bebé
surge una nueva perspectiva. Un cambio cualitativo. Se
forma el *Sí mismo nuclear* y la experiencia interpersonal opera en un dominio diferente, de relacionamiento

nuclear. El bebé se constituye como *unidad separada* físicamente de su madre, unidad *cohesiva, con sentido de la propia agencia, de la afectividad y continuidad en el tiempo.* Lo cotidiano son las formas de regulación del bebé, como experiencias básicas en que el mundo se adapta al infante. Es un yo corporal, con estados afectivos y sus intensidades, como modos de sentir. Si no es regulado por el entorno surgen las agonías primitivas (Winnicott - 1963). La psicopatología se relaciona con el sentido de agencia propia vs. La parálisis de la propia acción. La cohesión física vs. La fragmentación. La continuidad temporal vs. La disociación temporal, la fuga, la amnesia. El sentido de la afectividad vs. la anhedonia o los estados disociados. El sentido de crear organización vs. Caos psíquico. El sentido de transmitir significado vs. La exclusión de la cultura y no validación del conocimiento personal.

Las *formas de regulación emocional* dependen de un objeto externo, hétero-regulación. El objetivo es lograr que el infante pueda adquirir habilidades para la autorregulación personal. Este objetivo constituye un trayecto que implicará una serie de condiciones de producción.

Entre los 8 y 18 meses se constituye el *Sí mismo subjetivo:* La perspectiva subjetiva organizadora es el dominio de relacionamiento Intersubjetivo. Un sí mismo subjetivo y otro subjetivo. La experiencia de relacionamiento nuclear como la intersubjetiva no pueden describirse sino sólo ser aludidas. En ella el infante no está dedicado a la tarea de ganar independencia del cuidador primario. Está consagrado a la creación de la *unión intersubjetiva con el otro.* Surgen nuevas formas de *estar – con – otro.* Surge la capacidad de compartir un foco común de atención y atribuir intenciones a otros. El bebe nace inserto en el lenguaje y con capacidad de comprensión mucho mayor que lo que podemos percibir. A su modo responde con sus recursos según el momento madurativo que esté atravesando. El sentido de estar – con – otro con el que interactuamos puede ser una de las experiencias más poderosas de la vida social. La psicopatología seria cuando el sentido de estar con alguien que no se encuentra realmente presente puede ser poderoso (ej. proceso de duelo), el sentido del sí - mismo subjetivo que no logra intersubjetividad con otros tiene un sentimiento de soledad cósmica o de transparencia psíquica. El estar con otro puede experimentarse de muchos modos. Compartir estados afectivos es el rasgo clínico más pertinente del relacionamiento intersubjetivo.

Se destaca el *entonamiento o sintonía afectiva:* cuando las personas (madres/ padres/bebé) se mueven en sintonía y participan en la experiencia del otro. Lo viven desde el interior del otro así como desde el suyo propio.

El entonamiento de los afectos consiste en la ejecución de conductas que expresan el carácter del sentimiento de un estado afectivo compartido, sin imitar la expresión conductual exacta del estado interior. El infante se vuelve sensible al comportamiento y al tiempo de los otros. Estar - con - incluye compartir *intenciones y motivos*. Compartir la experiencia subjetiva del otro, para el conocimiento y despliegue de la propia afectividad del niño. Es Transmodal. Cualquier modo sensorial puede ser traducido a otra modalidad de percepción. Son potentes para dar forma al desarrollo de la vida subjetiva e interpersonal de un niño. Ej. El apareamiento suele producirse entre la intensidad de la conducta física del infante y la voz de la madre. Ej: Acompañar a un niño en su deslizamiento por el tobogán emitiendo un sonido que dura el trayecto del movimiento de ese. No es imitación. Es un modo de comulgar con estados internos de la criatura en esa acción que lleva a cabo. "Los niños disfrutan de experiencias en las que crecen el estímulo y la excitación, de forma no demasiado rápida o elevada" (Stern-1999)

¿Cómo se transmite una prohibición al niño preverbal? Con el entonamiento selectivo se le envía un mensaje, de no entonamiento con esa conducta que el bebé lleva a cabo. Ante la búsqueda del bebé de acercamiento intersubjetivo, el adulto cuidador omite acercarse. Pone distancia corporal o evita con la mirada. La conducta instituye un patrón a través de entonamientos y desentonamientos, creando en el niño organizadores intersubjetivos [2].

Es central en la experiencia de la intersubjetividad, la lectura de intenciones. Son lo que más nos interesa clínicamente. La habilidad para leer las intenciones aparece en edades muy tempranas. El mundo se mueve por intenciones y no se puede interactuar con otros sin leer o inferir sus motivos o intenciones. Los que son incapaces de hacer esto, o no interesados en hacerlo, actúan fuera de los límites humanos. Se supone que las personas autistas están en esa posición.

Entre 18 y 20 meses en adelante, el dominio de relacionamiento es verbal. El *Sí mismo verbal* define un nuevo conjunto de aptitudes tales como objetivar el sí mismo, la autorreflexión, el comprender y producir lenguaje que provoca una escisión en la experiencia del sí mismo, alejándolo del relacionamiento preverbal inmediato de los dominios precedentes. El lenguaje abre un espacio entre la experiencia interpersonal vivida y representada. Y a través de ese espacio se pueden formar las conexiones y asociaciones que constituyen la conducta neurótica. Pero también con el lenguaje puede por primera vez compartir con otros su experiencia personal del mundo, que incluye el estar – con – otros en la intimidad, el aislamiento, la soledad, el miedo, el temor irreverente y el amor. Finalmente con la llegada del lenguaje y el pensamiento simbólico. Los niños ya tienen herramientas para distorsionar y trascender la realidad. Involucra la relación entre la vida experimentada y la narrada. Hay nuevas capacidades de imaginar o representar cosas en su mente y entran en uso signos y símbolos. Comunicarse sobre cosas o personas que no se hallan presentes. El verse desde afuera le da *una representación de sí mismo* como entidad objetiva. Al verse desde dentro, desde la subjetividad, se valora como entidad subjetiva.

Las experiencias descansan en capacidades cognitivas y perceptuales que sostienen el funcionamiento simbólico, que no se consigue hasta la mitad del segundo año, pero no significa que el infante no piense. El pensamiento y el uso simbólico no son ni sinónimos ni simultáneos.

El Sí mismo narrativo se constituye hacia los cuatro años en que se genera la capacidad de narrar la propia vida con el potencial que tiene para el cambio del modo en que uno se ve a sí mismo. Las narrativas no tienen que ver con la experiencia directa en el sentido usual. Es decir que no van tras lo que realmente sucedió, como verdad histórica, sino van tras una especie de interpretación coherente de lo que sucedió, de modo que hay mucha libertad con respecto a evaluar de dónde provienen. La construcción de un relato se entreteje con elementos de otros sentidos del sí mismo, de creación, de agencia, de intenciones, causas, de metas, etc.

Profundo y superficial

El psicoanálisis tradicionalmente privilegia lo que es explícito y se expresa verbalmente para poder interpretarlo. Esto es lo que se denomina "nivel profundo". El "nivel superficial" serían aquellos comportamientos, segundo a segundo, que tienen un significado implícito (silencios, expresiones faciales, gestos, y sobre todo el significado de las palabras con las que se expresa el material intrapsíquico). Stern sostiene que el "nivel más profundo" de significado, del que surgen los demás significados, es el nivel de los compromisos que se viven con los otros en el desarrollo de las necesidades, y cómo se representan esos compromisos en la memoria procedimental implícita. El conflicto, las defensas y las fantasías inconscientes tienen su origen en el conocimiento implícito de las interacciones vividas. El "nivel superficial" se refiere a las respuestas a esos comportamientos implícitos que proveen el material que puede ser interpretado en el análisis. Es en este nivel donde el pasado se lleva al presente. Los conceptos de conflicto, defensa, son abstracciones útiles que surgen de la experiencia vivida, de conflictos y defensas en la interacción, pero son secundarias. Una de las razones de este malentendido es que en el análisis sólo se habla sobre estos temas una y otra vez y se pierde de vista el hecho de que la versión explícita viene de la experiencia implícita. Así pues este nivel no se puede considerar superficial.

En el *conocimiento relacional implícito* los infantes saben y aprenden mucho antes de adquirir el lenguaje. Crea una categoría de psicoanálisis que no se basa en la represión sino en un sistema mental diferente, que quizá no es posible verbalizar pero que contiene información clínica muy valiosa.

Según D. Stern la teoría psicoanalítica tradicional, encaja muy bien con la noción determinante de fijación-regresión, que no tiene relación con los datos de la observación.

Los cambios que van tomando cuerpo y complementan al psicoanálisis han sido favorecidos por razones científicas generales, como el desarrollo de la lingüística, de las teorías de la comunicación, influencias de la teoría de la complejidad ("El ser vivo extrae información del mundo exterior a fin de organizar su comportamiento". (E.Morin 1995). De la complejidad aplicada a la biología. En la física hay un cambio en la inclusión de variables centrales. El desarrollo de las neurociencias, las investigaciones sobre el funcionamiento del cerebro reticulado, rizomático, en la hiper-funcionalidad del cerebro en cuanto a la reconstrucción celular y sus comandos en interrelación con el cuerpo humano. Las razones científicas especificas dentro del psicoanálisis, el estudio de las teorías de la comunicación. Los cambios en la teoría del narcisismo, con la influencia de lo intersubjetivo y la reconsideración de la teoría del trauma, borroneada por las fantasías inconscientes. Los abrumadores acontecimientos sociales globales del siglo XX y XXI ponen en presente la poderosa influencia de la realidad externa en el psiquismo. En el desarrollo evolutivo es un observable cómo las situaciones traumáticas interrumpen el despliegue espontáneo de sus avances. D.Stern como investigador incansable y clínico, se propone realizar un ensamble de lo que recoge de distintas corrientes y teorías como bisagra que pretende articular en la clínica.

La psicoterapia

D.Stern nos explica, en primer lugar, que en el psicoanálisis lo interpersonal tiene tanta importancia como lo intrapsíquico y cuestiona la neutralidad del analista. La transferencia y la contratransferencia son producto de una intersubjetividad hasta llegar a lo que él llama el "psicoanálisis relacional". La transferencia terapéutica sería el resultado de percibir las relaciones actuales, incluida la relación analítica, bajo la influencia de los modelos operativos internos. Las inferencias psicoanalíticas son, en general retrospectivas, basadas en reconstrucción histórica de momentos previos del desarrollo.

Todo el proceso terapéutico ocurre dentro de una matriz intersubjetiva. Aunque parte del material objeto de análisis venga del repertorio individual del paciente (pasado y presente), la forma que toma, el momento de aparición, y su coloración, se da dentro de una matriz intersubjetiva. *Transferencia y contratransferencia* son parte de un campo intersubjetivo donde se "crean" mutuamente; la resistencia, la reacción terapéutica negativa, todo ello hay que reformularlo en función de la interacción. "He intentado decir es que para ser capaz de hacer terapia de grupo con una familia joven y un bebé pequeño, uno necesita conocer al dedillo todos los enfoques y no puede utilizar sólo uno, esencialmente tiene que ser capaz de usar cualquiera de ellos en ocasiones diferentes e incluso en la misma sesión o a lo largo de las sesiones, porque se mueve muy rápidamente y porque ninguno de los enfoques capta totalmente lo que está sucediendo. Así que mi opinión es que lo ideal es que los terapeutas de niños pequeños deberían estar formados en familia y en psicoanálisis." (entrevista Emilce Dio B. y D.Stern 2012)

D.Stern aborda a la madre, al padre y al bebé en su primer año o hasta los 18 o 24 meses. Sería una población distinta de la del niño en edad escolar, que pide un tipo de tratamiento diferente al moverse entre otro punto de vista.

"No para todos los niños y adolescentes el núcleo principal de la psicopatología son los trastornos de los vínculos padres-hijos, quizá para algunos lo sea, pero los vínculos siempre estarán allí en los orígenes."(Idem) La propuesta de abordaje clínico que se abre con esta perspectiva se observa que genera una nueva población de consulta clínica. *"Los nuevos terapeutas necesitan tener una formación diferente, y aprender a observar la conducta sin interpretarla. Para alguien bien formado psicoanalíticamente se le presenta el obstáculo de la observación pura. Se debe mejorar la formación acerca de la psicología evolutiva"*(Idem).

El analista debe ser capaz de sentir la ansiedad, la confusión y el dolor psíquico que el paciente siente y de comunicar esos sentimientos de modo que se conviertan en una experiencia analítica compartida. La interpretación puede desempeñar un papel importante, pero ocupa un lugar secundario comparado con construir y crear una relación interpersonal. Los cambios que ocurren en ella se dan gracias a lo que Stern denomina "momentos de encuentro" como "el suceso que vuelve a adoptar el "conocimiento implícito relacional"(4) tanto para el paciente como para el analista. El concepto de "momento" capta la experiencia subjetiva de un cambio repentino en el conocimiento implícito relacional del terapeuta y del paciente. Es el conocimiento mutuo de lo que está en la mente del otro, y que concierne a la naturaleza y al estado de sus relaciones. No implica simetría, sino influencia bidireccional. El proceso de cambio, "es la cualidad emergente del proceso del "movimiento hacia delante" que altera el medio intersubjetivo y el conocimiento implícito relacional". "Momentos presentes" serian una fase de gestación, captada por un sentimiento de riesgo, de extrañeza, donde el terapeuta siente que ha entrado en un espacio intersubjetivo desconocido y, una última fase, de decisión donde el "momento ahora" debe ser capturado, dando lugar a lo que Stern denomina "momento de encuentro". Es en esos momentos del diálogo donde reside el efecto mutativo de la psicoterapia.

El psicoanálisis tradicional siempre ha hablado del hecho de que la cura proviene de la vivencia de la interacción transferencia-contratransferencia. Stern hablaría en términos de relaciones intersubjetivas entre personas, una pequeña parte de las cuales es transferencia y contratransferencia, pero hay una gran parte que no lo es; que son otro tipo de relaciones. El conocimiento relacional implícito: podría usarse y luego, acto seguido, si paciente y terapeuta han compartido de algún modo la misma experiencia, podría seguir una interpretación en la misma sesión. Las nuevas observaciones sobre el desarrollo y organización de la mente, el cerebro y la conducta, han sobrepasado el ritmo de cambio de la teoría psicoanalítica, aminorando la credibilidad de los viejos modelos evolutivos. En contraste con esos cambios la investigación longitudinal del apego ha aportado recientemente un apoyo coherente a la opinión de que hay aspectos importantes de la conducta relacional que se asientan en la historia relacional.

En el desarrollo evolutivo como en el psicoanálisis, la integración y articulación crecientes de "nuevos procedimientos actuados para - estar - con" desestabilizan la organización actuada preexistente y funcionan como un motor elemental de cambio. El saber actuado cambia por procesos intrínsecos a ese sistema de representación, y que no se basan en la traducción de los procedimientos a un conocimiento reflexivo (simbolizado). La organización de la significación está implícita en la organización del diálogo relacional intersubjetivo actuado y no requiere del pensamiento reflexivo o de la verbalización para ser, en algún sentido, conocida. La representación actuada es vista aquí como el medio más temprano por el cual la "sombra del objeto" se convierte en parte de "lo sabido no pensado" de la experiencia infantil temprana (Bollas, 1987).

Los patrones de apego no son los únicos indicadores de la calidad de la relación, pero son los únicos que hasta ahora han demostrado ser predictivos, en un sentido estadístico, cuando se observa a una población amplia. El estudio del apego se ha concentrado en describir y validar una variedad de estrategias organizadas de la interacción cuidador-bebé en torno a las necesidades de apego de las que el bebé tiene representación hacia el final de su primer año de vida.

Notas

[1] D. Stern nació en Nueva York. Se formó la Universidad de Harvard. (Massachusetts) y en Nueva York en el A. Einsten College de Medicina. 1972 Formación psicoanalítica en Universidad de Columbia. Profesor asociado de psiquiatría del departamento de Psiquiatría de Escuela de Medicina Universidad de Cornell. Profesor honorario de Psicología Universidad de Ginebra, Doctor Honoris Causa por las Universidades de Copenhague y Alborg (Dinamarca); Palermo y Padua (Italia); y Mons Hinault (Bélgica). Y Miembro del Boston Change Process Study Group.
Sus aportes: Fue pionero en el estudio directo de la interacción madre-infante. Ha demostrado el apego complejo que se desarrolla en la fases más tempranas de la vida del infante, y ha arrojado nueva luz en nuestro entendimiento sobre nuestros recuerdos y nuestro procesamiento de las experiencias.

[2] Modelos operativos internos: RIG: Representaciones integrativas globales: primitivas, no simbólicas, de experiencias preverbales vividas por el bebé y promediadas, que utiliza para interpretar y procesar experiencias posteriores. Actúan dinámicamente como "compañero evocado".

[3] Conocimiento procedimental: conocimiento experiencial que cuenta con la memoria procedimental de esas experiencias. Son acciones no atravesadas por el pensamiento. Es en este nivel donde el pasado se lleva al presente.

[4] Conocimiento implícito relacional: estar con otro de modo espontáneo e inconsciente. En psicoterapia son las formas de estar con otros lo que puede ayudarnos a reescribir el pasado y el futuro.

Bibliografía

Álvarez, Henar. (2006) *Algunas implicaciones de la observación de bebés para el psicoanálisis* [Stern, D] www.aperturas.org Numero 024-2006
Dio Bleichmar, Emilce (2005) *Manual de Psicoterapia de la relación Padres e Hijos.* Paidós.
Dio Bleichmar, Emilce. (2009) *https://journals.copmadrid.org/clysa/ art/816b112c6105b3ebd537828a39af4818 - Vol. 20. Núm. 3. -. Páginas 301-305 - Entrevista a Daniel Stern -* Universidad Pontificia Comillas.
Freud,Sigmund (1915) *Introducción del narcisismo.* Amorrortu
Freud,Sigmund (1921) *Psicología de las masas y análisis del yo.*

Amorrortu

Juri, Luis (2011) *Teoría del apego para Psicoterapeutas. La teoría del apego en la clínica II* - Psimática 1° edición.

Mitchell, Stephen et Al. (2016) *Más allá de Freud.* Herder

Karlen Lyons, Ruth (2000) *El inconsciente bipersonal: el diálogo intersubjetivo, la representación relacional actuada y la emergencia de nuevas formas de organización relacional* - NÚMERO 004 www.aperturas.org

Schnitman,Dora (1995) *Nuevos paradigmas Cultura y Subjetividad.* Paidós

Stern, Daniel. (1985) *El mundo interpersonal del infante.* Paidós

Stern, Daniel. (1999) *Diario de un bebé.* Paidós

Stern, Daniel (2004) *The present moment in psychoterapy and every day life.* Norton

Winnicott,D.W. (1993) *Exploraciones Psicoanalíticas I.*Paidós.

Winnicott,D.W.(1931-1956) *Escritos de Pediatría y Psicoanálisis.*Laia

Lic. Judith Roitenberg

Lic. Psicóloga UBA - 1984
Miembro vocal Capítulo de Salud Mental de la Mujer - APSA
Miembro Activo de AEAPG: en Área de Niñez y Adolescencia.
Profesora titular del Máster en Psicoanálisis y Curso Superior en Psicoanálisis con Niños y Adolescentes en AEAPG en convenio con UNLAM.
Miembro de comisión directiva de Red internacional de Apego – sede Argentina (IAN)
Publicaciones: Artículos y capítulos científicos. Libro Autista/Artista Junio 2015 Editorial Biebel.
Dirige Cursos a distancia en la web: www.psicologiacursos.com
E-mail: judithroi@gmail.com

De la investigacion a la clinica. Aportes de la investigacion a la clinica psicoanalítica de la primera infancia

María Pía Vernengo
Vanina Huerin
Constanza Duhalde

Introducción

En nuestro quehacer como especialistas en clínica de la primera infancia y miembros de un programa de investigación de la Facultad de Psicología de la Universidad de Buenos Aires (dirigido por la Dra. Clara R. de Schejtman), le otorgamos un valor central al estudio de los factores y condiciones relacionados con la constitución psíquica. Asimismo, desde hace dos décadas nos abocamos a la investigación de la regulación y autorregulación afectiva, su relación con la simbolización y el papel de variables parentales en la constitución psíquica, a través de la observación de la interacción adulto – niño.

En el campo de la psicología y el psicoanálisis, encontramos diferentes teorías acerca del desarrollo infantil y la constitución subjetiva. La perspectiva que tomamos para el estudio de la primera infancia tiene un soporte en la epistemología de la complejidad, que considera que ninguna disciplina o teoría puede abarcar la totalidad de un fenómeno u objeto de estudio, sino que éste debe ser tomado en el entrecruzamiento de saberes y disciplinas (Morin, 1990). A su vez, nuestro interés reside en que los conocimientos derivados de las investigaciones se vinculen a prácticas concretas, centradas en la primera infancia y niñez.

Por esta razón, venimos trabajando en la construcción de puentes entre conceptualizaciones psicoanalíticas acerca de los primeros tiempos de constitución psíquica y los aportes de autores que estudiaron los momentos iniciales de la vida desde la perspectiva de la observación de interacciones tempranas. Esto permite una ganancia en el campo, a partir de la colaboración e intercambio entre la investigación, la teoría psicoanalítica y diversos dispositivos de intervención terapéutica y de prevención, que impactan en distintos ámbitos de la vida de los niños.

En este capítulo nos proponemos recorrer algunos ejes ligados a la constitución psíquica que son soporte de nuestra perspectiva, presentar las contribuciones de estudios observacionales de las interacciones tempranas, y señalar algunas cuestiones de los estudios realizados por nuestro equipo de investigación que pueden resultar un aporte a la clínica de la primera infancia.

La intersubjetividad como punto de partida

Para situar nuestra posición sobre la comprensión de esos primerísimos tiempos de constitución nos valemos de las palabras de Silvia Bleichmar (1993), cuando señala respecto a estos tiempos, que podemos abordarlos no como míticos sino como "efectivos" y de esta manera proseguir las vicisitudes de la instalación de un aparato psíquico y abordar tanto sus tiempos como las fallas de su estructuración.

La pregunta clave que nos hacemos entonces es cómo se nace sujeto -nacer psíquicamente- cuándo y cómo deviene la subjetividad. Más allá de las diferencias que podemos encontrar entre los distintos modelos teóricos, hay un gran consenso respecto de que la constitución psíquica es resultado del fruto del encuentro entre las potencialidades internas del niño y las representaciones que los padres tienen sobre él, y de lo que suceda en ese encuentro; de ahí la importancia de estudiar estos momentos (Huerin, 2020).

Desde el paradigma relacional, partimos entonces por considerar que el niño se constituye en el encuentro con el semejante, y necesita del sostén de los adultos significativos (en general encarnados por la madre y el padre) para desplegar y desarrollar sus potenciales. Este sostén no supone una posición fija, sino que implica cambios importantes en el rol del adulto, según las necesidades y ritmos diferentes en cada momento del desarrollo del niño. Desde esta perspectiva, el foco no está sólo en los procesos de constitución del infante, sino que necesariamente toma en consideración la participación real de los padres, sus comportamientos y también sus fantasmas inconscientes (Dio Bleichmar, 2005).

Mencionaremos algunos autores que reflejan este proceso de constitución psíquica en el cual el infante se constituye sostenido por un otro que acompaña el interjuego constante entre lo interno y lo externo.

La concepción de Winnicott (1965) al respecto está altamente difundida en la actualidad; para él el estudio de un infante no puede darse sin incluir el del medio en el que se encuentra. El bebé cuenta con un potencial heredado tendiente al crecimiento y al desarrollo, el gesto espontáneo, que podrá desplegarse si cuenta con el sostén y adaptación del ambiente. Para Winnicott el vínculo es estructurante y generador de cambios. Por esa razón, le interesó "observar" al bebé sano y su madre, explorar la capacidad de transformación por parte del ambiente para contribuir a estos cambios. Tomamos en cuenta la función materna en sus diversas cualidades, como sostén, manipulación y presentación de objetos, facilitadora del desarrollo emocional primitivo. Este concepto es valioso en el estudio de la constitución subjetiva y del papel que la madre o quien ejerza dicha función tiene en los primeros tiempos del infante, en tanto favorecedora o no de los procesos de constitución (Vernengo, 2019).

Silvia Bleichmar (1993), también comparte la visión de la constitución psíquica del infante como indisolublemente ligada al otro maternante. Nos interesa resaltar aquí que el otro maternante no sólo sostiene, sino que libidiniza e implanta lo pulsional desde su inconsciente. Desde su perspectiva, la función materna tiene un doble carácter, genera un plus de placer por medio de los procesos de pulsación que dan origen a las inscripciones de los objetos originarios; y al mismo tiempo en su función de sostén, que liga el exceso de excitación desde el yo, propicia condiciones para la ligazón en el niño. Esta autora pone de manifiesto la interrelación compleja y constante entre la constitución psíquica y el interjuego entre la subjetividad del niño y la de sus padres. Estas relaciones estructurantes no son sucesos míticos, sino que se dan entre personas concretas, atravesadas por una historia que se plasmará en los modos de acercarse al infante. Resalta la importancia de detectar cómo la fantasmática de los padres se pone en juego en estos primeros encuentros.

También nos interesa mencionar la Teoría del Apego, iniciada por Bowlby (1969, 1973, 1980), que resalta también el papel de los progenitores y del ambiente en la primera infancia. Se postula una necesidad humana universal de vínculos afectivos estrechos y de proximidad física. La amenaza o alteración de estos vínculos puede causar fuertes emociones o incluso psicopatología, ya que la calidad de las relaciones tempranas es determinante en el desarrollo de la personalidad. Las experiencias relacionales con los padres se incorporan en modelos representacionales, los Modelos de Funcionamiento Interno (internal working models). Estas representaciones le permitirán al niño regular, interpretar y predecir conductas, pensamientos y sentimientos. Así se construye el sistema de apego que brinda una vivencia de seguridad, y es entonces un regulador de la experiencia emocional.

Un aspecto central de la teoría del Apego es la reciprocidad en las relaciones tempranas y en lo emocional. Los desarrollos de Bowlby y las investigaciones de Ainsworth (1974) centran la función parental como base segura para el desarrollo del niño. La seguridad (del apego) del niño se encuentra relacionada con la sensibilidad de los adultos significativos, como la madre. La respuesta sensible del cuidador es considerada un organizador psíquico. Esta incluye: notar las señales del bebé (sintonizar), interpretarlas adecuadamente desde la perspectiva del niño, responder apropiada y rápidamente. Es decir, implica la articulación por parte del adulto de dos operaciones: acceder a estado mental del niño y atribuirle significado a ese estado mental (Marrone, 2001). Una madre presente, continente y pensante, contribuirá a la regulación afectiva y a la integración del psiquismo en la estructuración del infante. Esta atribución de significado pone en marcha procesos afectivo-cognitivos complejos, basados en las experiencias previas de los padres y en su capacidad reflexiva (Huerin et al., 2008).

Esta perspectiva nos ha aportado el valor de comprender la relación entre lo observable y la construcción de patrones relacionales internos que posteriormente son los que se ponen en juego en la vida de los sujetos frente a sus experiencias emocionales e interpersonales, a la vez que abrió las bases para muchas investigaciones sobre la constitución psíquica y la construcción de la personalidad.

Daniel Stern (1985) articuló concepciones psicoanalíticas sobre la infancia con los hallazgos de investigaciones en psicología del desarrollo, basados en la observación. El bebé es considerado un partenaire activo en la interacción con la madre desde los inicios. Estas experiencias interactivas van construyendo representaciones entendidas como modelos de "estar con". El adulto a través del "entonamiento afectivo" acompaña el procesamiento afectivo del infante. En las interacciones con sus hijos, los padres activan diversas representaciones acerca de sí mismos que se manifiestan en los modos de interactuar.

Entre los aportes más recientes, el psicoanalista francés Bernard Golse (2013), arroja luz sobre esta relación intrínseca entre lo que trae el niño y su encuentro con el ambiente, sosteniendo que el desarrollo saludable de un niño se da en el entrecruzamiento entre lo endógeno y lo exógeno. La epigenética nos señala que hay factores endógenos que están inevitablemente intrincados con factores ambientales. Lo genético y congénito se manifiesta en función de la relación con el ambiente y la combinatoria de esos factores es inasible, tiene una lógica no determinista, porque es un sistema complejo de elementos. El desarrollo del cerebro en el comienzo de la vida no va a depender por lo tanto únicamente del despliegue de un programa de maduración sino que es el resultado de un programa biológico en interacción con las experiencias tempranas (Huerin, 2020).

Schejtman (2018) señala la asimetría y la bidireccionalidad como aspectos que se entrelazan y complementan en el vínculo primario. La asimetría, se relaciona con entender al adulto con un psiquismo constituido, frente a un infans desvalido, con un psiquismo en constitución. Las representaciones preconscientes e inconscientes y la construcción fantasmática del adulto en relación a su hijo, operarán aún previo a su nacimiento, teniendo una influencia importante en el psiquismo del niño. En el encuentro con el niño se ponen en juego entonces, aspectos internos y fantasmáticos de los adultos (Lebovici, 1988; Bleichmar, 1993). La bidireccionalidad, alude a la transformación interactiva mutua basada en la afectividad manifiesta entre el adulto y el infantes. Este intercambio, plausible de ser observado, irá construyendo un sentido del mundo compartido y un lenguaje verbal y no verbal singular de la díada (Tronick, 2008).

En síntesis, para estudiar la constitución psíquica, es indispensable tomar en cuenta la función de los adultos significativos. Sus roles tienen diversos matices: estar con, entonar, sostener, contener, promover, aceptar, acompañar. En la clínica con niños resulta imprescindible también la ubicación de los padres en el proceso diagnóstico y en el abordaje. Históricamente ha habido corrientes que oscilaron desde centrarse en el discurso de los padres como determinantes de los síntomas del niño, a otras que dejaron a los padres absolutamente afuera. Desde nuestra perspectiva, es en el entrecruzamiento, parafraseando a Golse, entre ambos territorios que debe centrarse la mirada sobre la constitución subjetiva y sus avatares que se presentan en la consulta clínica.

El aporte de la observación – las investigaciones en primera infancia

Los estudios de investigadores en primera infancia aportaron nuevos conocimientos sobre la vida subjetiva de los infantes. La observación es un instrumento importante que nos ayuda a ampliar nuestra capacidad de elaborar hipótesis para comprender el funcionamiento psíquico. En estas investigaciones empíricas, se trabaja a través de la construcción de categorías que se derivan de la observación minuciosa y sistemática, permitiendo determinar patrones. Por ejemplo, la observación de la expresividad de los infantes –miradas, gestos y vocalizaciones– se ha convertido en una vía privilegiada para inferir estados afectivos, motivaciones y procesos de construcción de sentido desde el inicio de la vida. La información que nos brinda esta mirada permite considerar la constitución psíquica desde la intersubjetividad, es decir en la relación con el adulto.

Muchos de estos estudios fueron la base para el desarrollo de la noción de regulación afectiva definida como la capacidad de mantener un estado óptimo de activación del sistema nervioso y controlar y modular nuestras respuestas afectivas (Fonagy et al., 2002; Tronick, 1989; Stern, 1985). Esta noción, especialmente, como veremos, en su vinculación con el rol de la figura maternante en este proceso, es uno de los grandes aportes de las investigaciones en primera infancia. La regulación de los afectos es un aspecto importante de la subjetividad ya que se relaciona con un buen contacto consigo mismo y con los otros, y con la capacidad de simbolización (Duhalde et al., 2011; Schejtman et al., 2013).

Se considera que el infante está abierto al mundo desde el inicio y posee una capacidad regulatoria propia al nacer, con diferencias individuales en la reactividad sensorial y en el logro de la homeostasis. Esta capacidad regulatoria es aún muy lábil e insuficiente, requiere del andamiaje regulatorio que le provee el ambiente y el cuidador. Los infantes despliegan una actividad propia para solicitar la interacción. La regulación entonces en los inicios es regulación diádica. El logro de una conexión emocional sólida entre el bebé y sus cuidadores permite al bebé no vivenciar esa labilidad y propicia el desarrollo adecuado de la autorregulación afectiva (Tronick 1989, Schejtman et al., 2003; 2006; 2009).

Infante y madre constituyen un sistema autoorganizado que crea sus propios estados de conciencia, que pueden expandirse en sistemas más coherentes y complejos (Tronick, 1998). Dicho de otro modo, para los seres humanos el mantenimiento de la homeostasis fisiológica y emocional es un proceso diádico. El adulto cuidador cumple un rol crucial en el logro de la regulación afectiva ya que funciona como una parte del sistema regulador del infante. Esta intervención como agente regulador y transformador de afectos, se va complejizando frente a los cambios en el desarrollo del niño, promoviendo el enriquecimiento simbólico y la construcción de funciones cognitivas más avanzadas.

Desde esta perspectiva se le ha prestado atención a patrones y ritmos de la interacción social para definir lo que se entiende por mutualidad de la relación madre-infante, principalmente, centrándose en tres aspectos: la coordinación, la sincronía y los "encuentros" (matches) (Tronick, 2004).

La sincronía se refiere a la cualidad del proceso en que los padres adaptan su conducta a los ritmos singulares del bebé. A partir de la sincronía en los intercambios, se establece un ritmo con ciertas reglas, que genera una serie de expectativas en el vínculo. En esta ida y vuelta se introducen variantes en el ritmo de las interacciones. Durante estos juegos de vocalizaciones, sonrisas y miradas, ambos miembros de la díada tienen la oportunidad de ampliar su aprendizaje uno del otro (Brazelton y Cramer, 1993). Los cuidadores responden de modo contingente a estas señales, es decir el cuidador está disponible a las señales del bebé, tanto cognitiva como emocionalmente.

El término "encuentro" refiere a los momentos en que el infante y su madre o adulto interactúan y comparten un mismo estado afectivo; por el contrario un "desencuentro" se refiere a los momentos en que interactúan pero se encuentra en distintos estados afectivos. El sistema de comunicación afectiva entre el infante y su madre es caracterizado por encuentros y desencuentros, entendiendo los desencuentros no en términos patológicos sino como una cualidad de este sistema (Gianino & Tronick, 1988). Es importante señalar que las fases de desencuentro posibles entre el adulto y el infante pueden transcurrir con desregulación – por ejemplo cuando el infante está en un estado afectivo negativo – o sin desregulación –por ejemplo si el infante está en un estado neutro de exploración pero no comparte el estado afectivo positivo del adulto.

Investigaciones recientes realizadas por nuestro equipo (Schejtman 2006-2009; 2010; 2014) han reafirmado que la interacción madre-bebé se da en un interjuego de encuentros (matches) y desencuentros (mismatches), con predominio de los desencuentros y que el potencial efecto psicopatológico estaría en el exceso de afectos negativos que no pueden ser reparados. El interjuego entre regulación, desregulación y reparación es clave en el logro de la homeostasis del bebé y ubica al adulto en una función mediatizadora entre la inmadurez del infante y la ampliación hacia el mundo exterior (Tronick, & Gianino, 1986. Tronick, 1989; Schejtman y otros, 2006; Vardy y Schejtman, 2008).

La comprensión del proceso de regulación de los afectos y la detección de signos de desregulación afectiva observables en las interacciones nos permiten comprender algunas dificultades en la puesta en marcha de la matriz interactiva de la cual surgirán los recursos de simbolización que alcanzan los niños (Schejtman et al., 2013). Es esencial, como decíamos, la capacidad de "reparación". Este modo de entender los intercambios entre los adultos significativos y el infante atravesados por los desencuentros, modifica la visión clásica idealizada de la relación cuidador bebé como en un estado permanente de afecto positivo.

Stern (1985) distinguió el entonamiento afectivo como un fenómeno relacional de crucial importancia en el desarrollo del self. Implica por parte de los progenitores, no sólo la capacidad de reflejar el estado emocional del infante a través de una expresión afectiva propia, sino también devolverlo de forma metabolizada, como algo tolerable e integrable en la experiencia. Este proceso se denomina "espejamiento de la afectividad"-affect mirroring- (Gegerly, 1995), mecanismo esencial para fomentar la capacidad de la regulación afectiva, que organiza la experiencia emocional del infante. Los infantes tienen una capacidad innata de responder a los gestos de sus cuidadores, y éstos, a su vez, responden automáticamente y en forma exagerada (markedness) a los balbuceos y expresiones de sus bebés. Este proceso se llama biofeedback social. Fonagy y Target (1998; 2003) remarcan que los bebés aprenden a asociar ciertas expresiones exageradas de sus cuidadores como un feedback externo que les permite descubrir afectos internos. Al reflejar la expresividad de los infantes, los padres pueden reafirmar y calmar en lugar de intensificar sus emociones.

Aportes de una investigación local

A lo largo de las sucesivas investigaciones de nuestro equipo[1] , hemos podido profundizar aspectos vinculados al logro de la regulación afectiva y la simbolización en el niño, y al papel del adulto en estos procesos, en la primera infancia.

Los resultados obtenidos en la primera etapa de nuestra investigación, cuando los bebes tenían 6 meses (Schejtman et al., 2006; 2009), señalan que las madres muestran cinco veces más afecto positivo que sus bebés, quienes presentan mayormente afecto neutro, en una situación de interacción cara a cara de 3 minutos. Las díadas pasan un tiempo muy breve de la interacción desplegando el mismo estado afectivo (match), siendo el patrón de interacción más común el mismatch o desencuentro en el que las madres despliegan afecto positivo y sus hijos afecto neutro (Duhalde et al. 2008). Es decir, en el patrón más común de interacción los niños dirigen su atención o

[1]   Programa de investigación dirigido por la Dra. Clara Schejtman, estudia la relación entre la Regulación Afectiva madre-bebé, la Autorregulación Afectiva y los procesos de simbolización que se constituyen en los primeros cinco años de vida, y su relación con variables maternas, tales como el Funcionamiento Reflexivo, la Autoestima Materna y los Estilos Maternos de Interacción. Se realizó a partir del estudio de la interacción lúdica madre-niño videofilmada y microanalizada, y entrevistas en profundidad con las madres, en dos momentos fundantes del desarrollo: 6 meses y 4/5 años.

interés a objetos del entorno en un estado afectivo neutro y las madres acompañen esta situación sosteniendo la expresión de afecto positivo.

Por otro lado, en esta etapa es usual que los bebés muestren signos relacionados con la autorregulación afectiva; éstos se evidencian a través de indicadores de auto-apaciguamiento oral (como llevarse la mano a la boca) y de distanciamiento (tirarse hacia atrás en la sillita). Pero cuando la interacción está mediada con juguetes, la frecuencia de la presencia de indicadores de autoapaciguamiento oral es mucho menor. Estos resultados muestran que los bebés en esta etapa se interesan en otros aspectos del mundo más allá de su madre. Podemos encontrar indicios de cierta autonomía, en la atención que dirigen a los objetos que tienen a su alrededor. Tienden a desarrollar conductas exploratorias sobre los juguetes y en estas situaciones, si la madre le da tiempo suficiente para la exploración, manteniendo una actitud positiva y atenta, colabora para que éste se apropie del juguete y construya con él un recurso de autorregulación afectiva. Esta secuencia, emparentada con el concepto de gesto espontáneo y el lugar que el ambiente ofrece a su despliegue (Winnicott, 1960), contribuye en el bebé, a la construcción de un sentimiento de agencia en camino hacia la autonomía. Se relaciona con una actitud y respuesta sensible de acompañamiento por parte de la madre a la exploración del niño (Schejtman et al. 2009; Duhalde et al., 2010; Vernengo et al., 2010; Schejtman et al., 2014).

Observar el momento a momento de este despliegue entre el infante y los adultos permite también detectar potenciales dificultades. A partir de estos estudios se pudieron describir dos modalidades de dificultad en la interacción; por un lado, interacciones en las que predomina una actitud intrusiva en la madre, afectando la autonomía del niño para la exploración; por otro, interacciones en las que predomina un exceso de pasividad en el adulto (muy frecuente en casos de depresión del adulto a cargo), en el cual el niño no recibe propuestas que reconozcan y enriquezcan su iniciativa, empobreciendo su experiencia. Asimismo, repetidos fracasos reparatorios de afectos negativos se correlacionan con un aumento del sentimiento de desvalimiento, disminución en la vinculación social positiva con el ambiente, y pueden producir detenciones en el desarrollo o desarrollos psicopatológicos (Gianino & Tronick, 1988). Detectar los circuitos de regulación / desregulación afectiva permite intervenir sobre desórdenes regulatorios tempranos que se pueden manifestar en el sueño, la alimentación, irritabilidad, o dificultades de consolabilidad, entre otros.

Como señalamos, la actitud materna positiva facilita la auto-exploración y la autorregulación, las cuales se relacionan con la capacidad que va adquiriendo el bebé de estar a solas en presencia de otro descripta por Winnicott (1958). En este sentido resulta de importante valor clínico diferenciar tres conductas en el infante: el despliegue de la autorregulación como recurso de reparación de los afectos negativos, el despliegue de la misma como un mensaje al cuidador para interrumpir la interacción en un momento de sobre-excitación, o su uso como una autoexploración defensiva y de auto-apaciguamiento (con retraimiento).

A medida que el niño va creciendo la capacidad de regulación afectiva se complejiza y transforma. La simbolización es considerada un regulador de los afectos, lo mismo que el juego. En nuestro programa longitudinal, continuamos con la profundización del campo de estudio en la etapa preescolar, a través de la evaluación de interacciones lúdicas madre niño ya que se considera al juego una experiencia crucial. La experiencia de juego se relaciona con la construcción del self y proporciona un sentido de confianza en uno mismo y en el otro. A través del juego, el niño no solo logra la autoafirmación, un sentido de agencia y desarrolla autorrepresentaciones, sino que también experimenta sentimientos de alegría y placer que permiten una expansión de sus acciones exploratorias (Winnicott, 1971; Dio Bleichmar, 2005).

Si prestamos atención al juego diádico, tanto niños como adultos viven experiencias mentales reales. Dentro de la modalidad particular de "simulación", el niño puede percibir cómo el adulto reflexiona sobre los estados mentales. Esta actitud mentalizadora del adulto proporciona al niño una representación sobre los contenidos de la mente de él y de sus padres (Fonagy y Target, 1998; Huerin et al., 2008).

En esta etapa de estudio encontramos significativo en nuestros estudios, que el modo interactivo convergente -cuando madre y niño logran establecer un juego de común acuerdo- se asocia con la presencia de juego simbólico, mientras que el modo divergente, en el que madre y niño no logran un acuerdo para compartir o dar forma una situación lúdica, se vincula con un tipo de juego que se limita al uso funcional de objetos y juguetes (Duhalde et al., 2011; Huerin, 2012; Schejtman et al., 2013).

A su vez, encontramos que la aparición de indicadores de desregulación (llanto, impulsividad, retracción, por ejemplo), coinciden con el predominio en la madre, de un estilo de interacción intrusivo, directivo o crítico (Vernengo et al., 2015).

En síntesis, una actitud de acompañamiento por parte del adulto en la interacción con el niño, se relaciona con mayor frecuencia de juego simbólico. Estos estudios, basados en microanálisis y en el análisis por segmentación de interacciones videofilmadas, ponen de relieve los aportes que la investigación observacional sistematizada, a través de desarrollos y herramientas novedosas, puede brindar para la comprensión de la transformación interactiva mutua entre el niño y sus progenitores. Permiten identificar patrones de conducta y particularidades de las interacciones que facilitan u obstaculizan los procesos de simbolización en la primera infancia (Schejtman et al., 2017).

Otro aporte al estudio de la afectividad madre-niño es el concepto de disponibilidad emocional. Emde (1980), pionero en la integración entre psicoanálisis e investigación empírica en primera infancia, la definió como la capacidad de respuesta emocional de una persona y su sintonía con las necesidades y metas de otra, aceptando y respondiendo a una amplia gama de emociones y no sólo a la angustia o el malestar emocional. El término fue utilizado por primera vez por Mahler, Pine y Bergman (1975) para describir la actitud de apoyo de una madre en situaciones en que las exploraciones de su bebé lo alejaban de ella. Emde enfatiza que no es sólo la disponibilidad física del adulto, sino también la emocional, la que promueve la expresión del self en el infante.

Biringen ha profundizado estos conceptos y ha desarrollado la Escala de Evaluación de la Disponibilidad Emocional (Emotional Availability Scales –EAS-, 2008). Los fundamentos para la evaluación de la disponibilidad emocional surgen de la integración de la teoría del Apego y la perspectiva sobre las emociones mencionada (Emde; 1980; Mahler et al., 1975). Como señalamos, el sistema de apego es un regulador de la experiencia emocional que permite al sujeto mantenerse regulado ante momentos de tensión (Soufre, 1996). Las personas con apego seguro tienden a mostrar un tipo de regulación afectiva abierto y flexible. Cuando predomina un apego inseguro de tipo ansioso/resistente, hay una subregulación de los afectos, éstos se expresan en demasía; mientras que las personas con un apego inseguro evitativo tienden a sobreregular los afectos, es decir minimizan la expresión afectiva. En el apego desorganizado se evidencia una falta de estrategia, pudiendo aparecer anárquicamente estas características. Son importantes el concepto de Sensibilidad materna (del

adulto) (Ainsworth et al., 1978) y Responsividad por parte del infante. Se hace hincapié no sólo en cómo el adulto
registra y responde a las señales emocionales del infante, sino también en cómo éste emite sus propias señales
emocionales hacia el adulto. Los estudios de EA, que ar-
ticulan la perspectiva del apego con la sensibilidad parental, abarcan una amplia gama de procesos, tales como la
calidad en atravesar los conflictos, los desencuentros en
la interacción y sus reparaciones. Por otra parte, la atención a la capacidad de la díada para compartir y amplifi-
car las emociones positivas que surgen en la interacción
complementa esta visión y permite pensar la regulación
afectiva desde una perspectiva más amplia.

Biringen (Biringen et al., 2014) propone considerar
entonces que, en las interacciones, no sólo es importante tomar en cuenta la disponibilidad del adulto hacia el
niño sino también el grado en que el niño se encuentra
emocionalmente disponible o abierto hacia el adulto, de
modo que éste sepa cómo se siente el niño, no sólo desde
el malestar sino desde el placer y el disfrute de la interacción. En situaciones favorables, entonces, la disponibilidad emocional del niño hacia el cuidador da lugar a un
intercambio mutuo variado, dinámico y satisfactorio.

Actualmente, en nuestro equipo de investigación estamos estudiando la relación entre disponibilidad emocional y regulación afectiva. En resultados preliminares encontramos que, dentro de las interacciones adulto-infan-
te, ambas nociones se correlacionan y se complementan
(Duhalde et al, en prensa a y b).

De la investigación a la clínica. Intervenciones

La relación entre los aportes del psicoanálisis, las investigaciones mencionadas y nuestras propias investigaciones, nos han llevado a proponer modos de pensar la
clínica de forma multidimensional.

El diagnóstico y la clínica de la Primera Infancia (la cual también puede comprender la clínica con niños en general) involucran una tarea de "exploración" del niño, en diversos niveles, observacionales, interactivos, vinculares, de inscripciones y fantasmáticas en juego, así como la de sus padres, y además cómo se despliegan en el día a día y momento a momento estos intercambios. Esto incluye las dimensiones intrapsíquicas del niño y de los adultos significativos, la dimensión de la interacción, y los aspectos del contexto en el que se encuentran inmersos. Estas dimensiones deben ser tomadas en interrelación. Proponemos pensar todos los ejes en cada consulta.

Entonces, tomando en cuenta todos los aspectos hasta aquí mencionados en relación a la constitución psíquica, al abordar el trabajo clínico en primera infancia, nos preguntamos:

> *¿Cómo es el estado afectivo del niño, y su despliegue? ¿Se observan desregulaciones importantes?*
>
> *¿Cómo se posicionan los adultos que lo acompañan? ¿Son o no facilitadores en la experiencia del niño? ¿Pueden encontrar formas de reparar los afectos negativos? ¿Cómo es el "diálogo" de la interacción? ¿Predomina la convergencia, en el sentido de poder participar juntos, coincidir en las propuestas de intercambio, o predomina la divergencia, con conflictos, interrupciones y rupturas?*

Estas preguntas pueden guiarnos para detectar los posibles conflictos o desarmonías del desarrollo, y así intervenir sobre las mismas. En la consulta, observamos y evaluamos, teniendo en cuenta la perspectiva evolutiva y el cruce entre lo intrapsíquico y lo interpersonal.

Prestar atención al ritmo interaccional nos permite realizar una evaluación minuciosa para detectar potenciales problemas en la relación adultos e infante, así como valorar y potenciar los recursos de los adultos. El ritmo es una co-construcción que está influida por diversos aspectos y tiene un carácter singular. Por eso nos preguntaremos qué ritmo para qué niño, para qué figura parental y en qué momento y situación.

Al considerar diversos niveles, las intervenciones pueden tomar aspectos de la relación, intervenir a partir de la observación interaccional, señalando estilos o ritmos en los intercambios con el propósito que el adulto pueda ver las posibilidades e intenciones del niño. Cambios en el ritmo pueden favorecer el entonamiento y los encuentros en la díada. También, se puede intervenir indagando en los padres sobre la activación representacional de sus fantasmáticas o promoviendo una instancia de reflexión mentalizante acerca de lo que está sucediendo entre ellos y su hijo. De alguna manera, lo principal es que la intervención apunte a tener un carácter simbolizante, tanto para niños como padres, que permita desanudar conflictivas y ampliar la experiencia.

Reflexiones finales

Así como sostenemos la constitución psíquica a partir de la interrelación de factores en el campo de la intersubjetividad, en un entramado entre lo interno propio del niño y lo que el medio ambiente le ofrece como respuesta, las consultas por niños están marcadas por un interjuego de dimensiones. La consulta siempre es un hecho complejo, un encuentro entre lo que trae ese niño y su familia, y las posibilidades de comprensión y acción de los profesionales.

Actualmente, en las consultas en primera infancia, se puede sostener una posición psicoanalítica, desde un enfoque abarcativo y complejo que incluya los diferentes factores en juego, intrapsíquicos del niño y de los adultos, interaccionales, vinculares y contextuales. Proponemos pensar la constitución subjetiva y, por ende, la clínica, el diagnóstico y el abordaje en la infancia de una forma que integre lo sistemático de los aportes teóricos, clínicos y de las investigaciones, con lo artesanal del caso por caso. Esta propuesta nos desafía a sostener la complejidad del campo evitando las simplificaciones.

Referencias Bibliográficas

Ainsworth, M. D. S. (1974). *The Development of Infant-Mother atta-chment. Reviews of Child Development*, Chicago, University of Chicago Press.

Ainsworth, M. D. S., Blehar, M. C., Waters, E., & Wall, S. (1978). *Patterns of attachment: A psychological study of the Strange Situation*. Hillsdale, NJ: Erlbaum.

Biringen, Z. (2008). *The EA Professionals and Parent Curricula*. Available at http://www.emotionalavailability.com. And The Emotional Availability Scales, 4th ed.

Biringen, Z., Derscheid, D., Vliegen, N., Closson, L., & Easterbrooks, A.E. (2014). *Emotional availability (EA): Theoretical background, empirical research using the EA Scales, and clinical applications*. Developmental Review, 34, 93-188.

Bleichmar, S. (1993). *La fundación de lo inconsciente*. Buenos Aires, Amorrortu Ed.

Bowlby, J. (1969). *El vínculo afectivo*. Buenos Aires: Paidós, 1990.

Bowlby, J. (1973). *La separación afectiva*. Buenos Aires, Paidós, 1985.

Bowlby, J. (1980). *La pérdida afectiva*. Buenos Aires, Paidós, 1990.

Brazelton, T.B. y Cramer B. (1993). *La relación más temprana*, Buenos Aires, Paidós.

Dio Bleichmar, E. (2005). *Manual de psicoterapia de la relación padres e hijos*. Buenos Aires. Paidós

Gianino, a. &Tronick, E. (1986) "*Interactive Mismatch and Repair: Challenges to the coping infant*"

Duhalde, C. y otros. (2008). *Regulación afectiva diádica y auto-rregulación afectiva del niño. Su relación con la autoestima y el funcionamiento reflexivo de la madre. En Primera infancia: psicoanálisis e investigación* (comp. Schejman, C.). Buenos aires, Akadia Editorial.

Duhalde, C.; Esteve, J.; Oelsner, J.; Zucchi, A.; Huerin, V.; Vernengo, P.; Schejtman, C. (2010). *Primeros tiempos de constitución psíquica y dimensiones del juego en la cultura actual. Presentado en el Congreso Argentino de Psicoanálisis VIII. Rosario, Santa Fe.*

Duhalde, C., Tkach, C., Esteve, J., Huerin, V. & Schejtman, C. R. (2011). *El jugar en la relación madre-hijo y los procesos de simbolización en la infancia. Anuario de investigaciones de la Facultad de Psicología UBA*, Vol. XVIII, tomo II, 239-246, Buenos Aires.

Duhalde, C., Vernengo, P., Huerin, V., Vardy,I.; Barreyro J.P.; Schejtman, C.; (en prensa a). *Disponibilidad Emocional Diádica, su relación con la regulación emocional y la autoestima materna en el primer año de vida. A ser publicado en* : (C.Schejtman Ed.) Primera Infancia, Psicoanálisis e Investigación Vol.2.,

2020, Akadia Eds. Bs As., Argentina.

Duhalde,C., Huerin, V.; Vernengo, M. P; Vardy,I.; Maurette, M. Schejtman, C. (en prensa b) *Regulación afectiva entre el adulto y el infante y disponibilidad emocional diádica. Manuscrito sometido a referato. Anuario de Investigaciones en Psicología*, Facultad de Psicología, Universidad de Buenos Aires

Emde, R.N. (1980). *Emotional availability: A reciprocal reward system for infants and parents with implications for prevention of psychosocial disorders.* In P. M. Taylor (Ed.), Parent-infant relationships (pp. 87-115). Orlando, FL: Grune & Stratton.

Esteve, M. J., Oelsner, J., Vernengo, M. P., Huerin, V., y Schejtman, C. (2012). *Estudio sobre juego y regulación afectiva en la infancia: su relación con el funcionamiento reflexivo parental. Acta Psiquiátrica Psicológica de América Latina*, 2012 58(3):164-172.

Fonagy, P.; Gergely, G.; Jurist, E; and Target, M. (2002). *Affect Regulation, Mentalization: Developmental Clinical and Theoretical Perspective*, New York: Others Press.

Fonagy, P. & Target, M. (1998). *Mentalization and the changing aims of child psychoanalysis. Psychoanalytic Dialogues*, Vol. 8, 87-114.

Fonagy, P. & Target, M. (2003). *Psychoanalytic theories. Perspectives from Developmental Psychopathology.* NY: Brunner Routlege.

Gergely, G. (1995). *The role of parental mirroring of affects in early psychic structuration. Manuscrito no publicado. Exposición presentada en la V Conference of Psychoanalytic Research. London.*

Gianino, A. & Tronick, E. (1988). *The mutual regulation model: The infant's self and interactive regulation and coping and defensive capacities.* In T. Field, P. McCabe & N. Schneiderman (eds.), Stress and Coping Across Development, Vol. 2, (pp. 47-68). Hillsdale, NJ: L. Erlbaum.

Golse, B. (2013). *De la symbolisation primaire à la symbolisation secondaire.* Cahiers de Psychologie Clinique, 2013, (1), 40.

Huerin, V. (2020). *Regulación Afectiva Diádica y procesos de simbolización en niños sordos. To be published in: Primera Infancia, Psicoanálisis e Investigación Vol. 2.*, (C. Schejtman Ed.) 2020, Akadia Eds. Bs As., Argentina.

Huerin, V. (2012). *Particularidades del proceso inferencial en la comunicación entre madres oyentes y sus hijos sordos. Tesis de Doctorado*, Facultad de Psicología, UBA.

Huerin, V., Duhalde, C.; Esteve, M.J; Zucchi, A., (2008). *Funcionamiento reflexivo materno: un modo de abordar el estudio de la relación madre – niño"* en Primera infancia. Psicoanálisis e investigación. Compiladora Clara R. de Schejtman. Buenos Aires: Akadia editorial.

Lebovici, S. *El lactante, su madre y el psicoanalista.* Buenos Aires: Amorrortu Editores, 1988.

Mahler, M., Pine, F., & Bergman, A. (1975). *The psychological birth of the human infant*. New York: Basic. Marrone, (2001). La teoría del apego. Un enfoque actual. Editorial Psimática, Madrid.

Morin, E. (1990). *Introducción al pensamiento complejo*, Barcelona: Gedisa. Newman y Newman, 2009

Schejtman, C. R. (2006). *Regulación afectiva diádica madre-bebé y autorregulación del Infante en la estructuración psíquica temprana*. Anuario XIII, tomo II, pp. 185-191. Buenos Aires: Facultad de Psicología, UBA. ISSN 0329-5885.

Schejtman, C. R. (2008). (comp.). *Primera Infancia. Psicoanálisis e Investigación*, Buenos Aires, Akadia Editorial.

Schejtman, C. R. (2018). *Función materna. Relación entre variables intrapsíquicas y variables interactivas observacionales. Tesis doctoral*, Universidad de Buenos Aires, Facultad de Psicología.

Schejtman C. R., Vardy I., Lapidus, A., Silver, R., Mindez, S., Umansky, E., Zucchi, A., Mrahad, C. & Leonardelli, E. (2003). *Estudio de la autorregulación del infante y regulación de la díada madre-bebé a través de la observación de la expresividad emocional*. Memorias de las X Jornadas de Investigación, Salud, Educación, Justicia y Trabajo-Aportes de la investigación en Psicología, Tomo III, pp.172-174. Buenos Aires: Facultad de Psicología, UBA.

Schejtman, C. R., Zucchi, A., Barreyro, J. P. (2006). *Regulación Afectiva madre-bebé en el primer año de vida y su relación con manifestaciones sintomales en la primera infancia. En Memorias de las XIII jornadas de investigación. Paradigmas, Métodos y Técnicas*, Tomo III, pp. 264-266, Facultad de Psicología, UBA.

Schejtman, C. R.; Duhalde, C; Silver, R; Vernengo, M. P.; Wainer, M.; Huerin, V. (2009). *Los inicios del juego en la primera infancia y su relación con la regulación afectiva diádica y la autorregulación de los infantes*. En Anuario XVI, Tomo I. Argentina: Facultad de Psicología, UBA.

Schejtman, C.R, Huerin, V; Esteve, M J, Silver, R; Laplacette, J. A & Duhalde, C. (2013). *Aportes de la investigación observacional acerca de los afectos, la regulación, autorregulación afectiva y la simbolización al campo de la primera infancia*. Libro Premio Facultad de Psicología, Universidad de Buenos Aires (pp. 11-33).

Schejtman, C. R., Huerin, V., Vernengo, M. P., Esteve, M. J., Silver, R., Vardy, I., Laplacette, J. A., Duhalde, C. (2014). *Regulación afectiva, procesos de simbolización y subjetividad materna en el juego madre-niño*. Revista de Psicoanálisis de la Asociación Psicoanalítica de Madrid, (71), 3-24. Madrid, España. ISSN 1135-3171.

Schejtman, C. R.; Laplacette, J. Augusto; Vernengo, M. Pía; Duhalde, Constanza; Huerin, Vanina (2017). *Estilos maternos y procesos de simbolización en interacciones lúdicas madre-niño preescolar. Anuario de investigaciones volumen XXIV.* Facultad de psicología secretaría de investigaciones. UBA, Buenos Aires.

Sroufe, L. A. (1996). *Emotional development: the organization of emotional life in the early years*, New York, Cambridge University Press.

Stern, D. (1985) *El mundo interpersonal del infante*, 1990, Bs As. Paidós.

Tronick, E.Z. and Gianino A.F. (1986). "*Interactive Mismatch and Repair: Challenges to the Coping Infant*", Zero to Three, Vol. VI N° 3.

Tronick, E. Z. (1989). «*Emotions and emotional communication in infants*», American Psychologist, vol. 44, pags.112-119, University of Massachusetts, Wimmer.

Tronick, E. Z. (1998). *Dyadically expanded states of conscious and the process of therapeutic change*. Infant Mental Health Journal, 19, 290-299.

Tronick, E. Z. (2004). *Why is connection with others so critical? The formation of dyadic states of consciousness and the expansion of individuals' states of consciousness*. En Nadel, J. & Muir, D. (eds), Emotional Development. Oxford, Inglaterra: Oxford University Press.

Tronick, E. Z. (2008). *Conexión intersubjetiva, estados de conciencia y significación*. En C. R. Schejtman (comp.), Primera Infancia. Psicoanálisis e Investigación (pp. 155-168). Buenos Aires: Akadia Editorial

Vardy, I. & Schejtman, C. R. (2008): *Afectos y regulación afectiva. Un desafío bifronte en la primera infancia*. En C.R. Schejtman (comp.), Primera Infancia. Psicoanálisis e Investigación (pp. 53-70). Buenos Aires: Akadia Editorial.

Vernengo, M. P. (2019). *Aportes al estudio de la función materna en sus aspectos facilitadores y restrictivos a partir de la observación de la interacción lúdica madre-niño.* Tesis De Maestría en Psicoanálisis. Universidad Nacional de la Matanza (UNLM).

Vernengo, P.; Zucchi, A.; Oelsner, J.; Duhalde, C.; Esteve, J.; Laplacette, J. A. y R. de Schejtman, C. (2010). *Interacción lúdica madre-niño: dimensiones del juego y regulación afectiva. Memorias de las XVII Jornadas de investigación, sexto encuentro de investigadores en psicología del MERCOSUR.* Facultad de Psicología UBA, Buenos Aires, pp. 320-322, Tomo IV, Año 2010, (ISSN 1667-6750).

Vernengo, M. P., Huerin, V., Laplacette, J. A., Duhalde, C., Raznoszczyk de Schejtman, C. (2015). *Tiempos de constitución del jugar y simbolización, estilos facilitantes y Restrictivos. En Memorias del VII Congreso Internacional de Investigaciones y Práctica Profesional en Psicología de la Facultad de Psicología de la Universidad de Buenos Aires,* XXII Jornadas de Investigación y XI Encuentro de Investigaciones en Psicología del Mercosur, pp. 105-109. Buenos Aires: Facultad de Psicología, UBA.

Winnicott, D. W. (1958). *Escritos de Psicoanálisis y Pediatría*. Buenos Aires: Paidós, 2002.

Winnicott, D. W. (1960). *La distorsión del yo en términos de self verdadero y falso. En Los procesos de maduración y el ambiente facilitador* (pp. 182-199). Buenos Aires: Paidós, 1993.

Winnicott, D. (1962). *La integración del yo en el desarrollo del niño. En Los procesos de maduración y el ambiente facilitador* (pp. 73-82). Buenos Aires: Paidós, 1993.

Winnicott, D. W. (1965) *Los procesos de maduración en el niño y el ambiente facilitador*. Buenos Aires, Ed. Paidos, 1993.

Winnicott, D.W. (1971). *Realidad y juego*. Buenos Aires: Gedisa. 1972.

Mag. María Pía Vernengo

Psicóloga (UB). Magister en Psicoanálisis UNLM - AEAPG. Docente de la Facultad de Psicología (UBA. Investigadora en Primera Infancia, proyectos U.B.A.C.y.T., dirigidos por la Dra. Clara R. de Schejtman. Miembro de la Sociedad Argentina de Primera Infancia.
E-mail: piaverse@hotmail.com

Dra. Vanina Huerín

Psicóloga - Doctora en Psicología (UBA). Docente de la Facultad de Psicología (UBA). Investigadora en Primera Infancia con proyectos acreditados y subsidiados por U.B.A.C.y.T., dirigidos por la Dra. Clara R. de Schejtman. Miembro de la Sociedad Argentina de Primera Infancia.
E-mail: vaninahuerin@hotmail.com

Dra. Constanza Duhalde

Psicóloga - Doctora en Psicología (UBA). Docente de la Facultad de Psicología (UBA, UB, IUSAM). Investigadora en Primera Infancia proyectos U.B.A.C.y.T. dirigidos por la Dra. Clara R. de Schejtman, Directora de proyecto subsidiado por IPA. Miembro Sociedad Argentina Psicoanálisis.
E-mail: constanzaduhalde@gmail.com

Tercera parte
Entre versiones y nociones:
un elogio a la prosodia.

Un modelo preliminar sobre la distancia afectiva. La prosodia del habla materna en la relación temprana

Graciela. Jaimsky

El propósito de este escrito es presentarles el camino de investigación que recorro. Para ello, abordaré: la motivación clínica que le dio inicio, los conceptos elaborados para dar sustento teórico (*madre suficientemente libidinal y presentación de un objeto sonoro materno*) y cierta aproximación metodológica al modo en que intento hacer lectura de la distancia afectiva que se expresa en el habla materna cuando se dirige al infans.

Al mostrar mi camino invito ( ) a cada uno a recorrer el suyo, más allá de las nociones que constituyen el bien común psicoanalítico, bien común al que cada uno recurre como a una caja de herramientas.[1]

1- Sobre el Proyecto de investigación y la primera construcción conceptual. Cuerpo, seducción y función maternante.

Considero que uno no debería hacer teorías.
Debieran llegar por sorpresa a la propia casa,
como un extraño a quien no se ha invitado
Carta de S. Freud a S. Ferenczi, agosto de 1915[2]

Los hallazgos en el marco de la situación analítica, son

---

[1]   Pontalis, J-B. "Ventanas". Topía. Agosto, 2005. Pág. 11
[2]   Ahumada, J. "Contexto y texto en los descubrimientos freudianos". Revista de Psicoanálisis. Tomo LXIII. N° 2 Junio. 2006. Pág. 243

la fuente de los desarrollos centrales de nuestra disciplina. Quizás el ejemplo más relevante fue la observación de Freud a su nieto Ernst, de 18 meses de edad, en el juego del carretel, el famoso juego del fort-da. Acuerdo con la idea de que los avances en Psicoanálisis se deben ante todo a una clínica que nos pone en dificultades, contradice, hace vacilar cualquier teoría constituida, empezando por la propia. (Pontalis, 2005).

Acuerdo en que los mapa de ruta teóricos están en continua construcción (Zirlinger, 2008). Y considero que un fecundo modo de actualizarlos es mediante un sistemático trabajo de investigación.

Personalmente el incidente clínico que me tomó de sorpresa, sucedió en una entrevista vincular con una madre preocupada por las severas dificultades de comunicación con su pequeño hijo. Interesada en comprender a qué cuerpo refería la madre al expresar *que con niños hay que poner mucho el cuerpo*, comencé a estudiar la noción cuerpo que trabaja el Psicoanálisis.

Al ir trazando un panorama actual de las distintas conceptualizaciones sobre la noción de cuerpo, se hacía notorio la diversidad existente y comprendía que se trataba de un único cuerpo lo suficientemente complejo[3], un cuerpo cuyo conocimiento es construido por múltiples disciplinas. Cada una de ellas ofrece un saber parcial y fragmentario.

Ahora bien, la seducción primaria resultó ser objeto de un minucioso análisis para ahondar en la génesis de un cuerpo erógeno. ¿Por qué prioricé el estudio de este concepto? Porque ya desde los pioneros estudios de Spitz (1985) se sabe que el bebé necesita tanto de nutrientes físicos como afectivos. Estos últimos estímulos inscriben los primeros movimientos de circulación libidinal, esta-

---

[3]   Bernardi, R. (2005) "Un único cuerpo, pero suficientemente complejo. El diálogo entre el Psicoanálisis y la medicina". En Psicosomática. Aportes teórico-clínicos en el siglo XXI. Lugar editorial. Pág. 41.

bleciendo una estrecha relación entre el desarrollo del psiquismo infantil y el inconsciente materno. Entonces, la seducción primaria, me permitiría cercar la relación primaria del lado de quien entrega el alimento psicosexual.

Esquemáticamente su relevancia se fundamenta en que se trata de un concepto específico del campo del Psicoanálisis, íntimamente relacionado al descubrimiento de la sexualidad infantil, que facilitaría construir una caracterización clínica de esta función materna.

Primera construcción conceptual: una "madre suficientemente libidinal"

> ( ) *La emoción materna se*
> *trasmite de cuerpo a cuerpo;*
> *El contacto emocionado toca el nuestro, una*
> *mano que nos toca sin placer No provoca la misma sensación que una mano*
> *que siente placer al hacerlo.*
> P. Aulagnier (1991).

En Cuerpo y Construcción psíquica (Jaimsky, 2007) elaboré el concepto *madre suficientemente libidinal* para enfatizar la importancia de la trasmisión del placer materno en el ejercicio de su función.

Comencé con la propuesta freudiana sobre la teoría de la seducción. Los primeros escritos freudianos presentan gran cantidad de ejemplos en que sus pacientes han experimentado un acontecimiento sexual prematuro. Asi, esquemáticamente esta teoría supone que el trauma se produce en dos tiempos. El acontecimiento sexual es exógeno al sujeto, quien es incapaz de actuar (por ser un niño inmaduro, y pasivo). Freud, previo al abandono de esta teoría, le atribuye a la seducción, la génesis de la represión y del funcionamiento inconsciente.

Las posteriores fundamentaciones de Laplanche (1987) ponen a trabajar previas ideas de Ferenczi sobre la confusión del mundo adulto con el mundo infantil. Así entre sus formulaciones se destaca: a) el primado del otro sexual; b) la noción de mensaje enigmático. Esta selección conceptual, tiene base en que la madre se presenta como primera realidad para el infans. La libido materna se trasmite de cuerpo a cuerpo. Y de este modo, los gestos y movimientos del cuerpo materno contienen y extinguen las fantasías que despierta la relación con el infans (Jaimsky, 2007).

En este sentido, Laplanche (1987) haciendo uso de cierto recurso lúdico- formula el oscuro cuestionamiento que supone que el lactante haría, al percibir este investimento sexual materno: ¿qué pretende de mí, más allá de amamantarme y, después de todo, por qué quiere amamantarme? Del lado de la madre, la fantasía condensa el intenso deseo materno de amamantar y besar al niño.

Al respecto señala:

( ) toda madre es, en cierto modo, una mujer insatisfecha que busca algo más allá de su marido, ( ) en el recuerdo infantil de Leonardo se designa una figura simbólica de la seducción, de la implantación del deseo materno, que marca al niño y luego al adulto como un destino[4].

Reconsiderando la cita, queda explicito que del lado de la madre, la relación es sexual, en la cual ella es el integrante activo de la díada y el bebé el pasivo. Y de este modo, a través de sus funciones la madre se presenta, dejando una impronta libidinal en el cuerpo del infans.

Si bien la teoría de Winnicott no hace marcadas referencias al término seducción y sus escritos carecen del uso de conceptos de la metapsicología freudiana; pone especial énfasis en el estudio del ambiente facilitador del desarrollo humano.

---

[4]			Laplanche, J. (1970): "La teoría de la seducción". En La sexualidad. Buenos Aires. Nueva visión. Cap. 3. Pág. 96

Al principio el bebe depende por entero del modo en que se le aporta cada fragmento del mundo. Necesita de la presencia de un ambiente que cumpla su función de manera suficiente. Por ello, la calidad del contacto corporal ofrecido señala un índice del erotismo materno puesto en juego, señala la libidinización cedida al hijo. La entrega psicosexual materna tiene que ser dentro de un índice necesario ya que la hipo o hipercatectizacion no es neutral. Y en ese sentido, al interrogante de cómo presenta ´sus ansias´ una madre, respondí *apoyada en la teoría de Winnicott- que lo hace de manera suficiente.* El adverbio `suficientemente´ hace presente el deseo materno con sus límites y sus alcances.

De este modo es que en el camino emprendido elaboré el concepto *madre suficientemente libidinal* en un intento de acercar posiciones teóricas sin por ello desconocer sus divergencias. La invención de este término abonaba en la idea de construir un concepto que haga presente el deseo en la función materna.

2- Sobre los avances del estudio y la segunda conceptualización. Lenguaje paraverbal, motricidad y distancia afectiva.

> *"Las relaciones entre el bebe y la madre (o quienes hagan sus veces) pueden ante todo ser descritas bajo el signo de la afectividad"*
> Levobici, S (1988)

> *"Poner la voz, es poner el cuerpo"*
> Calmels, D. (2014)

Mi interés por la música, por los efectos de la sonoridad en el psiquismo, inclinó mi decisión de continuar profundizando el estudio de esta función materna en el habla de la madre al dirigirse *al infans*.

Imaginemos esta situación:

Un bebé llora. La madre lo escucha y mientras se acerca a la cuna, le va hablando suave, pausado, diciendo: -*ya vaa, ¿hay hambre gordito?, ya vaa.*

Cuando observamos a los padres junto a sus bebes, solemos observar que le atribuyen una vida interior al niño y en su quehacer se puede inferir ciertos pensamientos, deseos y expectativas.

También, en general, cuando observamos relaciones tempranas nuestro gesto cambia, nos conmueve. Algo en nuestro interior, resuena. ¿Qué provocará ese estado? ¿Será su ritmo, su modo de decir *gordito*, la respuesta del infans? ¿Será su sonrisa al acercarse o el modo en que la representación interna materna de su bebé se *corporiza,* mediante su quehacer y su habla? Lo cierto es que nuestro cuerpo también resuena.

El sonido y el sentido se reúnen en un ensamble denominado lenguaje. Somos seres hablantes, pero ¿cómo se produce este ensamble en los inicios?

Hay zonas del lenguaje más exploradas y otras un tanto descuidadas[5] por el psicoanálisis.

Al hablar, tendemos a hacer rápidas síntesis. El lenguaje es un producto de complejos procesos psíquicos. Pero cuanto más nos acercamos a los orígenes psíquicos, es necesario hacer un trabajo en cámara lenta, para comprender el modo en que el encuentro primordial, favorece el procesamiento de cantidades de estímulo provenientes tanto del propio cuerpo como del mundo exterior.

En líneas generales podemos acordar en que hablar de lenguaje, conduce inevitablemente a abordar tanto el tema de las representaciones, la formación del símbolo

---

[5]   *Descuidada* fue una palabra empleada por Winnicott en 1971, para referir al modo en que era usado el concepto transicional. Descuido refiere a algo percibido pero no atendido. (En Rodulfo, R. 2013; pág. 135. Andamios del psicoanálisis.)

como la constitución de los procesos simbólicos. Además, remite a la búsqueda del lugar del lenguaje a nivel fonológico, sintáctico y semántico en la constitución del psiquismo. Esta vertiente nos acerca a la comprensión de los procesos primario y secundario, a las operatorias de condensación y desplazamiento y a las relaciones entre pensamiento y lenguaje. Entonces, el lenguaje - ese desconocido -, es un proceso de comunicación de un mensaje (de un emisor a un receptor). Lo interesante, es que el primer destinatario de ese mensaje, es el mismo emisor: hablar, es hablarse. (Kristeva, 1999).

El habla contiene elementos tanto verbales como no verbales (lo paralingüístico, kinésico y proxémico). Los componentes prosódicos o paraverbales del habla, (volumen, velocidad, altura, de la voz, etc.) son elementos que fueron poco incluidos en nuestros planteos teóricos sobre la constitución psíquica. Sin embargo, algunos psicoanalistas hicieron hincapié en la importancia de esa musicalidad que fluye debajo de las palabras. (Liberman, 2009; Maldavsky, 2002; Rodulfo, 2013; Maiello, 2016; Laznik, 2008).

Uno de los intereses de mi investigación6, consiste en estudiar los movimientos reales de estructuración del sujeto psíquico. Como plantea Bleichmar, S. (1993) lo primario se sitúa en las fronteras de la tópica intersubjetiva. Afirma: ( ) *Tal vez no podemos tocarlo, pero sí podemos conocer su peso específico, su densidad, su efecto, su combinatoria* (pág. 14).

Es relevante cuando Freud (1980) afirma que *"casi todos los estados anímicos que puede tener un hombre se exteriorizan en la tensión y relajación de sus músculos faciales, la actitud de sus ojos, el aflujo sanguíneo a su piel, el modo de empleo de su aparato fonador, y en las posturas de sus miembros, sobre todo de las manos.*

6   La autora se refiere a la elaboración en curso de su tesis doctoral en Psicología

Estas alteraciones corporales concomitantes casi nunca resultan útiles a quien las experimenta. Al contrario, si pretende ocultar a otros sus procesos anímicos, muchas veces estorban sus propósitos. Pero a los demás, les sirven como unos signos confiables a partir de los cuales pueden inferirse los procesos anímicos ( ).

Sobre el habla paraverbal o los rasgos prosódicos de la voz

> *Existe mucha más continuidad con la vida intrauterina de lo que la impresionante cesura Del acto de nacer quisiera hacernos creer".*
> S. Freud (1926)

Si prestamos atención cuando alguien nos habla, podremos observar que en muchos casos las palabras pueden ser modificadas por otras, pero no así su musicalidad. Los timbres, cadencias, entonaciones y acentos dan cuenta de la singularidad de la voz del hablante. *Podemos identificar casi inefablemente a una persona por la voz, por sus particulares características de timbre, resonancia, tono, cadencia, melodía, el modo de acentuar. La voz es como una huella digital, reconocible e identificable al instante* (Dólar, 2007).

En este sentido, Bion (1977), en su texto sobre la Tabla, describe cómo se quedaba aguardando las palabras de un paciente tartamudo, angustiándose con su dificultad para articularlas, hasta que resolvió fijarse en el tartamudear mismo del paciente, percibiendo que éste estaba comunicándose con él, pero de otra manera.

Tempranamente Anzie (1987), introduce la importancia de la cavidad bucofaríngea, como zona que une al bebé con sus padres en un sistema de comunicación, al tiempo que juega un papel esencial en la expresión de las emociones. La boca tiene la capacidad de emitir sonidos, luego palabras, que salen del cuerpo y están dirigidas al bebé. *Baño sonoro*(Lebovici, 1989), envoltura sonora (Anzie, 1987) que inviste el cuerpo al que se dirige.

Los ritmos del interior de la madre envuelven acústicamente al desarrollo perinatal. Madre e hijo comparten un espacio corporal. EL cuerpo no es nada sin el latido de los ritmos, las subidas y bajadas de intensidades, el peso de ciertos acentos, la alternancia entre sonidos y silencios, el aumento o disminución de velocidades, etc. (Rodulfo, 2013).

Bion pone a trabajar la cuestión señalada en el epígrafe freudiano, para preguntarse qué de la vida en un medio líquido del sentir del feto se abandona o retoma al pasar a habitar un medio gaseoso. Señala que se produce un cambio impresionante cuando pasa de un medio al otro, existen oscilaciones y ondeantes sensaciones. Y plantea que no ve motivo para que no quede un resto de una muy primitiva sensibilidad (Bion, 1992).

De hecho, muchas investigaciones actuales dan cuenta de experiencias auditivas prenatales, profundizando sobre el significado de la voz materna para el desarrollo protomental del aun no-nacido. Plantean que la voz materna da pistas del estado afectivo materno e infieren que los sonidos de la voz dejan huellas en la rudimentaria memoria del infans.

Las madres no se dan cuenta que modifican su voz cuando se dirigen al pequeño. A ese tipo particular de habla se las denomina *'tono maternés'o motherese*. Ese particular habla a su bebe presenta un tono de voz aniñado (más agudo que el normal), repite una secuencia o línea melódica que va variando, hasta terminar en un movimiento generalmente ascendente.

En el intercambio verbal-paraverbal entre madre-bebe, la pregunta de la madre: - *¿querés comer?* expresa no sólo en el significado de las palabras, sino también en la modulación de la melodía vocal. Con esa melodía vocal que permanece sostenida en agudo y finaliza en una pregunta o movimiento vocal ascendente. Como plantea S. Maiello (2016) para poder plantearse una pregunta y confiar, o al menos esperar una respuesta, es necesario haber aceptado y reconocer la alteridad del otro.

Una presentación de objeto sonoro materno

> *( ) Los músculos de l*
> *a voz obedecen a las mismas leyes*
> *que los demás músculos voluntarios del cuerpo*
> *y por ser los más livianos y los más delicados,*
> *son los primeros alcanzados por*
> *la ola emocional.*
> (Liberman, [1971] 2009)

En los inicios, un bebé suele prestar mucha atención a las intensidades. Como afirma Stern (1999) registra olas afectivas, que crecen y decrecen de acuerdo al placer o displacer que le provoca. Cuando la madre le habla a su bebe, seguramente el pequeño no sabe qué le están diciendo, pero sí registra cómo fluye el sonido sobre él. Y la intensidad del estímulo, le sirve como referencia de distancia afectiva (cercanía o lejanía). La voz es el aspecto corporal del lenguaje verbal. Los primeros intercambios madre-bebé son prioritariamente sonoro-corporales y están más al servicio de hacer contacto que de trasmitir información (Stern, 1985).

De este modo, se observa que en mi estudio pongo el acento entonces, en aspectos del habla que no tratan tanto lo que se dice, sino cómo se dice algo. Ya investigaciones sobre el rol de la prosodia en la comunicación temprana han mostrado que el estado emocional materno es detectado por el infans desde ya los últimos meses de gestación. (Paonlantonio, 2016; Maiello, 2013). Y la comparación entre los patrones acústicos del habla, entre madres que presentan síntomas de depresión posparto con madres que no, señalan importantes diferencias en la emisión de sus líneas melódicas.

S. Maiello (1997) conceptualiza como *objeto sonoro* al conjunto de remniscencias prenatales, de cualidad sonora y rítmica que el niño conserva en la memoria después del nacimiento. Plantea que si bien el encuentro visual con la madre ocurre después del nacimiento, el encuentro auditivo ya se presenta durante la segunda mitad de la vida intrauterina. Así, los elementos prosódicos de la voz materna, generan una circulación emocional, ya comenzada in útero.

Como señalé, el tono maternés es un habla dirigida a infantes que se caracteriza por presentar: frases breves, en tono agudo, con exageraciones vocálicas, que finalizan en general en movimiento ascendente. Las madres lo emiten de modo espontáneo. Se ha reconocido que esta presentación sonora, es un modo de contactar e interactuar con el bebe (Laznik, et al: 2009). Suele ser preferido por los infantes, por sobre el habla dirigida a un adulto y posiblemente colabora en la adquisición del lenguaje del niño.

Siguiendo las ideas de Maiello (1995; 1997) la voz materna presenta objetos sonoros, que inauguran la experiencia perceptual de continuidad-discontinuidad. Esta psicoanalista plantea un encuentro específico a nivel auditivo vocal desde la mitad de la vida intrauterina (Giacobone, pag.198).

Afirma Maiello: *Dado que entre los dos sentidos receptores inmateriales, la visa y el oído, el primero no recibe muchos estímulos antes del nacimiento, me ha parecido que el oído podría ocupar una posición de relieve en el proceso del desarrollo protopsíquico del niño prenatal. El encuentro visual con la madre ocurre después del nacimiento en cambio el auditivo ya durante la segunda mitad de la vida intrauterina ( ) He propuesto el termino objeto sonoro para describir el conjunto de las reminiscencias prenatales, de cualidad sonora y rít-*

mica que el niño conserva en la memoria después del nacimiento (Maiello, 2013; pag.79).

Y el bebe recién nacido reconoce la voz a pesar de su trasmisión aérea, ya el timbre percibido en el ambiente acuático es diferente. Esto implica que la "musicalidad" del habla materna deja huellas en la rudimentaria memoria del infans.

Si ponemos nuevamente el lente en la perspectiva del adulto, será la noción de madre medio ambiente, -en su función de presentación de objetos-, la que permitirá establecer un puente entre la teoría pulsional y teoría objetal. *( ) Primeramente el motor pulsional es externo al sujeto y gracias a las acciones adecuadas del objeto puede devenir interno* (Zirlinger, S. 2008. Pag.352).

El ambiente facilitador aporta funciones para sostener la continuidad existencial del infans disminuyendo los efectos de las ausencias e intrusiones. Estas funciones de sostén (holding), manipulación (handling) y presentación de objetos, facilitan que el bebé pueda vivir y desarrollarse bajo la ilusión de la omnipotencia primaria (Winnicott 1960).

En un *"entre- nociones"* ya posfreudianas, elaboré el concepto: "presentación de objeto sonoro materno en el cual integro: a) una función materna de la teoría de Winnicott (presentación de objetos), con b) una noción de S. Maiello (objeto sonoro).

Me pregunte entonces, *¿qué motiva a quien ejerce la función maternante emita tono maternes?, ¿qué elementos de la afectividad corporal en juego, se filtran en su emisión? Personalmente considero, que podría tratarse de una experiencia de pasaje y creación psíquica, para ese bebé al que se dirige. ( ) el niño se reencuentra a sí mismo en los sonidos oídos, como se reencuentra en los ojos maternos"* (Maldavsky, 2002).

La voz está íntimamente ligada al rostro. De hecho en el estudio de díadas suelen priorizarse los intercambios faciales y vocales. Winnicott afirma que la madre sólo es captada si aparece allí donde el niño la espera. La prosodia del habla materna, entonces si todo marcha bien, recrea un estado de ilusión, de ser dos en uno. Y así al oír a su madre, el niño experiencia momentos en que se oye/ ve, a sí mismo.

Considerando las ideas de continuidad y cesura, sería interesante pensar el modo en que en los primeros tiempos de construcción psíquica, los parámetros sonoros maternos favorecen en la vida extrauterina, recrear la ilusión de unidad y manifestar al mismo tiempo la discontinuidad inherente al proceso de separación.

Sobre motricidad...

> *( ) los bebés no son pre-lingüísticos*
> *sino que nosotros somos poskinésicos.*
> Vasen (2017)

También afirma Freud: *La observación muestra de manera directa que los seres humanos están habituados a expresar lo grande y lo pequeño de sus contenidos de representación por la diversidad de gasto en una suerte de mímica de representación. Cuando un niño, un hombre de pueblo o un miembro de ciertas razas comunica o describe algo, fácilmente se echa a ver que no se contenta con patentizar al oyente su representación escogiendo unas palabras claras, sino que también figura el contenido de ella en sus movimientos expresivos; conecta la figuración mímica con la verbal. Sobre todo dibuja así las cantidades e intensidades: ´una alta montaña´ y levanta la mano por encima de su cabeza; ´un enanito´ y la hace descender a ras del suelo. Y si se ha quitado el hábito de pintar con las manos, tanto más lo hará con la voz; ( ).*

En esta línea de pensamiento, Maldavsky (1977) ilustra mediante la explicación del juego de carretel descripto por Freud, el modo en que una serie de gramáticas se van constituyendo en el sujeto.

En el juego del carretel descripto por Freud, se pueden encontrar tres componentes motrices, uno referido a los movimientos de la mano, otro al de los ojos que siguen la mano y el carretel, y el tercero, los movimientos del aparato fonador. Componentes ya señalados en el Proyecto cuando Freud se refiere al complejo del semejante. Dice: La mano que se acerca y aleja del cuerpo impulsando o atrayendo el carretel tiene en este contexto un valor imitativo, realiza los alejamientos y acercamientos que el niño percibe con sus ojos en relación con la madre. También la boca, al emitir los sonidos, realiza un programa gestual de tipo imitativo, pero ya no con respecto al otro sujeto, sino con respecto al mismo niño, que se va cerrando frente al alejamiento del otro (la vocal **o** es cerrada) y se va abriendo frente al acercamiento del otro (la vocal **a** es abierta).

También se encuentra fundamentado en el modo en que se enlaza la representación cosa y la representación palabra. En el Proyecto (1895) Freud incluye en el enlace, componentes cinéticos y tonales (musicales). *Freud diferencia claramente entre el movimiento y su imagen en la representación de palabra: No hablamos realmente [al pensar], como tampoco nos movemos realmente cuando nos representamos una imagen en movimiento. Pero la diferencia entre imaginación y movimiento es sólo cuantitativa* (p.950). Con esta estipulación resulta claro que Freud sugirió toda una línea de pasaje de la representación de cosa a la de palabra. El enlace incluiría, como punto de contacto entre ambas, el componente tonal, que contiene un elemento acústico y otro vinculado con la melodía, con la diferencia de altura, en su carácter ascendente, descendente o mixto, con numerosas variaciones. En este componente melódico se incluiría algo de la imagen cinética, ya que la melodía está estrechamente ligada con el movimiento, con el ritmo. (Maldavsky, 1977, pág. 50)

Con estas ideas freudianas quiero destacar la importancia de la motricidad, en particular la fónica, a veces un tanto *des-oída* para la constitución de las representaciones y adquisición del lenguaje.

La emisión sonora también es movimiento, refiere a la motricidad laríngea de quien habla. Los movimientos y las sensaciones que genera, son información y comunicación (tanto para uno mismo como para el otro).

El grito es el sonido más estudiado. Es probable que éste se encuentre ligado a experiencias de separación y que en ocasiones se emita para tomar distancia del otro, o bien, se use para llamar la atención de este otro significativo. Es decir que el grito, - y lo hago extensivo a otros movimientos implicados en la fonación- podrían estar al servicio de crear distancias o acercamientos interpersonales (Calmels, inédito).

Por lo tanto, mi propuesta consiste en pensar un modelo que incluya elementos sonoros del habla materna, que sean expresión de la distancia afectiva actuante en la relación. Elementos que están en riesgo de ser descuidados, si la atención se centra solamente en el contenido semántico del discurso. Como afirma el Dr. Rodulfo (2013) se trata de incorporar a nuestra clínica, de atender acentos, silencios, tonos, etc. en particular cualidades sonoras del habla que aún se encuentran prácticamente ausentes tanto en los relatos clínicos como en las especulaciones teóricas.

Una aproximación metodológica. Pasito a paso, entre lenguajes.

> *"Cabalgando entre lo observacional y la conjetu-*
> *ra fundada, el término hecho refiere entonces a*
> *niveles bien diversos según los contextos, donde*
> *caben varios grados de verosimititud."*
> (J. Ahumanda. En Altmann -1997-.)

El objetivo es mostrar un posible abordaje de la distancia interpersonal en la relación temprana, presentando campos de trabajo en intersección: el observacional naturalístico y el conjetural (ficcional).

Dado que mi estudio trabaja con la filmación de díadas madre-bebe, se indaga un modo en que las imágenes y relatos de este tipo de material empírico significan los hechos[7].

La comunicación temprana obliga a manejar el idioma de los gestos, expresiones (faciales, corporales) y las acciones. Se entiende que para una comprensión integral de esa relación se requiere de un abordaje interdisciplinario. Dice Freud: ( ) *Los fenómenos que nosotros elaborábamos no pertenecen sólo a la psicología: tienen también un lado orgánico biológico, y, en consonancia con ello, en nuestros empeños en torno de la edificación del psicoanálisis ( ) no pudimos evitar supuestos en esa materia"* (Freud, Esquema del psicoanálisis. 1938). En consecuencia, se hará una lectura psicoanalítica del aporte de conocimientos de la fonoaudiología, la música y psicomotricidad.

---

[7]   Hecho en el campo filosófico implica una descripción o previsión objetiva, posibilidad de verificación, comprobación o control". (En Altmann( )

De la observación a la conjetura

Si bien el psicoanálisis aparentemente se encuentra en las antípodas de lo observable ya que refiere a lo inconsciente, fantasías y conflictos intrapsiquicos, diversos autores acuerdan que la observación directa está al servicio de la teoría psicoanalítica (Levobici, 1985).

La meticulosa observación que tolera dejar la teoría de lado, enriquece la experiencia del observador y también su teorización. Dice Kestemberg (1986) que la observación directa es una manera privilegiada de otorgarle la palabra al lactante. Y Bick señala que si uno va a observar con los conceptos ya armados, como el objeto interno, etc entonces la observación carece de sentido (Oiberman, 2001).

Resumidamente, trabajaré entonces mediante la intersección de 2 posiciones básicas:

1) la observación que los aportes disciplinares hagan sobre el observable seleccionado (respetando el lenguaje propio de cada experto).

2) la posible integración inferencial de lo obtenido en la recolección de datos, desde una lectura psicoanalítica.

La constitución del sujeto psíquico depende que inicialmente sea sostenido y anticipado por la madre (o por el cuidador). Lo cual se puede manifestar con júbilo bajo la forma de palabras cargadas de una musicalidad placentera, lo que hará que el bebé intente responder con lo que se espera de él. Este particular habla (el tono maternes) es utilizado en tests validados -como el IRDI-, que indican la presencia de un anticipado sujeto psíquico (aún no constituido) en el discurso materno.

Con esta fundamentación, he seleccionado segmentos fílmicos en los cuales la madre emite tono maternes y sobre ellos me encuentro realizando el análisis que me permiten los instrumentos de la fonología (análisis acústicos de la voz materna) y del lenguaje musical. Como señala

Kazez (1996) es probable que un estudio de las frecuencias y de las vibraciones pueda contribuir a la comprensión del estatuto de lo acústico en la constitución de conciencia originaria y el sentimiento de sí.

Es cierto que "para el psicoanalista que trabaja habitualmente con materiales latentes, reprimidos e inconscientes, que deben ser traídos a la conciencia a través de la laboriosa técnica analítica, dirigir el interés a la observación de la conducta manifiesta y ostensible constituye un paso que no se da sin dificultades. Como psicoanalistas no estamos interesados en la conducta por sí misma(Schejtman, 2008).

Considero que las observaciones pueden ser un tesoro de información para desarrollar una mayor comprensión psicoanalítica. En mi caso en particular, el estudio de la motricidad fónica materna y corporal del bebe permitirían acceder a intercambios mediante los cuales( ) el individuo representaba simultáneamente su unidad y su separación del objeto" (Altmann, 1996).

Planteo la pretensión de ahondar en modelos que sostengan – a la vez- la singularidad de cada caso, con la necesidad de la ciencia de sistematizar y construir conceptos abarcativos. En este sentido, me apoyo en la metodología empleada por D. Liberman y D Maldavsky quienes utilizaron enunciados intermedios y definiciones operacionales de los términos teóricos. Ambos maestros, distinguieron tajantemente la investigación del inconsciente del analizando en la sesión, de la investigación fuera de la sesión, diferenciando y complementando ambas investigaciones. El dialogo entre la actividad clínica y la investigación redundará en su mutuo desarrollo.

Bibliografía

Ahumada, J. *Contexto y texto en los descubrimientos freudianos.* Revista de Psicoanálisis. Tomo LXIII. N° 2 Junio. 2006.

Altmann de Litvan, M. (1996). *Correlato entre el bebé reconstruido y el observado.* Revista Uruguaya de Psicoanálisis, 84-85, 153-170. Recuperado de: http://www.apuruguay.org/apurevista/1990/168872471996848512.pdf

Altmann de Litvan, M. (2001). *Arrullo, ritmos y sincronías en la relación madre-bebé.* Revista Iberoamericana de Psicomotricidad y Técnicas corporales, 1; 49-62. Recuperado de: https://es.scribd.com/document/73604653/Sincronias-en-LaRelacion-M-B

Altmann de Litvan, M. (2007). *La observación de bebés: un campo de preguntas y desafíos para el psicoanálisis contemporáneo.* Revista Uruguaya de Psicoanálisis 104; 241 ☐ 259. Recuperado de: http://www.apuruguay.org/revista_pdf/rup104/rup104-altmann.pdf

Anzie, D. :(1997) *El Yo-piel*, Madrid, Biblioteca Nueva.

Aulagnier, P. (1991). *Nacimiento de un cuerpo, origen de una historia, en Cuerpo, historia e interpretación, de lo originario al proyecto identificatorio.* México: Paidós.

Bion. (1992) *Acerca de una cita de Freud. En Seminarios Clínicos y Cuatro Textos.* Buenos Aires: Lugar Editorial

Calmels, D. (2004). *El cuerpo cuenta. La presencia del cuerpo en las versificaciones, narrativas y lecturas de crianza.* El Farol: Buenos Aires.

Dolar, M. (2007) *Una voz y nada más.* Bordes Manantial. Buenos Aires.

Freud, S. (1976) *Proyecto de psicología* [1895] En Sigmund Freud Obras completas. Vol. I, Amorrortu editores. Buenos Aires.

Freud,S. (1976) *Formulaciones sobre los dos principios del acaecer psíquico* [1911]. En Sigmund Freud Obras Completas. Vol. XII, Amorrortu editores. Buenos Aires.

Freud, S. (1976) *Inhibición, síntoma y angustia* [1926]. En Sigmund Freud Obras completas. Vol. XX, Amorrortu editores. Buenos Aires.

Freud, S. (1976). *Pulsiones y destinos de pulsión* [1915]. En Sigmund Freud Obras completas. Vol. XIV, Amorrortu editores, Buenos Aires.

Jaimsky, G (2007). *Cuerpo y construcción psíquica. La seducción primaria en la relación madre-bebe.* Continente: Buenos Aires.

Jaimsky. G. (2018) *"Notas sobre los comienzos de un diálogo afectivo. El cuerpo y lo sonoro en la relación madre-bebe.* En Número: Clínica en la temprana infancia. Actualidad psicológica.

Kazez, R. (1996) Del rasgo a la letra: nexos entre ideografía y pensamiento. En Los primeros años de vida. Actualidad Psicológica. N*235.

Kristeva, J. (1999) *El lenguaje, ese desconocido. Introducción a la lingüística.* Editorial Fundamentos.

Laplanche, J. (1987). *Nuevos fundamentos para el psicoanálisis. La seducción originaria.* Buenos Aires. Amorrortu editores.

Laplanche, J. (1970): *La teoría de la seducción. En La sexualidad.* Buenos Aires. Nueva visión.

Laznik.M-C. (2008). *Automatic Motherese Detection fo face to face interaction analysis. Conference paper.* https://www.reserachgate.net/publication/220716679.

Levobici. S. (1993). *La madre, el bebe y el psicoanalista.* Amorrortu editores.

Liberman, D. (1970). *Lingüística, interacción comunicativa y proceso psicoanalítico.* Tomo II. Nueva Visión.

Laznik, M C. (1997). *Hacia el habla.* Nueva Visión

Maiello, S. (2016). *Notas sobre experiencias prenatales y natales traumáticas. Conferencia en Universidad de Haifa,* 15/02/2016.

Maiello, S. (2013) *On the origins of language.Vocals and rhythmic aspects of the primary relationship and its absence in autistic states.* In Controversy in Children and Adolescent Psicoanálisis, N° 13, 23.

Maldavsky, D (1977). *Teoría de las representaciones.* Nueva Visión, Buenos Aires.

Maldavsky, D. (2008) *Yo-realidad inicial: conceptos e investigaciones sistemáticas. En Subjetividad y Procesos Cognitivos,* Pág. 77-98.

Maldavsky, D. (1986). *Estructuras narcisistas.* Amorrortu editores. Buenos Aires.

Maldavsky, D. (1983) *Sexualidad femenina y procesos de pensamiento.* Finegans Libreros y editores. Buenos Aires.

Maldavsky, D. (2002) *La estructura frase y la metodología de la investigación del discurso desde la perspectiva psicoanalítica. Sobre el valor de los componentes paraverbales..* En Subjetividad y Procesos cognitivos. N* 3, pág.- 58-100-

Oiberman, A. *Observando a los bebés.* Lugar Editorial. Buenos Aires, 2001

Paolantonio, P. (2016). *Una aproximación desde la psicología al rol de la prosodia en la interacción comunicativa temprana entre madre hijo. El caso de la depresión posparto. En Fernández Plantas, 13 reflexiones sobre aspectos de la fonética y otros temas de lingüística.* Barcelona, págs. 405-415.1

Rodulfo. R. (2013) *Andamios del psicoanálisis.* Paidos. Buenos Aires.

Rodulfo, R. (2013). *Pulsar, punzar, puntuar. En Actualidad Psicológica, Las pulsiones.* N* 423, págs. 5-8.

Rodulfo, R. (2012). *Padres e hijos: en tiempos de la retirada de las oposiciones*. Paidos

Roitman, C (1996) *Narcisismo primario. Entramado pulsional y yoico en la infancia temprana. Sus alteraciones*. Revista de Psicoanálisis. APA. Tomo LII, n* 4, octubre-diciembre.

Schejtman et al. (2008). *Primera infancia*. AkadiaI: Buenos Aires.

Stern. D. (1999). *Diario de un bebe*. Paidos: Buenos Aires.

Stern, D. (1985) *La vida intersubjetiva del infante*. Paidos. Buenos Aires.

Stern, et al. (1998). *Non-Interpretive Mechanisms in Psychoanalytic Therapy: The 'Something More' Than Interpretation*. International Journal of Psycho-Analysis, 79:903-921.

Vasen, S. (2017) *Más que sonidos*. Topia editorial.

Pontalis, J-B. (2005) *Ventanas*. Topia editorial.

Pontalis. J.B. (2007) *Al margen de los días*. Topia editorial, Bs As

Wallon, H. (1965) *Los orígenes del carácter en el niño. Preludios del sentimiento de personalidad*. Editorial Lautaro. Buenos Aires.

Winnicott, D.W. (1971). *Realidad y Juego*. Gedisa: Barcelona.

Winnicott. D. (1993). *Los procesos de maduración y el ambiente facilitador*. Paidos: Buenos Aires.

Winnicott, D. (1980). *La familia y el desarrollo del individuo*. Letra Viva: Buenos Aires.

Zirlinger, S. (2008). *Nuevos recursos frente al trauma*. Letra Viva.

Carta a los lectores.
Escribir en tiempos de pandemia

> *Así andan los conceptos*
> *como amores efímeros,*
> *se los deja cuando*
> *otros más atractivos nos convocan*
> Green, A. (1983)
> Narcisismo de vida, narcisismo de muerte.

Todo texto, tiene su contexto. Este libro sale a la luz, en plena cuarentena por la presencia de un virus que afecta a todo el planeta. La palabra pandemia viene del griego antiguo, y significa «todo el pueblo». En efecto, todos los seres humanos estamos afectados por igual.

El COVID-19 (también llamado coronavirus) es una enfermedad infecciosa con altísimo grado de contagio. Se detectó por primera vez en la ciudad china de Wuhan, en diciembre de 2019. Habiendo llegado a más de cien territorios, el 11 de marzo de 2020 la Organización Mundial de la Salud la declaró pandemia.

Como psicoanalistas reconocemos que semejante malestar se cuela en la escritura, aunque el eje del texto no tenga nada que ver con la pandemia.

¿Por qué entonces escribí este libro? Freud escribe en Interpretación de los sueños: *es que para mí el libro posee otro significado, subjetivo, que sólo después de terminarlo pude comprender.*

Escribimos para ser leídos, para conocer el límite de nuestra comprensión. Requiere un soporte narcisista que posibilite crear y al mismo tiempo tolerar las limitaciones del decir. Escribimos para concluir y dar movimiento a otros pensamientos.

Tengo cierta valoración por los recorridos y este libro es parte de un camino. Con frecuencia uno se encuentra con zonas temáticas de mayor claridad conceptual y otras cuya densidad pueden tentar con abandonar el trayecto. En este sentido, el encuentro con colegas con quienes intercambiar y conmover el pensamiento es fundamental para continuar.

No sólo el encuentro con psicoanalistas con pensamientos disímiles me interesa, sino que lo considero un necesario desafío, un ejercicio de pensamiento que permite enriquecer y fortalecer el propio decir. De hecho cuando hay una implicación mutua, nos deja a ambos actores modificados luego del encuentro.

Pero es cierto que éste no fue un encuentro cualquiera, aconteció en un momento particular.

La invitación a los colegas a participar de este proyecto, ocurrió apenas unos meses antes de que la Pandemia sea el protagonista de nuestro cotidiano vivir. Así, escribir en tiempos de pandemia, tuvo sus particularidades.

La escena que describe Bifo Berardi en el aeropuerto de Bolonia,resulta ilustrativa de lo extraño de esta situación:

En la entrada hay dos humanos completamente cubiertos con un traje blanco, con un casco luminiscente y un aparato extraño en sus manos. El aparato es una pistola termómetro de altísima precisión que emite luces violetas por todas partes. Se acercan a cada pasajero, lo detienen, apuntan la luz violeta a su frente, controlan la temperatura y luego lo dejan ir.[1] Luego, relata la angustiante conciencia de ver escuelas cerradas, cines cerrados, también confiterías y todo lugar donde se genere contacto social. Sólo los almacenes y farmacias se mantienen abiertas para abastecer lo necesario. Confinados en nuestras casas, se padece un estado de stress

---

[1]   Franco *Bifo* Berardi. (2020). *Crónica de la psicodeflación*. En *Sopa de Wuhan*. Editorial: ASPO (Aislamiento Social Preventivo y Obligatorio). p. 35-54.

insoportable. Parece una realidad *onírica*. Es que el virus escapa a nuestro saber: no lo conoce la medicina, no lo conoce el sistema inmunitario.

Entonces ¿cómo lograr concentración, cuando se siente tanta incertidumbre? ¿Cómo sostener el deseo de escribir y enlazar a los colegas en esta aventura en medio de la pandemia?

Al respecto, algo muy interesante figuró, mientras delineaba el cierre de este libro. Fue conocer la carta que Freud le escribe a Max Halberstadt (1882-1940) -esposo de Sophie[2]-, apenas falleció su hija. Escribió Freud (25 de enero de 1920):

Sabes cuán grande es nuestro dolor y no ignoramos tu sufrimiento. No intentare consolarte, tampoco tu puedes hacer nada por nosotros ¿por qué te escribo pues? Creo que lo hago porque no estamos juntos, ni puedo decirte las cosas que repito frente a su madre y sus hermanos: que habernos arrebatado a Sophie, ha sido un acto brutal y absurdo del destino, algo acerca de lo cual no podemos protestar ni cavilar, sino sólo bajar la cabeza, como pobres desvalidos seres humanos, con los que juegan los poderes superiores.

Comprenderán entonces que escribir -con otros- podía sentirse como una presión, dada la vivencia de estar en un tiempo que parecía trascurrir por otros espacios. Pero también escribir podía ser el lugar donde encontrarnos, seguir pensando, a pesar de las nuevas condiciones. Escribir para no interrumpir la continuidad del proyecto, para no sumar otro trauma sobre el que está aconteciendo.

Como dijo Borges, *He nacido en otra ciudad que también se llamaba Buenos Aires*. Mientras tanto, me alegro de haber compartido las ganas de crear-creando con

---

[2]   Sophie Freud, falleció el 20 de enero de 1920, a sus veintisiete años, víctima de la pandemia conocida como gripe española que asoló a España desde 1918.

otros, y de haber participado en un conjunto de voces disimiles -con pesares y en sintonía-, deseando construir un contrapunto[3].

Ilustración por Sandra Galperín, que generosamente me cedió su obra para compartirla. La creó en el mes de abril de 2020, en medio de la Pandemia.

---

3   El concepto de contrapunto, se emplea en la música para nombrar la combinación armoniosa que establecen voces contrapuestas o distintas melodías.

Bibliografia:

(Correspondiente a los capítulos de Versiones Freudianas)

Abadi, S. (1997). *Desarrollos posfreudianos: Escuelas y autores.* Fundación editorial de Belgrano.

Alkolombre, P. (2008). *Deseo de hijo. Pasión de hijo.* Letra Viva: Buenos Aires.

Arbiser, S. (2010). *Rev. Psicoanálisis,* Vol.XXXII, N 1, pp.113-125.

Aulagnier, P. (2001). *Violencia de la interpretación.* Amorrortu editores.

Brusset, B. (1992). *El desarrollo libidinal.* Amorrortu editores: Buenos Aires.

Berezin.A. en línea). *"Crisis sociales y subjetividad"* En https:// es.scribd.com/doc/8786575/Ana-Berezin

Bernardi, R. (2005). *"Un único cuerpo, pero suficientemente complejo. El diálogo entre el Psicoanálisis y la medicina".* En Psicosomática. Aportes teórico-clínicos en el siglo XXI. Lugar editorial

Bernardi, R. (2014). *El tercero es también un segundo.* Revista de Psicoterapia Psicoanalítica Tomo VIII N. º 3 Julio, págs. 89-99.

Bernardi, R. (sin fecha). *Representación de palabra y representación de cosa en la concepción freudiana del inconsciente.* Revista Uruguaya de Psicoanálisis, APU.

Bleichmar, S. (1993). *La fundación de lo inconciente.* Buenos Aires. Amorrortu.

Bleichmar, S. (2020). *El psicoanálisis en debate. Diálogos con la historia, el lenguaje y la biología.* Paidos: Buenos Aires.

Bleichmar, S. (2000). *Sostener los paradigmas desprendiéndose del lastre. Una propuesta respecto al futuro del psicoanálisis. En Aperturas psicoanalíticas.* Número 006.

Britton (2004). *Subjectivity, objectivity, and triangular space.* Psychoanal. Q, 73:47-61.

Colombo, E. (2003). *La represión y el inconsciente o la actividad inconsciente,* Revista Internacional de Psicoanálisis Aperturas, N. 015.

Gratadoux, E. (2009). *El tercero y la terceridad en psicoanálisis.* Revista Uruguaya de Psicoanálisis; ppgs, 108 – 135.

Salcedo Serna, M.A. (2010). *El Aparato Psíquico Freudiano ¿una Máquina Mental?* En Revista de Psicología GEPU, ISSN-e 2145-6569, págs. 89-127.

Lloves, N. (2020). *Sobre dos modelos de tratar el sufrimiento psíquico.* En Tópica Psicoanálisis y psiquiatría Presentaciones complejas. Intervenciones clínicas. Cuadernos- Año VII-N*15.

Weisse, C. (2020). *Psicoanálisis y neurociencias. Puentes desde la* *experiencia*. En Tópica Psicoanálisis y psiquiatría Presentaciones complejas. Intervenciones clínicas. Cuadernos- Año VII-N*15.

Frenkel, Mandet, Vaque. (2003). *De exilios y márgenes en psicoaná-lisis. Acerca del más allá del principio del placer*. Ediciones de poesía y psicoanálisis: Buenos Aires.

Frenkel, Mandet, Vaque. (1992). *Encrucijada identificatoria*. En Revista de la Asociación Escuela Argentina de Psicoterapia para Graduados. Masculino y femenino. La sexualidad. Rev.N+18. Buenos Aires.

Frenkel, P. (2014). *Psicoanálisis y religión. De lo fácil a lo difícil, de lo débil a lo fuerte*, En Revista digital Psicoanálisis ayer y hoy, N* 10.

Freud, S.: (1976). *Proyecto de Psicología. En Publicaciones pre psi-coanalíticas y manuscritos inéditos de la vida de Freud.* [1895]. En Obras Completas. Tomo I. Buenos Aires. Amorrortu editores.

__________. (1976). *Tres ensayos de teoría sexual.* [1905]. En Obras Completas. Tomo VII. Buenos Aires. Amorrortu editores.

__________ . (1976). *Formulaciones sobre los dos principios del acae-cer psíquico.* [1911]. En Obras Completas. Tomo XII. Buenos Aires. Amorrortu editores.

__________. (1976). *Lo inconsciente.* [1915]. En Obras Completas. Tomo XIV. Buenos Aires. Amorrortu editores.

__________ . (1976). *Pulsiones y destinos de pulsión.* [1915]. En Obras completas. Tomo XIV. Buenos Aires. Amorrortu editores.

__________ . (1976). *Más allá del principio de placer.* [1920]. En Obras completas. Tomo XVIII. Buenos Aires. Amorrortu editores.

__________ . (1976). *El Yo y el Ello.* [1923]. En Obras completas. Tomo XIX. Buenos Aires. Amorrortu editores.

__________. (1976). *El malestar en la cultura.* [1930]. En Obras com-pletas. Tomo XXI. En Obras completas. Buenos Aires. Amorrortu editores.

__________ - (1976). *Esquema de psicoanálisis.* En Obras completas. Tomo XXIII. Amorrortu editores: Buenos Aires.

__________ . (1976). *Nuevas conferencias de introducción al psicoa-nálisis.* [1933] En Obras completas. Tomo XXII. Buenos Aires. Amorrortu editores.

__________ . (1976). *La feminidad. En Nuevas conferencias de intro-ducción al psicoanálisis.* [1933]. Tomo XXII. En Obras completas. Buenos Aires. Amorrortu editores.

Grande, A (2013). *Cultura Represora y análisis del Superyó* -1a ed. - Buenos Aires: SubVersiones Editora.

Green, A. (2010). *El pensamiento clínico.* Amorrortu editores. Bue-nos Aires.

Green, A. (1990). *De locuras privadas. Cap. 6. Concepciones sobre el afecto.* Buenos Aires. Amorrortu editores.

Green, A. (2004). *Ideas directrices para un psicoanálisis contemporáneo*. Buenos Aires. Amorrortu editores

Green, A. (1983). *Narcisismo de vida, narcisismo de muerte*. Buenos Aires, Amorrortu editores.

Green, A. (1994). *La nueva clínica psicoanalítica y la teoría de Freud. Aspectos fundamentales de la locura privada*. Buenos Aires. Amorrortu editores

Hassoun, J. (1996). *Los contrabandistas de la memoria*. Buenos Aires. Ediciones de la flor.

Jones, E. (2003). *Vida y obra de Sigmund Freud*. Barcelona. Editorial Anagrama.

Laplanche, J. (1973). *Vida y muerte en psicoanálisis*. Buenos Aires. Amorrortu editores

Laplanche, J. (1986). *Los nuevos fundamentos para el Psicoanálisis*. Buenos Aires. Amorrortu editores.

Laplanche, J., Pontalis, J.B. (1996). *Diccionario de Psicoanálisis*. Barcelona. Labor

Levobici, S. (1983). *El lactante, su madre y el psicoanalista*. Buenos Aires. Amorrortu editores.

Maldavsky,D. (1999). *Lenguajes del erotismo*. Nueva Visión, Buenos Aires.

Maldavsky, D.: (1975). "*Apertura. Sobre teorías psicoanalíticas y semióticas*". En: Imago, n° 3; Buenos Aires.

Moreno, F. (2017). *Orígenes y destinos del superyó en la obra de Freud: la primera tópica*. Revista Psicoespacios, Vol. 11, N. 19, pp. 269-304, Disponible en https://doi.org/10.25057/issn.2145-2776

Nasio, J.D. (1996). *El placer de leer a Freud*. Buenos Aires. Gedisa

Nasio, J.D. (2007). *El Edipo. El concepto crucial del psicoanálisis*. Buenos Aires. Paidós.

Oleaga & Yago Franco. (2014). *Apego, colecho e incesto: hacia la mamiferidad*. En Revista el psicoanalítico. http://www.elpsicoanalitico.com.ar/um/um-franco-oleaga-colecho-incesto.php

Persano, H. (2018). *El mundo de la Salud Mental en la Practica Clínica*. Cap. 27. Editorial Akadia, pp.319-338.

Pontalis, J. (2005). *Ventanas*. Buenos Aires. Topia

Pontalis. J.B. (2007). *Al margen de los días*. Buenos Aires. Topia

Puget, J, Braun, J, Cena, M.(2018): *Marilú Pelento, psicoanalista de nuestro tiempo*. Buenos Aires. Lugar editorial

Rodulfo, R. (2008). *Futuro porvenir. Ensayos sobre la actitud psicoanalítica en la clínica de la niez y adolescencia*. Buenos Aires. Noveduc

Rodulfo, R. (2012). *Padres e hijos. En tiempos de la retirada de las oposiciones*. Buenos Aires. Paidós.

Rodulfo, R. (2013). *Andamios del psicoanálisis. Lenguaje vivo y lenguaje muerto en las teorías psicoanalíticas*. Buenos Aires.

Paidós

Roitman, C. (1997). *Narcisismo primario. Entramado pulsional y yoico en la infancia temprana. Sus alteraciones.* Revista de Psicoanálisis, vol. LII, N°4, Asociación Psicoanalítica Argentina.

Solms, M & Turnbull, O. (2013). *¿Qué es neopsicoanálisis?* En Rev. GPU; P9, 2: págs. 153-165.

Solms, M. (2017). *El Ello inconsciente.* En Revista Psicoanálisis N*20, Lima.

Solms, M. (2019). *La posición científica del psicoanálisis. Conferencia en APA.* en https://www.apa.org.ar/eventos/the-scientific-standing-of-psychoanalysis-la-posicion-cientifica-del-psicoanalisis/

Stern, D., Sander, L. & col. (1998): *Non–Interpretative Mechanisms in Psychoanalytic Therapy. The Something More than Interpretation.*, en Int. J. Psycho-Anal., Vol. 79, p. 903.

Sotolano, O. (2005). *Bitácora de un psicoanalista.* Buenos Aires. Topia

Treszezamsky, J. (1997). *El superyó protector,* En Revista de la AE-APG, n*23, Acerca del superyó. Buenos Aires.

Uzorskis. B. (2018). *De Layo a Ulises. El complejo de Edipo en un caleidoscopio.* Buenos Aires. Letra Viva

Valls, J.L. (2006). *Diccionario freudiano.* España. Yebenes Julián.

Vinocur de Fischbein, S. (1995). *Psicoanálisis y Lingüística. Contactos e Intercambios. En Lo femenino,* Revista de Psicoanálisis, A. P. A, Tomo VIII, N°

Vinocur de Fischbein, S. (1999) *Formas de inscripción psíquica: el lugar del lenguaje y la expresión de los afectos en el campo analítico.* En Rev. Aperturas psicoanalíticas. N* 003.

Yacuzzi, M. L. (2017). *El concepto de representación en psicoanálisis: algunas notas para su abordaje. IX Congreso Internacional de Investigación y Práctica Profesional en Psicología XXIV Jornadas de Investigación XIII Encuentro de Investigadores en Psicología del MERCOSUR.* Facultad de Psicología - Universidad de Buenos Aires. Buenos Aires.